JN132896

新３法令対応

幼児教育・保育カリキュラム論

河邉貴子 編著

東京書籍

ま　え　が　き

幼児期の教育の基本は，乳幼児にふさわしい生活の中で，子どもが環境に主体的にかかわって生み出す遊びを中心に展開されます。したがって，保育者は生活が乳幼児にふさわしいものになるように計画しなければなりません。では，そのために何が一番大切でしょうか。それは，子どもの生活や子どもの育ちをよく「見る」ということです。

本書は幼稚園・保育所・こども園における教育課程・保育の計画の考え方を解説するものです。「この時期になったらこれを指導する」とか，「こういう場合はこうする」といった固定的思考で教育・保育を計画したならば，それは子どもにふさわしい生活の展開にならないでしょう。そこで，子どもをよく「見る」という姿勢を大切にし，「見る」ことによって導き出される計画の在り方や具体的な環境の構成の在り方について述べるように心がけました。

また，本書全体の構成をシンプルにしました。学生が教育実習・保育実習に行って指導案を書くときに悩むのは，それぞれの年齢の発達の様相がわからないということです。もちろん発達には個人差がありますから，一人一人の子どもをよく見なければなりません。しかし一方で，３歳児には３歳児なりの生活の仕方というものがあり，５歳児には５歳児の育ちというものがあります。そこで，実習に行ったときに自分の担当する学年の子どもたちが一般的にどのような生活を展開しているかが理解しやすいよう，０歳から５歳までを「乳児」「１歳以上３歳未満児」「３歳児」「４歳児」「５歳児」の５つに分けて解説しました。

各章の執筆者は，保育現場において長く保育に携わっていたり，また，実際に保育者としての経験を積んできたりした先生たちばかりです。保育のカリキュラムの理論が現実にどのように「計画」として具現化されていくのかを豊富な実践事例をとおして論じてもらいました。ただし，実践事例がただの事例に終わらずに，そこから理論的枠組みが読み取れるようになっています。

幼稚園教育要領，保育所保育指針，幼保連携型認定こども園教育・保育要領が改訂され（新３法令），これからますますどの保育施設においても子どもたちの生活や遊びが充実するよう求められています。そのためには，いかに子どもの育ちにふさわしい保育が子どもの姿に即して計画されるかにかかっています。本書が子どもたちの充実した園生活のために少しでも寄与できれば幸いです。

2019年３月５日

執筆者を代表して　河邉　貴子

Contents

目次

第４章 こども園における教育課程の特徴

第５章 乳児保育のカリキュラムの実際

第６章 １歳以上３歳未満児のカリキュラムの実際

第７章 ３歳児のカリキュラムの実際

Contents

第８章 ４歳児のカリキュラムの実際

第９章 ５歳児のカリキュラムの実際

第１章　保育の計画・幼児教育課程とは何か

I　教育課程とは何か

1　資質能力の考え方と教育課程

保育における計画や幼児教育課程について考える前に，学校教育全般における教育課程の考え方を押さえておきたい。「教育課程」という言葉からみなさんがイメージするのは，国語や算数などの教科や時間割ではないだろうか。

教育課程とは小学校学習指導要領解説総則編には「学校教育の目的や目標を達成するために，教育の内容を児童の心身の発達に応じ，授業時数との関連において総合的に組織した学校の教育計画」と定義されている。平たく言えば「どんな目標に向かって」「何を」「どう」経験させるかという道筋のことである。教育課程（カリキュラム curriculum）の語源はラテン語の currere という言葉で，「走るコース，走路」を意味するそうであり，文字通り教育課程とは教育の道筋を指す。

ということは，教育の目標をどこに置くか，すなわち，どんな人間像を抱くかによって道筋はかわってくることは予想できるだろう。では，近年求められている人間像とはどのようなものだろうか。

変化の激しいグローバル化の現代には，「21 世紀型スキル」と呼ばれる資質能力が必要だと言われている。つまり，これからの時代に必要なのは個人の考え方の中に知識が蓄積されることではなく，獲得した知識や技能を使って粘り強く課題に取り組む意欲や，他者と協調して最適解を求めて問題を解決する社会的スキルを含めた能力だという。このような資質能力の柱として以下の３点が挙げられている。

①何を知っているか，何ができるか
《個別の知識や技能》
②知っていること，できることをどう使うか
《思考力・判断力・表現力等》
③どのように社会・世界と関わりよりよい人生を送るか
《学びに向かう力，人間性等》

上記の資質能力は教科を超えて横断的に育まれるものであり，これまでの教育が陥りがちであった一方向的な知識伝達型の教育方法では獲得されない。特に②と③は，学び手である子ども自らが興味・関心をもって対象世界に関わり（主体的な学び），問題を他者と共に協調的に解決しようとするプロセスの中で（対話的な学び），対象への理解を深めていく（深い学び）中で育まれるものである。

目指す人間像が変わったことによって，教育の目標やそこに至る方法や手立ても大きく変えるように求められているのである。これからの学校教育にはグループディスカッションや体験学習など，いわゆるアクティヴ・ラーニングといわれる子どもの主体性を重んじた教育方法が，今まで以上に取り入れられ，学びの質や深まりが目指されることになる。

2　カリキュラム・マネジメントの考え方

上述のように子ども主体の教育を目指そうとすれば，子どもに豊かな体験を保障しなければならない。そのためには教育を学校の中に閉じず，社会に開かれたものにしていく必要がある。社会や世界の状況を幅広く視野に入れ，学校教育は教育課

程を介してその目標を社会と共有していくことが求められているのである。具体的には地域の人材や物的資源を教育に生かしたり，子どもの体験や実践を社会に生かすことを通して，子どもたちの育ちを社会と共有していくことである。

教育課程を社会に開き，子どもの主体性を最大限に尊重していくために，教育課程は絶えず見直されなければならない。そこで学校教育に導入された考え方が「カリキュラム・マネジメント」である。

これまでも学校は「教育課程の編成と実施」を行ってきた。子どもの姿に基づいて教育課程を編成し，実施し，評価して改善を図る，いわゆるPDCA（Plan-Do-Check-Action）サイクルが確立されてきた。さらにそこに資質能力を高めるために教科を横断してどう教育活動を活性化するかという点や，教育課程をどう社会に開いていくかという点を加え，PDCAサイクルの概念を広げたのがカリキュラム・マネジメントの考え方である。中央教育審議会答申（2016年）には「よりよい学校教育を通じてよりよい社会を創るという目標を学校と社会が共有し，連携・協働しながら新しい時代に求められる資質・能力を子供たちに育む『社会に開かれた教育課程』の実現を目指し，（中略）枠組みを改善するとともに，各学校において教育課程を軸に学校教育の改善・充実の好循環を生み出す『カリキュラム・マネジメント』の実現を目指すことが求められる」と示されている。

幼児教育は義務教育とその後の教育の基礎を培うという大事な役割を担っている。2017年告示の幼稚園教育要領，保育所保育指針，幼保連携型認定こども園教育・保育要領では，小学校との連携をより一層深めるように示されており，園長の方針の下にカリキュラム・マネジメントと関連付けて評価を行うようにと求められている。

Ⅱ　保育におけるカリキュラムの考え方

1　乳幼児期の発達の独自性を踏まえて

保育所や幼稚園，こども園等の就学前の保育施設は，家庭から大切な子どもをお預かりし，一人ひとりの子どもの育ちを支え促す場である。そのため，各園では子どもの心身の安全を守ることはもちろん，集団生活の中で発達に必要な経験を積み重ねることができるように，適切な環境を用意し保育する。適切な環境を用意するためには，子どもの発達に応じて，何を目標とし（保育目標），何を通して（保育内容），どう育てるか（保育方法）という見通しが必要である。これまで述べてきた学校教育における教育課程と同じように，保育所では「保育の全体的な計画」を作成し，幼稚園では「教育課程」を編成している。

ただし，乳幼児を対象とした保育・教育には発達の特性を踏まえた独自性があり，小学校以上の教育課程の考え方との間には違いがある。

乳幼児期というのは身体が著しく発達する時期である。生まれてから一年の間に，寝ているだけの赤ちゃんが歩行できるようになる。これは単に身体機能が発達するというだけでなしとげられるのではなく，心の育ちと密接に関連している。子どもは興味・関心をもったものに近づこうとし，体を動かそうとする。心の動きが体の動きを誘発し，体の動きが興味関心をさらに広げるのである。この双方向性の中で子どもの能動性は高められていく。能動的に物事に関わるという力は，その後の学びにおいても最も重要な要素ではないか。

乳幼児期に能動的な学び手としての基礎が築かれるとすれば，彼らにふさわしい生活とは，大人が一方的に何かを教えたり決めたりする生活ではなく，子どもが環境に能動的に関わることを尊重する生活だろう。つまり，生活や遊びの中で，発達に必要な経験を積み重ねて行かれるような生活である。安定した情緒の下で，子ども自身が興味関心をもった環境に関わることによって生まれるのが「遊び」である。子ども自身は面白いという情動に突き動かされて遊ぶが，そのプロセスにおける経験を通して，身体機能が発達したり，思考力が培われたり，人と関わる力が培われていく。子どもは生活や遊びを通して様々な体験を積み重ねていくのであり，遊びは乳幼児期の子どもにとって重要な学習である。

小学校以上の学校教育は教科を中心とした「教科カリキュラム」が編成されるが，保育におけるカリキュラムは「経験カリキュラム」と呼ばれ，生活や遊びを通して発達に必要な経験を積み重ねていかれるように計画されるのである。

2　遊びを中心とした「経験カリキュラム」

遊びは子どもが環境に関わって生み出すものであり，保育者は「予想」をすることはできても，教科学習における学習内容のようにあらかじめ設定しておくことはできない。遊びを重視し，自然な生活の営みの中で遊びを中心とした幼児期にふさわしい暮らしを大切にしようとすれば，極めて柔軟に，子どもの生活に添いながら，しかし，一方で教育の目標が達成されるように計画的でなければならない。

例えば虫捕りに夢中になる子どもがいるとする。虫捕りという活動は豊かな経験を子どもにもたらす。くり返し虫捕りをするうちに，ある子どもはどんなところに虫がたくさんいるかを体験的に知るだろう。また，ある子どもは友達同士で虫に関する情報を交換し合うことに喜びを感じるかもしれない。また，ある子どもは飼育したいと考え，餌をどうするかを調べようとするかもしれない。そして結果として虫の死に出会うことになれば，命について考える機会となるかもしれない。虫と関わるという一つの行為から，様々な豊かな経験が展開していくのである。

だからといって全員が虫捕りをするように強要することはできない。なぜならば，子どもは自分が興味関心をもったものにのみ自発的に関わるし，自発的に関わった時に最も学びの力が発揮されるからである。例えばある子どもは友達と情報を共有する喜びを虫捕りによって味わうかもしれないが，別の子どもは泥団子作りを通して味わうかもしれないのである。

保育者は，今，子どもたちにとって必要な経験は何かを短期的長期的に考えながら，それぞれの子どもの興味や関心の方向を探り，その志向に応じて指導の方向性を考える。環境に子どもが主体的に関わる姿を尊重し，十分に遊べるように時間的・空間的・物的環境を整える。例えば，先の例でいえば，虫が集まりやすいような植物を園内で育てようと長期的展望の中で園環境を見直すことをする。また，短期的には虫捕りに便利がよい道具を環境として用意することもある。子どもが虫捕りに夢中になるということは偶発的な出来事ではなく，子どもの姿を引き出すように意図的な環境の構成が長期的・短期的に行われるのである。

3　子どもの主体性と意図的な環境構成

このように子どもが夢中になって遊ぶ姿は「指導計画」とは無縁のように思える。小学校のように教えるべき内容が先にあって，それに基づいて教師が立てる教育計画の総体を教育課程と呼ぶならば，幼稚園や保育所の教育課程はその成り立ちが本質的に異なることに気付くだろう。では幼稚園・保育所等における教育課程はどのように考えられるべきなのだろうか。

幼稚園を初めて見学する小学校の先生から，もう子どもたちは遊び始めているのによく次のように尋ねられる。「いつから保育は始まるのですか」。そして遊びの中で様々な経験を積み重ねているというのに「子どもは勝手に遊んでいますが，指導計画はないのですか」と。

小学校教育の感覚でいくと「遊び」とは「休み時間」に行われるもので，教師の教育意図の範囲外なのであろう。しかし，保育においては子どもが自ら遊ぶことこそが教育の中核である。子どもは「主体的」に遊んでいるが，保育者はただ子どもが遊ぶに任せているわけではない。子どもの遊びの姿から経験していることは何かを読み取り（子ども理解），それに基づいて次に必要な経験は何かを考える。子どもの主体的行動を尊重しながら，そこでの経験がさらに次の経験へとつながっていくように意図的計画的に環境を整えるのである。

例えば，砂場の道具一つをとってみても計画的に準備がなされる。3歳児ならば，友達と同じ道具を持って遊べるように小ぶりの道具をたくさん用意するかもしれない。次第に友達と遊ぶことが面白くなってくると大きな山をみんなで作るような動きもみられる。その時期には，保育者は大きなシャベルや水を運べる道具を用意するだろう。一見，子どもが好き勝手に遊んでいるように見えながら，その背景には「環境構成」を通して保育者の意図が埋め込まれている。

小学校以上の教育は教科を中心に行われるので，教師は教科ごとに立てられた目標に向けて教科書などの学習材を中心に学習経験をどう組織していくかを考える。このような教育のありかたに慣れた目でみれば，時間的な枠組みさえ自由な保育という営みには教育課程や計画などないように思えるのかもしれない。しかしそうではない。就学までに育てたい姿に向けて，子どもの主体性を最大に引き出しつつ，意図的計画的に環境を構成したり援助したりしながら発達に必要な経験が積み重ねられるように保育が展開されるのである。

4　3法令のポイントとカリキュラム

我が国の保育のガイドラインである幼稚園教育要領，保育所保育指針，幼保連携型認定こども園教育・保育要領の3法令が改訂（定）され，2017年3月に同時に告示された。同時告示は3法令が整合性をもって改訂されたことを意味している。つまり，就学前の子どもがどこの保育施設に通おうとも，同じように質の高い保育・教育を受けることができるように方向づけられたのである。

保育所保育指針では「乳児保育」「1歳以上3歳未満児保育」「3歳以上児保育」の3つに区分して保育内容が押さえられている。「3歳以上児」については従来と同様に幼稚園教育要領に準じており，幼児教育の積極的な位置づけがなされた。また，乳児保育についての記述が充実したことがポイントであり，本書では乳児については5章，1歳以上3歳未満児は6章で具体的な考え方や保育計画の作成について取り上げる。

幼保連携型認定こども園教育・保育要領は，幼稚園教育要領と保育所保育指針との整合性のもとで作成されたが，他の二つの施設と異なる大きな特徴は保育時間の異なる子どもが共に生活していることである。他のどの学校種でも，子どもたちはある一定の時間を共に過ごす。経験の時間的差異をどうカリキュラムとして押さえるのかは未知の分野であり，こども園は各園で独自のカリキュラムを開発している。本書では公立園の例を4章で取り上げる。

幼稚園教育要領の改訂の最も大きなポイントは，幼小連携が強調され，先に述べた資質能力の3つの柱の基礎を幼稚園教育において以下のように培うように示されたことである。

①知識及び技能の基礎（遊びや生活の中で，豊かな体験を通じて，何を感じたり，何に気付いたり，何が分かったり，何ができるようになるのか）

②思考力・判断力・表現力等の基礎（遊びや生活の中で，気付いたこと，できるようになったことなども使いながら，どう考えたり，試したり工夫したり，表現したりするか）

③学びに向かう力，人間性等（心情，意欲，態度が育つ中で，いかによりよい生活を営むか）

改訂前の旧要領においては，ねらいは「心情・意欲・態度」と示されていたが，これは上記の柱では③にあたり，改訂後のねらいは「心情・意欲・

態度」の他に①と②を加えた資質・能力を育むこととなった。

そしてまた，資質・能力が培われた時の具体的な姿として「幼児期に育ってほしい姿」が明示されている。これは，いわゆる「10の姿」と呼ばれるもので，５領域のねらいの中から，子どもの具体的な発達の姿を取り出して，まとめたものである。

この10の姿は到達させるべき姿ではなく，目指す方向性を示すものであるし，充実した生活と遊びの中で培われていくものである。子どもの育ちを読み取り，保育者の援助の反省を導くものと考えたほうがよい。３歳児の指導計画については７章で，４歳児については８章で，10の姿の読み取りを含む５歳児の指導計画については９章で取り上げる。

このようにカリキュラムの根幹をなすねらいの考え方は拡張されたが，何を通してねらいに向かうか，つまりどう乳幼児期の子どもの資質・能力を育むかという点については，「遊びや生活の中で」という従来の遊びを中心とした学びの考え方が引き継がれている。

Ⅲ　カリキュラムと指導計画

1　カリキュラム編成における留意点

再び砂遊びを想像してみよう。そこに砂場があったなら，多くの幼児は誰からも何も言われなくてもそこにしゃがみこみ，砂を触り始めるだろう。あるいはバケツとシャベルがあれば，バケツの中にシャベルですくった砂を入れ，かき混ぜ始めるだろう。砂という環境やバケツ等の道具に引き寄せられるように，「自発的」にそれに関わり遊びを生み出す。遊びながら砂の感触を確かめているかもしれない。水を入れて泥の具合を楽しむかもしれない。時にはそこにいる他児とバケツの取り合いをするかもしれないし，譲り合うかもしれない。砂場という環境に幼児が自ら関わることによって，そこから多様な経験が広がっていく。だから幼稚園や保育所は幼児が主体的に環境に関わって生み出す遊びを重視し，遊びを中心とした指導を通して総合的に教育のねらいが達成できるようにする。

幼児期においてふさわしい学習の方法は具体的経験としての「遊び」であり，遊びを中心とした指導を通して総合的に教育のねらいが達成できるようにするために，以下の点に留意する必要がある。

2　指導計画作成の手順

各園は，保育の目標を達成するためにそのベースとなる教育課程（幼稚園）・保育の全体的計画（保育所）を編成するとともに，これを実際の保育においてどう具現化するかという具体的な計画を作成しなければならない。それが指導計画である。

指導計画は，その計画の射程の長さによって「長期の指導計画」と「短期の指導計画」に大別することができる。前者は長いスパンで子どもの指導を計画するものであり，後者は比較的短いスパンで，目の前の子どもの生活に密着して立てられる計画である。長期の指導計画は園の教育方針に基づいて作成しておくもので，毎年微修正を加えるにしても，頻繁に変更する性質のものではない。一方の短期の指導計画は，目の前の子どもに密着した計画であり，長期の指導計画に基づきながら，各担任（あるいは各学年の担当）が作成し，現在進行形で修正，立案が積み重ねられていくものである。

長期指導計画と短期指導計画の作成の手順は図１－１に示されている通りである。長期と短期では計画の対象となる期間が異なるので，子どもをどう理解するかという時間的枠組みも異なるが，主な手順としては同じような流れを辿る。

まず，子どもの発達の過程を把握する。「今」の育ちの状況を理解する。そのことを「実態把握」という。もし実態を把握しなければ，その子どもにとって次に必要な経験を導き出すことはできない。

そして，その次に必要な経験とは，「次にこう育ってほしい」という保育者の願いでもある。この願いを指導計画では「ねらい」と呼び，ねらいを達成するために必要な経験を「内容」として押さえる。その後，その「ねらい」に向けてどのような環境が必要かを考えて構成するのである。

長期の計画

- 累積された記録，資料をもとに実態を予測する。
- 教育課程によって教育の道筋を見通しながら，幼児の生活を大筋で予測し，その時期にする。
- ねらい，内容と幼児の生活の両面から環境を構成する視点を明確にする。
- 季節など周囲の環境の変化を考慮に入れ生活の流れを大筋で予想する。
- 短期の計画の反省，評価などを積み重ね，発達の見通し，ねらい，内容，環境の構成などについて検討し，計画の作成に役立てる。

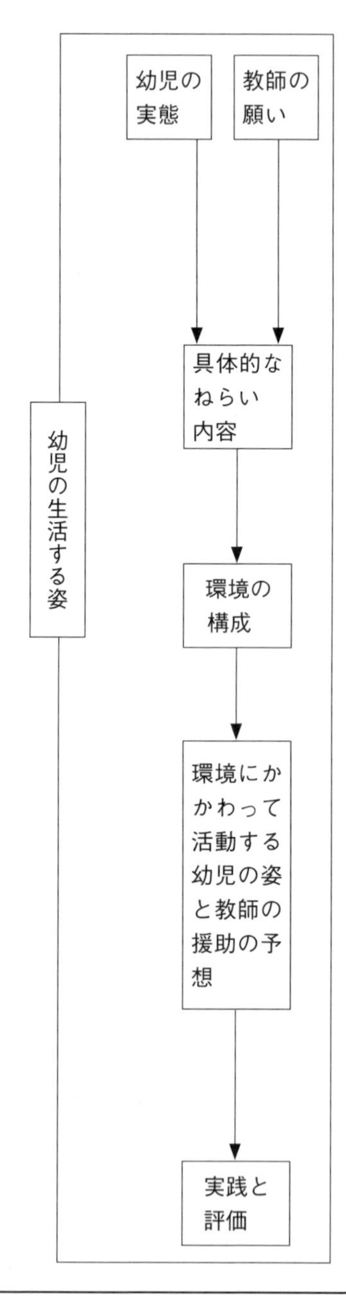

短期の計画

- 幼児の実態をとらえる。
  （興味や欲求／経験していること／育ってきていること／つまずいていること／生活の特徴）
- 前週や前日の実態から，経験して欲しいこと，身につけることが必要なことなど，教師の願いを盛り込む。
- 具体的なねらい，内容と幼児の生活の流れの両面から，環境の構成を考える。
- 環境にかかわって展開する幼児の生活をあらかじめ予想してみる。
- 幼児と生活を共にしながら，生活の流れや幼児の姿に応じて，環境の再構成などの適切な援助を行う。

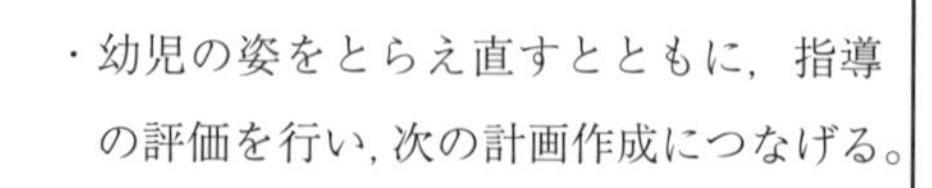

- 幼児の姿をとらえ直すとともに，指導の評価を行い，次の計画作成につなげる。

図１－１　指導計画の手順　（文部省『幼稚園教育指導資料第１集』 1991）

入園当初の子どもの姿を考えるとイメージしやすいだろう。子どもの多くは母親から離れて不安になる。不安の表出の仕方は個々の子どもによって異なり，ある子どもは「泣く」かもしれないし，ある子どもはじっと座ったまま緊張しているかもしれない。この時保育者は，まず「安心させたい」と思うだろう。そして，園が安心して生活できる場であることを子どもが感じ取れるように働きかけるだろう。優しく受け止め，その子どもが安心して遊び出せるよう環境を整えるかもしれない。まずは子どもの様子を把握し，次に必要な経験を導き出し，環境を構成するのである。

幼稚園教育要領では指導計画の作成にあたって，以下の３点を大切に考えなければならないと押さえられている。

- 具体的なねらい及び内容は，幼稚園生活における幼児の発達の過程を見通し，幼児の生活の連続性，季節の変化などを考慮して，幼児の興味や関心，発達の実情などに応じて設定すること。
- 環境は，具体的なねらいを達成するために適切なものになるように構成し，幼児が自らその環境にか関わることにより様々な活動を展開しつつ必要な体験を得られるようにすること。その際，幼児の生活する姿や発想を大切にし，常にその環境が適切なものになるようにすること。
- 幼児の行う具体的な活動は，生活の流れの中で様々に変化するものであることに留意し，幼児が望ましい方向に向かって自ら活動を展開していくことができるよう必要な援助をすること。

3　長期の指導計画と短期の指導計画の関係

長期指導計画と短期指導計画は以下のような具体的計画に分けることができる（図１－２)。長期の指導計画には「年間指導計画」(教育課程として押さえられている保育年限全体の計画)，「期案」あるいは「月案」などがあり，短期の指導計画には「週案」「日案」などがある。

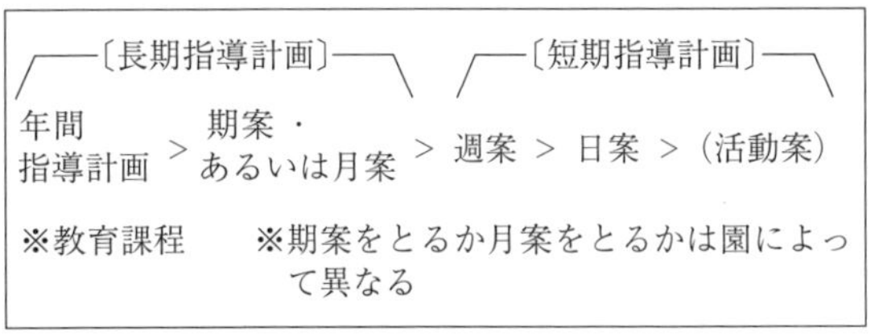

〔長期指導計画〕　　　〔短期指導計画〕
年間指導計画 ＞ 期案・あるいは月案 ＞ 週案 ＞ 日案 ＞（活動案）
※教育課程　※期案をとるか月案をとるかは園によって異なる

図１－２　長期・短期指導計画

長期の指導計画と短期の指導計画は，理論的には図１－３のように常に双方向性をもちながら立案・修正をくり返していくものであるが，実際には日常的に長期の指導計画を意識して日々の計画を立てている保育者は少ない。しかし，目の前の子どもの育ちを理解しようとする時に，長期的な視野の中で理解しようとしているかどうかによって日常の保育のあり方は左右される。

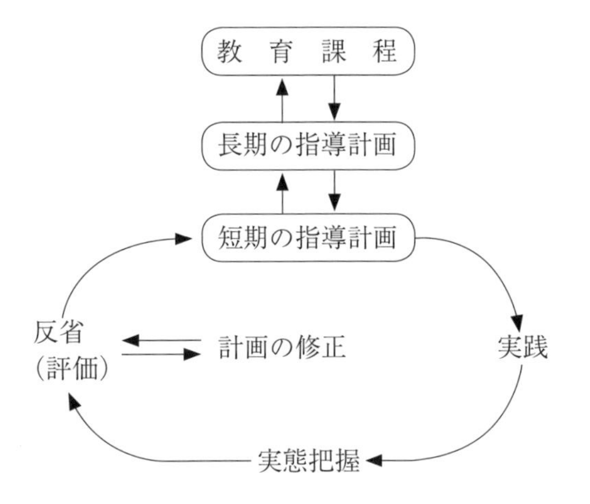

図１－３　指導計画展開のしくみ

入園当初の子どもたちの様子を再びイメージしてみよう。家庭から初めて離れることが不安で泣く子どももいる。しかし，次第に園が安心して遊べる場であることや，自分を受け止めてくれる先生がいることがわかって安心感を得たり，時間になると家に帰るという生活パターンが分かることによって，自分なりの見通しをもって園生活を送れるようになる。個人差はあるにせよ，およそ１か月も園生活を送れば，大抵の子どもは，園生活に親しみを感じ喜んで登園するようになる。そのころには行動の範囲も広がるし，他児への関心も高まる。長期の指導計画の上では，これが発達の節目となる。したがって，保育者は，目の前の子どもが母親から離れるのが寂しくて泣いていたとしても，うろたえたりしないで受け止めることができる。次第に園生活に慣れていくことを見通して，その子どもを受け止めるし，その子どもが気に入りそうな遊具や玩具を用意しておく。長期的な展望があるからこそ，幼児理解を指導につなげることができる。いいかえれば，長期の指導計画があるからこそ，短期の指導を計画することができるのである。

Ⅳ　指導計画の種類と実際

長期の指導計画と短期の指導計画の関係性を押さえたところで，それぞれの実際例をみてみよう。それぞれの具体は，第５章以下の各年齢ごとの指導計画の作成例を参照されたい。

１　長期の指導計画

⑴年間指導計画

教育課程として押さえられるもので，保育年限全体を見通した計画のことを指す。前年度の年間指導計画を見直しながら，前年度末あるいは年度当初に立てられる。個人差はあるにしても３歳児ならば３歳児なりの，４歳児ならば４歳児なりの発達の道筋というものがある。対象となる子どもは毎年異なるが，おおまかな発達の道筋をとらえて，その時期に必要な環境の構成や指導の方向を押さえる。保育を進めながら反省を積み重ね，それをまた翌年の指導計画に生かす。

⑵期案（資料１－１）

子どもの発達の節目を一つの区切り（期）としてとらえ，各期ごとのねらい・内容を押さえる指導計画のことを指す。子どもの発達は一人一ひとり異なるものであるが，園で集団生活を送るうちに，他者から刺激を受けながらある方向性をもって育ち合っていく。

例えば，前節で述べたように，入園当初の子どもは不安定で園生活に慣れるまでに時間がかかる。しかし，次第に園が安心で楽しいところであることを知り，一人ひとりの適応の過程は異なるにせよ，大概の子どもは５月の中旬頃になると喜んで登園するようになる。このような変化を「発達の節目」といい，一つの区切り（期）としてとらえることができる。期の分け方は各園によって異なるが，一般的には１年間を５から７つの期に分けられることが多い。

資料１－１は４歳児１期の計画である。この園では２年保育４歳児の指導計画を５つの期に分けている。入園当初の実態を踏まえ，子どもが安定した園生活を送るようになるには，「保育者に親しみをもつこと」「自分のやりたいことがみつかること」「集団の中で過ごすことに慣れること」「園の過ごし方が分かること」が大事な要因であるととらえ，４本のねらいを立てている。

また，近年，遊びのレパートリーが少ない若年層の保育者が増えていることから，実態に応じた指導が想定しやすいよう，具体的な教材名を指導計画に挙げる園が増えている。資料１－１の園でも，「歌・リズム・手遊び」「描画・製作」「集団遊び・運動遊び」「自然」「絵本・紙芝居」の５つの項目を掲げて，この時期に適切だと思われる教材名を挙げている。しかし，挙げている教材や活動は必ず経験させなければならないというものではなく，その年の子どもの興味・関心によって，柔軟に削除したり，付け加えたりするものである。

教科書のない教育を展開する幼児教育において，保育者が経験させたいことを潜在的に有する教材や活動をいかに多く知っているかは子どもの遊びの豊かさを左右するものである。「例」としてでも具体的活動を挙げておくことは有効であろう。

資料１－１　４歳　１期　４月上旬～５月上旬（練馬区立光が丘むらさき幼稚園）

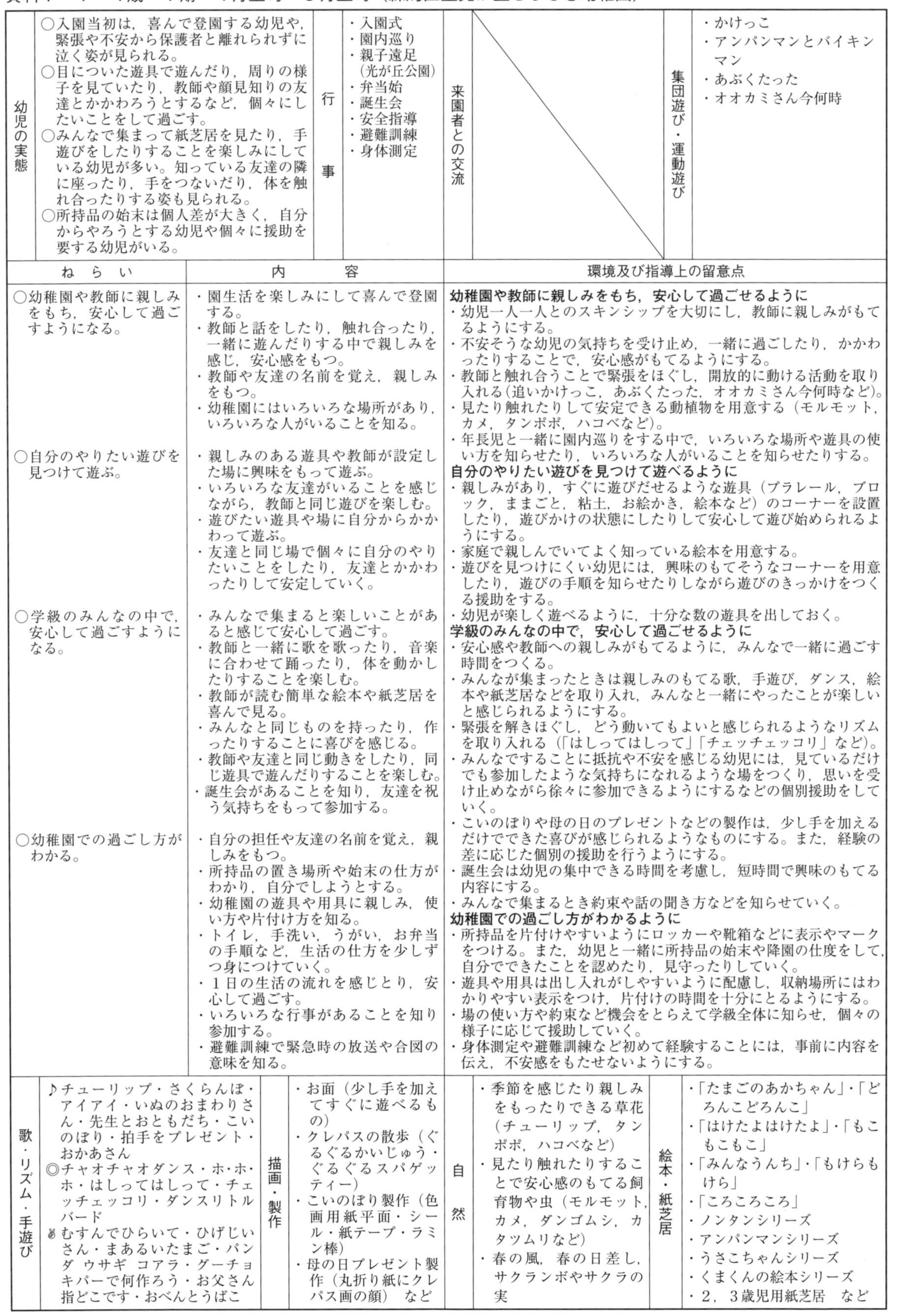

幼児の実態		行事		来園者との交流		集団遊び・運動遊び	
	○入園当初は，喜んで登園する幼児や，緊張や不安から保護者と離れられずに泣く姿が見られる。 ○目についた遊具で遊んだり，周りの様子を見ていたり，教師や顔見知りの友達とかかわろうとするなど，個々にしたいことをして過ごす。 ○みんなで集まって紙芝居を見たり，手遊びをしたりすることを楽しみにしている幼児が多い。知っている友達の隣に座ったり，手をつないだり，体を触れ合ったりする姿も見られる。 ○所持品の始末は個人差が大きく，自分からやろうとする幼児や個々に援助を要する幼児がいる。		・入園式 ・園内巡り ・親子遠足 （光が丘公園） ・弁当始 ・誕生会 ・安全指導 ・避難訓練 ・身体測定				・かけっこ ・アンパンマンとバイキンマン ・あぶくたった ・オオカミさん今何時

ねらい	内容	環境及び指導上の留意点
○幼稚園や教師に親しみをもち，安心して過ごすようになる。	・園生活を楽しみにして喜んで登園する。 ・教師と話をしたり，触れ合ったり，一緒に遊んだりする中で親しみを感じ，安心感をもつ。 ・教師や友達の名前を覚え，親しみをもつ。 ・幼稚園にはいろいろな場所があり，いろいろな人がいることを知る。	**幼稚園や教師に親しみをもち，安心して過ごせるように** ・幼児一人一人とのスキンシップを大切にし，教師に親しみがもてるようにする。 ・不安そうな幼児の気持ちを受け止め，一緒に過ごしたり，かかわったりすることで，安心感がもてるようにする。 ・教師と触れ合うことで緊張をほぐし，開放的に動ける活動を取り入れる（追いかけっこ，あぶくたった，オオカミさん今何時など）。 ・見たり触れたりして安定できる動植物を用意する（モルモット，カメ，タンポポ，ハコベなど）。 ・年長児と一緒に園内巡りをする中で，いろいろな場所や遊具の使い方を知らせたり，いろいろな人がいることを知らせたりする。
○自分のやりたい遊びを見つけて遊ぶ。	・親しみのある遊具や教師が設定した場に興味をもって遊ぶ。 ・いろいろな友達がいることを感じながら，教師と同じ遊びを楽しむ。 ・遊びたい遊具や場に自分からかかわって遊ぶ。 ・友達と同じ場で個々に自分のやりたいことをしたり，友達とかかわったりして安定していく。	**自分のやりたい遊びを見つけて遊べるように** ・親しみがあり，すぐに遊びだせるような遊具（プラレール，ブロック，ままごと，粘土，お絵かき，絵本など）のコーナーを設置したり，遊びかけの状態にしたりして安心して遊び始められるようにする。 ・家庭で親しんでいてよく知っている絵本を用意する。 ・遊びを見つけにくい幼児には，興味のもてそうなコーナーを用意したり，遊びの手順を知らせたりしながら遊びのきっかけをつくる援助をする。 ・幼児が楽しく遊べるように，十分な数の遊具を出しておく。
○学級のみんなの中で，安心して過ごすようになる。	・みんなで集まると楽しいことがあると感じて安心して過ごす。 ・教師と一緒に歌を歌ったり，音楽に合わせて踊ったり，体を動かしたりすることを楽しむ。 ・教師が読む簡単な絵本や紙芝居を喜んで見る。 ・みんなと同じものを持ったり，作ったりすることに喜びを感じる。 ・教師や友達と同じ動きをしたり，同じ遊具で遊んだりすることを楽しむ。 ・誕生会があることを知り，友達を祝う気持ちをもって参加する。	**学級のみんなの中で，安心して過ごせるように** ・安心感や教師への親しみがもてるように，みんなで一緒に過ごす時間をつくる。 ・みんなが集まったときは親しみのもてる歌，手遊び，ダンス，絵本や紙芝居などを取り入れ，みんなと一緒にやったことが楽しいと感じられるようにする。 ・緊張を解きほぐし，どう動いてもよいと感じられるようなリズムを取り入れる（「はしってはしって」「チェッチェッコリ」など）。 ・みんなですることに抵抗や不安を感じる幼児には，見ているだけでも参加したような気持ちになれるような場をつくり，思いを受け止めながら徐々に参加できるようにするなどの個別援助をしていく。 ・こいのぼりや母の日のプレゼントなどの製作は，少し手を加えるだけでできた喜びが感じられるようなものにする。また，経験の差に応じた個別の援助を行うようにする。 ・誕生会は幼児の集中できる時間を考慮し，短時間で興味のもてる内容にする。 ・みんなで集まるとき約束や話の聞き方などを知らせていく。
○幼稚園での過ごし方がわかる。	・自分の担任や友達の名前を覚え，親しみをもつ。 ・所持品の置き場所や始末の仕方がわかり，自分でしようとする。 ・幼稚園の遊具や用具に親しみ，使い方や片付け方を知る。 ・トイレ，手洗い，うがい，お弁当の手順など，生活の仕方を少しずつ身につけていく。 ・１日の生活の流れを感じとり，安心して過ごす。 ・いろいろな行事があることを知り参加する。 ・避難訓練で緊急時の放送や合図の意味を知る。	**幼稚園での過ごし方がわかるように** ・所持品を片付けやすいようにロッカーや靴箱などに表示やマークをつける。また，幼児と一緒に所持品の始末や降園の仕度をして，自分でできたことを認めたり，見守ったりしていく。 ・遊具や用具は出し入れがしやすいように配慮し，収納場所にはわかりやすい表示をつけ，片付けの時間を十分にとるようにする。 ・場の使い方や約束など機会をとらえて学級全体に知らせ，個々の様子に応じて援助していく。 ・身体測定や避難訓練など初めて経験することには，事前に内容を伝え，不安感をもたせないようにする。

歌・リズム・手遊び		描画・製作		自然		絵本・紙芝居	
	♪チューリップ・さくらんぼ・アイアイ・いぬのおまわりさん・先生とおともだち・こいのぼり・拍手をプレゼント・おかあさん ◎チャオチャオダンス・ホ・ホ・ホ・はしってはしって・チェッチェッコリ・ダンスリトルバード ✌むすんでひらいて・ひげじいさん・まあるいたまご・パンダ ウサギ コアラ・グーチョキパーで何作ろう・お父さん指どこです・おべんとうばこ		・お面（少し手を加えてすぐに遊べるもの） ・クレパスの散歩（ぐるぐるかいじゅう・ぐるぐるスパゲッティー） ・こいのぼり製作（色画用紙平面・シール・紙テープ・ラミン棒） ・母の日プレゼント製作（丸折り紙にクレパス画の顔）など		・季節を感じたり親しみをもったりできる草花（チューリップ，タンポポ，ハコベなど） ・見たり触れたりすることで安心感のもてる飼育物や虫（モルモット，カメ，ダンゴムシ，カタツムリなど） ・春の風，春の日差し，サクランボやサクラの実		・「たまごのあかちゃん」・「どろんこどろんこ」 ・「はけたよはけたよ」・「もこもこもこ」 ・「みんなうんち」・「もけらもけら」 ・「ころころころ」 ・ノンタンシリーズ ・アンパンマンシリーズ ・うさこちゃんシリーズ ・くまくんの絵本シリーズ ・２，３歳児用紙芝居　など

⑶月案

園によっては期案ではなく，月案を立てている園もある。月案とは，文字通り，月ごとに立てられる指導計画である。

私たちは慣習的に「月」という暦の単位を生活の一つの節目として考えることが多い。例えば，「４月」というと新年度でどことなく心改まる気持ちがするし，「もう12月になった」といえば年の瀬が近いことを自覚する。暦としての「月」を意識した暮らし方は古くから日本人の生活に根ざしているものと思われる。ほとんどの園で園だよりを月ごとに発行するのもその一つの表れではないかと思う。このような慣習性の延長上に「月案」という発想が生まれたものと思われる。また，いわゆる保育雑誌の多くは月刊誌であり，これらの雑誌を参考にしながら月ごとの指導計画を立てる園の場合，月案は便利である。

しかし，子どもの発達に着目すると月案は必ずしも適切ではない。例えば先に挙げた入園した子どもが，落ち着いて園生活を送るようになる過程について考えてみよう。４月に入園した子どもたちの多くが５月の中旬には落ち着いた生活を送れるようになると述べた。発達の節目で長期的なねらいを立てようとするならば，この場合，ねらいの切り替え時は４月末ではなく，５月中旬であろう。この場合，「月ごと」というのは，実は大人の便宜上の区切りであって，子どもの育ちに着目した区切りではないことに気付くだろう。

２　短期の指導計画の実際例

⑴週案（資料１－２）

週案とは１週間の生活のプランのことである。前週の子どもの生活や遊びを振り返って子どもたちがどのように遊びを展開していて，翌週にはどのようにそれが持続するのかしないのかを予測する。そして，遊びや生活の中で何を経験していたのか，さらに必要な経験は何かをとらえて，翌週のねらいを立てるのである。

基本的には週案は前週の遊びから次の週の遊びへと遊びの連続性を大切にするのだが，それだけでは子どもたちの経験の幅を十分に広げることができない。同時に，長期の指導計画との関連で，意図的に経験させたいことも環境として設定していく。

資料１－２をみてみよう。これは，３年保育４歳児の６月のある週の週案である。前週の実態の一部を取り上げて，作成の手順をなぞってみよう。

〈前週の幼児の実態〉

設定してある材料や素材をイメージの実現のために活用する幼児もいれば，そのものへの興味で使ってみている幼児もいる。物の意味や使い方が共通になるような経験を保育に組み入れていきたい。

→傍線の部分は子どもの実態から保育者が感じた「願い」を表している。そして，この「願い」から「ねらい及び内容」を以下のように導き出している。

〈ねらい及び内容〉

○自分の好きな遊びを見つけて自分なりの遊びをする

○友達に関心をもつ

→具体的な指導としてはいろいろ挙げられているが，「物の意味や使い方が共通になるような経験を保育に組み入れていきたい」ことへの具体案としては，次のような指導を計画している。

〈環境構成のポイント〉

イメージを実現する方法の一つとして，お面ベルトの使い方を一斉指導で取り上げる。なりたいものになりきって体を動かして遊べるように，導入を工夫する。

このように週案とは，前週の子どもの実態や興味・関心の方向の延長上に立てられるものである。また，季節の変化や長期の指導計画で押さえられていることも考慮し，計画に入れ込む。例えば，資料１－２では，そのうちに始まるであろう水遊びに備え，「家庭からもってきた水着を着ることを楽しみにできるようにし，水遊びへの期待を高められるようにする」とある。子どもの遊びの延長線上だけでは経験は限られたものになる。このように季節を先取りしたり，次の経験を予測して入れ込む活動も，しっかりと押さえていく。

⑵日案（資料１－３，４）

前日の子どもの姿から翌日の子どもの生活や遊びを予測し，次の日の１日の生活のプランを立てる。目の前の子どもに即した極めて具体的・個別的な指導計画である。

子どもの生活や遊びは偶発的な出来事によって変化する。例えば遊びのメンバーのうちの誰かが休む，あるいは他の遊びに関心が移ると前日の遊びが継続されないことがある。または前日まで雨だったのに急に晴れたなどという天気の変化によっても，遊びの展開は全く異なるものになる。日案は前日の生活や遊びをベースにして翌日の生活を予測するものであるが，翌日の子どもの様子によって，柔軟にねらいを修正したり，環境を再構成したりするべき性質のものである。

日案には保育者が１日のデザインをクリアーにするために，１日の時系列を中心に記述するタイプ（資料１－３）と，子どもの遊びの展開を中心に記述するタイプ（資料１－４）がある。教育実習生が書くことを要請されるのは前者のタイプであるが，遊び中心の保育を展開する園では，後者の日案と前者のタイプとを組み合わせて立てていることが多い。

（河邉貴子）

◆ 参考文献

1）田村知子他編著『カリキュラムマネジメント　ハンドブック』ぎょうせい　2016
2）P. グリフィン他編，三宅なほみ監訳『21 世紀型スキル』北大路書房　2014

資料1－2　20年度　4歳児学年　今週の指導計画（6／9～）
（東京学芸大学教育学部附属幼稚園小金井園舎　中野圭祐先生・町田理恵先生・米谷泉先生
ゆりぐみ　担任　中野圭祐・米谷泉　男児19名　女児14名　計33
ももぐみ　担任　町田理恵・米谷泉　男児18名　女児15名　計33

前週の幼児の実態	ねらい及び内容	環境構成のポイント
○ほとんどの幼児が自分なりにやりたい遊びを見つけて遊ぼうとしている。設定してある材料や遊具を，自分なりに使いながら見立てて遊ぶ姿や，やりたいことを教師に伝えてその思いを実現していこうとする姿などが見られる。教師は，それぞれの幼児の思いを汲み取りながら，やりたいことを実現していかれるように，材料を十分に準備しておいたり，幼児のイメージを実現できる素材をその都度出したりして援助をしてきた。設定してある材料や素材をイメージの実現のために活用する幼児もいれば，そのものへの興味で使ってみている幼児もいる。物の意味や使い方が共通になるような経験を保育に組み入れていきたい。自分たちで積み木や椅子などを使って遊びの拠点をつくって遊ぼうとする幼児もいれば，教師が積極的に場をつくることで，そこで遊びを進める幼児もいる。 ○何人かの友達で集まって遊んでいる幼児が多い。一緒に遊びたい友達が決まっている集まり，やりたいことが同じで一緒に遊んでいる集まり，遊びのイメージやテーマが同じで一緒の場所で遊んでいる集まり等様々な関係の中で遊びが進んでいる。同じテーマでもそれぞれが自分なりの遊び方をしていても平気な幼児もいれば，していることやイメージを揃えたい幼児もいる。それぞれの集団の人間関係をとらえ，友達に関心をもちながら一緒に遊ぶ楽しさを味わえるようにしていきたい。 ○園での生活の流れを落ち着いて進められるように，一つ一つ丁寧に指導をしている。1日の流れは大体わかってきている。片付けは，気持ちを切り替えられるように，きりのよい場面をつくったり，次に行う活動を知らせたり，イメージをもって楽しみながら片付けられるようにしたりしながら，自分なりのペースで取り組めるように配慮してきた。集合時や降園時などの時間を使い，生活に必要な決まりなどを知らせるようにしている。みんなで共通になるように心がけたい。濡れた服や汚れた服を自分で着替えられるように指導をしている。水遊びに向けて水着への着替えにも取り組めるようにしたい。	○自分の好きな遊びを見つけて自分なりの遊びをする。 ・設定してある物や場所に関心をもち自分なりにかかわろうとする。 ・自分のほしいものを自分で作ったり，教師に手伝ってもらって作ったりする。 ・教師や友達のしている面白そうなことに興味をもち，自分もやってみようとする。 ・作ったものを自分なりに見立てて楽しむ。 ・新聞の感触や音を楽しむ。 ・お面ベルトを使ってなりたいものになりきって遊ぶ。 ○友達に関心をもつ ・一緒にいて安心する友達と遊ぶことで安心して過ごす。 ・やりたいことが同じ友達と集まって一緒に遊ぶ。 ・友達と同じ場所で遊んだり同じ動きをして楽しんだりする。 ・同じ場所にいる友達の様子を見たり真似たりする。 ・友達を誘ったり仲間入りをしたりしてやりたい遊びを続ける。 ○園生活のやり方がわかって自分でしようとする。 ・自分が遊んだものや場所は自分で片付けようとする。 ・自分の感じたことや考えを保育者に伝えようとする。 ・自分で水着に着替えてみる。 ・園内に畑や池があることがわかり，興味をもつ。	○自分の好きな遊びを見つけて自分なりの遊びをするために ・やりたいことを見つけて自分から遊びに取り組めるように遊びに使える材料を吟味し，十分に準備しておく（お面ベルト ベルト，広告紙，新聞紙，セロハンテープ，色紙，画用紙 ネット・空き箱・ロール芯等）。 ・作りたいものを教師に伝えるだけでなく，自分でも作ったという満足感と充実感が味わえるように，教師も一緒に手伝いながら作るようにする。 ・遊びの拠点ができることで安定できるよう，教師は積み木やビールケースを使って拠点の作り方のモデルを示していく そこに興味をもった幼児が仲間入りできるようにしていく。 ・教師が面白そうに遊ぶことで，興味をもった幼児が仲間入 できるようにする。 ・イメージを実現する方法の一つとして，お面ベルトの使い方を一斉指導で取り上げる。なりたいものになりきって体を動かして遊べるように，導入を工夫する。 ○友達に関心をもつために ・それぞれの集団がどんな気持ちで集まっているのかを丁寧に読み取り，かかわり方を配慮する。 ・友達のしていることに気付けるように，教師も一緒に仲間入りをして盛り上げたり，言葉に出して気付けるようにしたり 見えやすいように場を整理したりする。 ・同じことをして楽しんでいる姿を認め,「同じだね」「一緒だね などの言葉をかけ,友達と遊ぶ楽しさを感じられるようにする ・やりたいことが決まっていたり，遊びたい友達が決まってい たりする幼児には，友達を誘えるように，教師も仲間を集め る手伝いをしたり，一緒に仲間入りをしたりする。 ○園生活のやり方がわかって自分でしようとするために ・自分が遊んだ場所は自分で片付けられるように，遊んだ場所に戻ってこられるように声をかけたり，片付けるものを具体的に知らせたりする。 ・次にあることを知らせることで楽しみにしたり見通しをも たりして生活できるようにする。 ・共通理解しておいたほうがよいことは，集合時に伝えるよ にする。 ・家庭からもってきた水着を着ることを楽しみにできるように し，水遊びへの期待を高められるようにする。その際，そ ぞれの幼児がどの程度自分で着替えられるのかを確認する。 ・園内の畑や池，動物を見て回り，これからの活動を楽しみに したり，興味をもったりできるようにする。

	9（月）	10（火）	11（水）	12（木）	13（金）	備考
日案	9：00 登園する ○所持品の始末 ○自分の好きな遊びを見つけて自分なりの遊びをする。	→	→	→	→	歌 僕のミックスジュース 幼稚園の歌 リズム でんしゃがてんでん みんなであそぼう
	<保育室>ままごと・お店屋・電車ごっこ・ヒーローごっこ・空き箱製作・武器作り・中型積み木 <中庭>砂場・型抜き・ままごと・ジャングルジムでごっこ遊び，虫探し<裏山>虫探し <テラス>基地づくり・ヒーローごっこ等					
	10：30　片付ける 11：00　集まる もも：新聞紙で遊ぶ ゆり：新聞紙で遊ぶ 11：30　弁当準備 ○弁当を食べる ○けやきの庭に出る 12：45　保育室に戻る 13：00　集まる 紙芝居・歌・話等 降園準備 13：30　降園する ※職員会議	10：30　片付ける 11：00　集まる もも：お面ベルトを使う ゆり：新聞プール 11：30　弁当準備 ○弁当を食べる ○けやきの庭に出る 12：45　保育室に戻る 13：00　集まる 紙芝居・歌・話等 降園準備 13：30　降園する ※面談	10：30　けやきの庭で遊ぶ 11：00　集まる 紙芝居・歌・話等 降園準備 11：30　降園する	10：20　片付ける 11：00　集まる もも：新聞プール ゆり：お面ベルトを使う 11：30　弁当準備 ○弁当を食べる ○けやきの庭に出る 12：45　保育室に戻る 13：00　集まる 紙芝居・歌・話等 降園準備 13：30　降園する	10：30　片付ける 11：00　集まる ゆり：けやきでかけっこ もも：園内探検 11：30　弁当準備 ○弁当を食べる ○けやきの庭に出る 12：45　保育室に戻る 13：00　集まる 紙芝居・歌・話等 降園準備 13：30　降園する	

表現について	新聞の感触や音を楽しむ 教師の指示に合わせて動いて楽しむ	お面ベルトを使ってなりたいものになりきって楽しむ みんなで一緒に体を動かして楽しむ 新聞をプールに見立てて気持ちを発散する		お面ベルトを使ってなりたいものになりきって楽しむ みんなで一緒に体を動かして楽しむ 新聞をプールに見立てて気持ちを発散する	教師の合図で体を動かすことを楽しむ みんなで一緒に体を動かして楽しむ	

資料１－３　日案（練馬区立光が丘むらさき幼稚園　中村かおる先生）

すみれ組　指導案（２年保育４歳児）〔クラスカラー　むらさき色〕
平成20年7月11日（金）　在籍　男児12名　女児10名　計22名　担任　中村かおる先生
＜本日のねらい及び内容＞
○自分のやりたい遊びを見つけて遊ぶ楽しさを感じる。
・身近な素材や材料，遊具，用具に興味をもち作って遊ぶ楽しさを味わう。
○一緒にいたい友達と遊ぶ中で自分の思いを出すようになる。
・友達の中で自分なりの動きをしようとする。
・感じたこと，考えたことを自分なりにやってみようとする。
○みんなで一緒にすることを楽しんだり，その中で自分なりの動きを出したりする。
・自分なりのかかわり方で水に親しみ気持ちよさを味わう。（プール）
・リズム遊びをする中で動きや声がそろう楽しさを感じる。（チャオチャオダンス等）
・簡単なルールがわかり，教師や友達と一緒にゲームをする楽しさを味わう。
（雨天の場合　保育室にてイス取りゲーム）

時間	幼児の活動	指導上の留意点
8：50	・登園する，所持品を始末する	・挨拶を一人一人としながら表情や動きを見たり，声をかけたりして子どもの健康状態を視診する。出欠の確認をする。
9：15	・保育室に集まる，おやすみしらべをする	
9：20	・用便を済ませ水着に着替える	・今日１日の流れを話し，ひまわり組と合同でプールに入ることを伝え準備をするように声を掛ける。
9：30	・園庭に出て，ひまわり組と一緒に体操をする	・わかりやすいように教師の動きを大きくし，体をしっかり動かして準備体操を行う。
9：35	・シャワー・腰あらいを済ませプールサイドに座る	・プールへ行く流れを確認して移動する（サンダルをきちんと並べる・友達を押したりしないで並ぶ・プールサイドは歩くなど安全面に十分配慮し子どもが意識できるような声掛けをする）。
	・教師の話を聞いて，一人ずつプールに入る ・２クラスで水慣れの遊びをする	・初めて２クラスでプールに入るので，気持ちが高まり色々な姿が予想されるので気持ちを受け止めながら約束事も伝えていく。
	・１クラスずつで表現遊びやゲームをする	・魚になったり洗濯機になる表現遊びやボールを使った遊びを取り入れのびのびと動く楽しさを味わえるよう，言葉で伝え進める。
10：00	・プールからあがり保育室へ戻り着替える	・楽しかったことを話し，次回に期待がもてるようにする。
10：15	・好きな遊びをする ・アクセサリー屋さん・家族ごっこ	・遊びがすぐに始められるように環境をつくり，教師も遊びに加わりながら子どもの思いや考えを引き出せるようにする。
	・いろいろな材料での製作・積み木で基地づくり ・リズム遊び「ひびけ！むらさき太鼓」「チャオチャオダンス」	・遊びの場の終わりを見極めながら，次の遊びに移る際は片付けをして気持ちよく次に行けるようにする。
	・園庭で虫探し，大縄など	・虫探しや大縄など教師も仲間として入り虫が見つかった嬉しさを子どもと一緒に表現したり，大縄で跳べたことを認め盛り上がれるようにする。
10：50	・片付け	
11：10	・降園の支度，※紙芝居「かぶとむしのあかちゃん」	・片付けしている姿を認めきれいになることの気持ちよさを伝え行う。 ・忘れ物などないかみんなで確認。かぶと虫の幼虫が成虫になったのでそれにちなんだ紙芝居を読む。来週に期待をもてるよう，話をして降園。
11：30	・降園する	

＜評価＞
・遊びを行う中で自分の思いを出したり必要な事を考えて遊びの場をつくれていたか。
・感じたことや考えたことを自分なりに表現し楽しさを感じられたか。
・プールでの約束を理解し守ろうとしていたか。
・水に親しみのびのびと楽しむことができていたか。

資料１－４　日案（墨田区立立花幼稚園　金澤里美先生）

展開

時間	生活の流れ
9:00	○登園する ・所持品の始末をする ・絵本を返却する
9:15	○好きな遊びをする きく組保育室・小ホール ・おうちごっこ ・乗り物ごっこ ・空き箱制作 ・リズム　など ※プール実施時 10:20 ○片付ける ・着替えをする 11:00 ○プールに入る 11:25 ○プールから上がる
10:45	○片付ける ・トイレに行く
11:10	○集まる ・楽器遊びをする ・歌「しゃぼんだまとばせ」を歌う
11:25	○お弁当の準備をする
11:45	・「いただきます」のあいさつをする ・お弁当を食べる ・歯みがきをする
12:20	・「ごちそうさま」のあいさつをする ○好きな遊びをする きく組保育室・小ホール ・巧技台での遊び ・楽器遊び ・シャボン玉　など
13:15	○片付ける ○集まる ・手遊びをする ・絵本を見る ・歌を歌う
14:00	・降園準備をする ○降園する

前日までの幼児の姿…┌┐　指導内容…◎　環境および教師の援助…☆

前日までの様子
・月曜日にプール開きがあり，４日連続で，水遊びをした。（水温が低めの日はゆびえのぐや水でっぽうでの遊び）全体的に，水への抵抗感はあまり見られず，プールの時間を楽しみにしている様子である。その一方，午後の遊びの時間や降園前の活動時には疲れた様子の幼児もいる。
・プールが始まったことで，登園後の遊び，弁当後の遊びの時間がこれまでよりも短くなった。幼児自身も，午後の遊びの時間が短いことに気付き，限られた時間でできることを選んで動くようになってきている。
・先週の後半，小ホールの舞台を使ってのダンスに多くの女児がかかわって楽しんだ。また，男児を中心に，中型積木やゲームボックスを様々に組み合わせ，乗り物に見立てて遊ぶことを楽しんでいた。今週前半も，場づくりの仕方，遊びのメンバーなどが同じになりがちであったが，19日（木）は，舞台の上におうちを作ったり，忍者のイメージで遊びが始まったりするなど，幼児自身が新しい動きをしはじめた。本日も，他の場づくりの仕方を試したり，昨日の遊びを思い出したりして動くことが予想される。
・友達と同じものを作ったり，身につけたりし，「一緒」といううれしさを感じている。ブレスレット・ベルト作りは18日（水）から始まった。

☆中型積木・ゲームボックスなどは，置き場のすぐ前で使われることが多い。また，早く登園した幼児がすべて使ってしまうことが多いので，１か所にかためず，分けて置いてみた。

☆遊びの場をつくるにはよいスペースだが，ここのところあまり使われていないことが多かった。今週の遊びの様子を見て，ままごとに使う遊具の置き場に変えた。

☆入園当初に設定したままであったが，ほとんどの幼児が小ホールで場をつくるようになり，物の置き場としての役割だけであることが多かった。お皿などの遊具類を，保育室で入り口付近へ移動させ，ソファのみを残した。

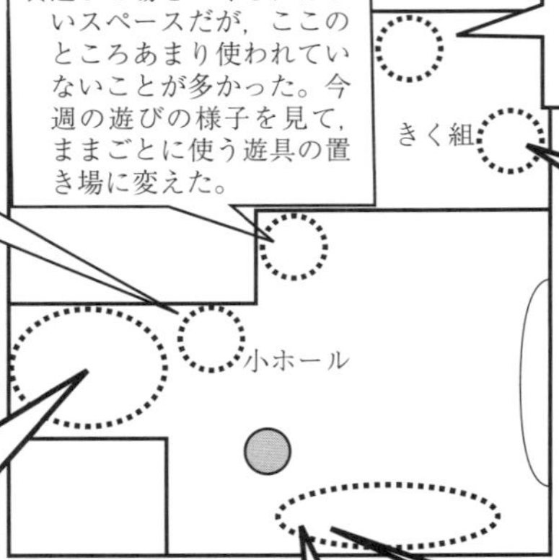

きく組　小ホール　ホール

空き箱制作など
・ペーパー芯，空き箱，リボンなどをセロテープで貼り合わせ，作ったものをいろいろなものに見立てたり，遊びに使ったりしている。
・バッグ，望遠鏡，ブレスレットなど，友達と同じものを作ったり，身に付けたりして遊んでいる。

◎いろいろな素材や材料を使って作ることを楽しむ。
◎作ったものを身に付けたり，使ったりして楽しむ。
☆材料の空き箱などは，幼児が扱いやすい大きさのものを用意しておく。
☆以前作ったものを思い出してやってみたり，自分なりに手を加え，新しいものを作ったりできるように，材料棚に用意しておく。
☆友達と同じものを作れるよう，製作材料は多めに用意しておく。

★おうちごっこ
・大人数が入れる場をつくっているが，じっくりとこの場で遊んでいることは少なく，他の遊びの場と行き来することが多い。

★忍者ごっこ
・４～５人の幼児が「忍者」と言って集まっているが，19日（木）は片付け前だったので，家を作るだけで終わってしまった。

◎自分なりのイメージを動きや言葉で表し，同じ場にいる友達と楽しさを共有する。
◎作ったものを身につけたり，使ったりして楽しむ。
☆場をつくった後の遊びを楽しめるように，幼児のイメージを引き出したり，必要なものを作れるように手を貸したりする。

乗り物ごっこなど
・いろいろなものを作ってみたい気持ちが強く，毎日工夫して取り組んでいる。遊びへの取りかかりは早いのだが，作ったあと，そのままになってしまうこともある。

◎自分なりのイメージを動きや言葉で表し，同じ場にいる友達と楽しさを共有する。
☆作っているときに工夫していることを認め，自分たちの遊びの場として大切にできるようにする。
☆他の遊びの場にいくときには片付けるよう知らせ，他の幼児が使えるようにする。

巧技台での遊び（お弁当の後）
・これまでに一本橋，はしご，滑り台などでの遊びを経験している。
・何度も繰り返し遊ぶことを楽しんでおり，教師が設定しておいたものに，積み木やゲームボックスをつなげて長いコースをつくって遊ぶなどの動きも見られる。

◎いろいろな動きを楽しんだり，同じ場にいる友達と一緒に遊ぶ楽しさを感じたりする。
☆金曜日の午後で，疲れも出てきていることを考慮し，安全面に配慮する（一本橋なども低めに設定する）。
☆ホール全体を使った場づくりや，動きを楽しめるよう，幼児と一緒に考え，作っていく。

・評価の観点　・自分のしたいことを見つけて遊んでいたか。　・いろいろな素材や材料を使って作ることを楽しんでいたか。
・同じ場にいる友達とかかわって遊んでいたか。

第２章　幼稚園における教育課程 / 指導計画

Ⅰ　幼稚園教育要領と教育課程

幼稚園を訪れた大人たちは，「子どもたちが自由に，気ままに遊んでいるなぁ。先生たちも一緒に遊んでいるだけで，楽しそうだなぁ。」という印象を持つ人も多いだろう。しかし，本当に子どもは“遊んでいるだけ”で，保育者は，“ただ子どもと遊んでいるだけ“なのであろうか？　遊びと教育課程の関係性を考えてみよう。

１　幼稚園の学びは遊びから

幼稚園に通う子どもの動き・行動を観察してみると，彼らは思いきり笑ったり，泣いたりしている。走り回り，何かに触れ，時には予想外の反応に後ずさりする姿もみられる。

ある女の子は花に興味を示し，毎日じっとお花の前に座っている。数日すると，じょうろを持ち出し，水をやるようになった。綺麗な花に興味を持った子は，数日観察をつづけた経験から，水やりの大切さに気づいた。小さな花を通して，命の尊さや自分でできることを，と考えたのだろう。またある男の子は虫に興味を示し，目の前にいる虫を捕まえようと手を出す。虫はぴょんとはね，すぐ先の葉っぱに飛んでいった。するとその子も追いかけて両手を出して，勢いよく葉っぱに手を伸ばす。今度はうまく自分の手の中に虫が入った。嬉しそうに笑顔を見せながらも，しばらくすると何やら困った様子をしている。どうやら捕まえた虫をどうしようと悩んでいるようだ。彼は，失敗を重ねながら試行錯誤を繰り返し，達成しては，また次の課題とぶつかっている。しかし，興味を持った虫との関わりをあきらめることなく，また挑戦してみようと意欲が高めているようである。

違うところでは，泣いている子を見つけ，同じ年齢くらいの子どもが近づき，熱心に何かを話しかけている。しばらくすると二人で顔を見合わせ，ブランコの方を指さし，頷いてブランコに向かって走り出した。少し前まで涙していた子も今はもう笑顔になっている。友達と親しみを感じる中から，人と触れあう楽しさや嬉しさを感じ，一つの遊びを言葉や表現で共有することができるようなる。

このように“ただ遊んでいる”ように見える中にも，子どもたちは目の前にあるものや出来事や出会った人と熱心に関わっている。何かに興味を持ち，その遊びを深め，広げ，その中で，仲間と関わり一緒に過ごす楽しさを味わう。このように自分から関わる主体的な遊びでは，充実感や満足感を味わいさらにその興味関心を高めていくことになる。これが子どもの生活であり，学びである。幼稚園教育要領の「第１章　総則　第１　幼稚園教育の基本」の中には，「幼児期の特性を踏まえ，環境を通して行う」と幼稚園教育の目指す方向が示されている。つまり上記のような幼児期の特性を踏まえた“遊び中心”の生活の中で，幼児は自分たちの身のまわりにある環境に触れながらふさわしい生活を得ているのである。

２　幼児の発達と長期的な視点

冒頭にでてきた花に水をあげる子も，虫をつかまえようとしている子も自らの興味と関わり，そこで何かを発見したり，考えたりしている。保育者は，その子どもの「なんだろう」「やってみたい」「試してみたい」という気持ちを保障し，好奇心や探求心が十分に発揮できる環境を保障することが，幼児教育では求められている。一言でいっても，環境とは，時には時間的環境であったり，空間的環境，物的環境，または人的な環境の充実が必要であり，そのあり方で関わり方に違いが見えてくる。

たとえば，花をじっと毎日見ている子どもに何と話しかけるか，もしくはじっと見守るのか。きっとお花に水をやりたくなるだろうから，じょうろを出しておいてあげよう，花の名前がわかるように図鑑を保育室に置いておこう。など，幼児のそのものとの出会いが深まるような環境を考えていく。一つの活動や遊びでどんなことを感じているのか。次には何をしたくなるのか。自分の力だけで乗り越えることができるのか。さらなる興味や関心が広がっていきそうなのか。などを丁寧に読み取らなければならない。

お花を見ているのが3歳児である場合と，5歳児である場合はその援助の仕方も違ってくるだろう。それぞれの発達の段階によって「やってみたいこと」や「気づくこと」は違ってくる。年齢だけではなく，一人一人の特性や興味，また発達の課題を見極め，環境の中に教育的価値を含めていくことが大切である。

ある秋の日に，幼稚園の園庭で見られたシーンである。

園庭にはきれいな色の落ち葉やドングリなどの木の実が落ちていた。3歳児はその美しさや珍しさに心を奪われポケットいっぱいにどんぐりを詰めて喜んでいる。ちょこちょこと走り回り，あっちへこっちへ，どんどんポケットはどんぐりでいっぱいになっていく。時には近くにいる保育者に分けてもくれるが，でもまだまだ集めたそうにしている。

5歳児は，それらを使い砂場で「秋色ケーキ」を作っている。砂と水を合わせた後に，友達と相談し，赤い色の葉っぱだけを集め小さくちぎり混ぜ合わせる。次に「黄色いのは少し大きめにしよう」とイメージを共有し作業を行っている。最後には，丸く形をつくり6個のドングリを飾った。どうやら数日前に行われた10月生まれの友達のお誕生日ケーキのようである。

ここからもわかるように，同じ秋の日に行われていた3歳児と5歳児の遊びだが，年齢により興味のあり方も，その自然との関わり方や遊びの種類，また，友達（人）とのかかわりも全く異なる。また同じ5歳児でも4月の様子と3月では全く違い，日々の保育の「ねらい」や「内容」も幼児の成長とともに設定しなければならない。

幼稚園教育要領の総則には「各幼稚園においては，法令及びこの幼稚園教育要領の示すところに従い，創意工夫を活かし，幼児の心身の発達と幼稚園及び地域の実態に即応した適切な教育課程を編成するもの」と書かれている。それぞれの園ごとに独自の教育課程の編成をしなければならない。各園の実態や幼児の生活体験の違いを十分に考慮し，それぞれの園に通う幼児に豊かな生活を保障するために必要不可欠なものである。

教育課程とは，幼児の入園から終了にいたるまでの，2年間ないし3年間の幼児期の発達の特性を踏まえ，長期的な視点に立ち，一人一人の発達の道筋を各園の実態に合わせて編成されているものである。つまり，それを手に取れば幼児の発達段階や幼稚園で経験するであろうことへの見通しをつかむことが出来る。

幼稚園ではこの見通しから，保育者は幼児の活動の意味を読み取り，それぞれの発達段階に即した生活の計画と環境の構成を考える。保育の計画を立てる際に，教育課程の「ねらい」と「内容」をそのまま一方的に幼児に伝えることが求められているのではなく，それらを長期的な見通しととらえ，目の前にいる幼児の興味関心と発達に適した生きた計画を考え展開することが保育者には求められている。一人一人の心と体の育ちを読み取り，幼児の主体性な遊びが保障されるような保育計画＝教育課程を作成し，保育を展開することが望ましい。

3　教育課程と小学校移行の学びの接続

教育要領の示す，幼児期に育てたい資質・能力の3つの柱も次のようにはっきりと示されている。

①豊かな体験を通じて，感じたり，気付いたり，分かったり，できるようになったりする「知識及び技能の基礎」

②気付いたことや，できるようになったことなどを使い，考えたり，試したり，工夫したり，表現したりする「思考力，判断力，表現力等の基礎」

③心情，意欲，態度が育つ中で，よりよい生活を営もうとする「学びに向かう力，人間性等」

これは，幼稚園での生活後，小学校・中学校・高等学校を卒業するまでの学びを縦軸で捉えたもので，幼児教育は，その学びの柱の基礎となる部分である。

幼稚園での遊びを通して，これらが一体的に育まれ，小学校以降の学びにもつながることも意識し，学びの基盤をつくっていることを忘れてはいけない。

4　社会に開かれた教育課程

これまでも教育課程の必要性は示されてきたが，幼稚園教育要領で新たに示された前文には，その役割として下記のように示されている。

教育課程を通して，これからの時代に求められる教育を実現していくためには，よりよい学校教育を通してよりよい社会を創るという理念を学校と社会とが 共有し，それぞれの幼稚園において，幼児期にふさわしい生活をどのように展開し，どのような資質・能力を育むようにするのかを教育課程において明確にしながら，社会との連携及び協働によりその実現を図っていくという，社会に開かれた教育課程の実現が重要となる。

前にも記したように幼稚園での生活は，幼稚園だけで完結するものではなく，小学校以降の学びの基盤でもある。よりよい保育を目指すための各園の創意工夫も大切だが，それが園内だけで自己満足となっては，本当の意味での教育的効果が深まらない。学びの連続性という意味では，幼稚園で過ごした子どもたちが，卒園後，意欲的に小学校生活を過ごすことができるよう，小学校との連携も必須である。

また，幼稚園や学校という施設だけではなく，幼稚園の周辺環境と関わったり，活用したりすることで子どもたちの活動に幅を広げることにつながる。時には自園から飛び出し，地域資源を活用したり，地域の人々と関わりを持つことで，幼児教育への理解を深めることもできる。

幼稚園での活動が時として保護者にもうまく伝わっていないこともある。

「こんな子どもに育って欲しい！」という願いをもって我が子を幼稚園に入園させた保護者たちは日々我が子の成長に関心を寄せている。そんな親たちは，「幼稚園が学校教育の第一歩です」などといわれると，すぐに小学校のような「教科学習」的な様子を思い浮かべてしまう。

以前に保護者が参観後の感想で，「前回の参観では，じっと先生の話に耳を傾け，同じものをちゃんと製作していたのに，今回の製作の活動では，先生の話を聞いてなかったんだか，先生の見本と同じではなく，違う色や形を作り出し，ヒヤヒヤした」と連絡帳に書いてきた。保育者としては，その創意工夫こそが幼児の成長であり，学びであると感じていた。その時の様子を思い浮かべると，自分なりのイメージを広げ，それを実現しようと難しい顔をしたり，友達に聞いたり，熱心に製作に取り組んでいたのである。しかし，親からの感想では，何か満足できていない様子が伺える。

これは，子どもや幼稚園のことを理解していないのではなく，幼稚園の目指すべき方向性や幼児教育のあり方が十分に伝わっておらず，間違った読み取りをしているのである。遊びの中での学びは，幼児教育に携わっている私たち以外には伝わりにくく，理解されにくい。保護者と共に日々の遊びの姿・試行錯誤の姿を共有できるような工夫をしなければならない。そのためには，日々の連絡帳やクラスだより等での発信も欠かせない。

最近では，子どもの成長を可視化するために写真や動画などで記録や実践を「ドキュメンテーション」や「ポートフォリオ」にし，保育の理解を深めるとともに，保護者と学びの姿を共有するツールとして用いられたりもしている。

5　保育者の役割

幼児の主体的な遊びから生まれる生活が幼稚園教育の基本であることは分かったが，保育者は幼児が好きな遊びに取り組む中で，どのような関わりを求められているのであろうか。幼稚園教育要領の中には，保育者の役割として，「幼児との信頼関係を十分に築き，幼児が身近な環境に主体的に関わり，環境との関わり方や意味に気付き，これらを取り込もうとして，試行錯誤したり，考えたりするようになる幼児期の教育における見方・考え方を生かし，幼児と共によりよい教育環境を創造するように努めるものとする」と述べられている。そして，次の3つの点に重視する必要性も伝えられている。

①幼児は安定した情緒の下で自己を十分に発揮することにより発達に必要な体験を得ていくものであることを考慮して，幼児の主体的な活動を促し，幼児期にふさわしい生活が展開されるようにすること。

②幼児の自発的な活動としての遊びは，心身の調和のとれた発達の基礎を培う重要な学習であることを考慮して，遊びを通しての指導を中心として第２章に示すねらいが総合的に達成されるようにすること。

③幼児の発達は，心身の諸側面が相互に関連し合い，多様な経過をたどって　成し遂げられていくものであること，また，幼児の生活経験がそれぞれ異なることなどを考慮して，幼児一人一人の特性に応じ，発達の課題に即した指導を行うようにすること。とされている。

“幼稚園”という環境に身を寄せれば，充実した生活が保障されるということではなく，一つ一つの経験が豊かになるように保育者は幼児の特性や，一人一人の発達の段階を読み取り，保育環境を計画的に構成する役割を担っている。幼児教育で重要なのは，目の前の幼児の姿と，その幼児の少し前の姿を振り返り，また，その先にあるかもしれない姿を予測し，それにふさわしい環境を構成することである。

Ⅱ　教育課程の編成の実際

これまでにも述べられたとおり，教育課程は各幼稚園の保育の基本的な部分である。それぞれの園の実態を踏まえ，２年間，ないし３年間の幼児の生活に見通しを持つために編成される必要性を学んできた。

ここでは，“教育課程の編成”とその実際に触れてみよう。

1　それぞれの幼稚園らしさを保障するための教育課程

幼稚園という環境の中で保育者が幼児の特性を踏まえ，それぞれの発達が望ましい方向に向かうことが可能となるよう，長期的な展望での活動や環境の時期や教育内容が明らかにされているものが教育課程である。

たとえば，北海道で10月下旬には初雪がふり，冬の間中，たくさんの雪や冬でしか味わうことの出来ない数多くの遊びを味わうことになる。反対に一年中暖かな気候で過ごす地方では，雪とは違う自然界との出会いがあり，全く違う経験を深めることになる。

山や森に囲まれた環境で春夏秋冬と四季折々の自然の変化を感じる生活を送る子どもは，いち早く葉の色の変化を感じ，その変化する姿に感動し，興味を持ち，自然と季節の植物を自分たちで遊びの中に取り込むことだろう。また，都会の中心部で周囲にはマンションが建ち並び，毎日大きなトラックが走る道路の前の幼稚園に通園する子どももいる。そこには沢山の看板が掛かっていて，早い時期から標識や言葉に興味を持ったり，目の前を通る車の細かな部分にも興味を持つ子もいるだろう。細部にわたりそれぞれの生活環境によって，経験の違いや幼稚園での遊び方や生活から派生してくることも違うことも教育課程の編成にあたり欠くことのできない大きな要素である。

幼児期の終わりまでに育ってほしい10の姿への向かい方も，子どもたちが何をどのように経験するかは千差万別であってよいのが幼児教育である。一人一人の子どもが，その子らしく自分の興味や関わり方で遊びと向き合うためにも，各園らしい教育課程を目の前にいる子どもたちの様子を感じながら編成できることが，本来の教育課程なのである。

2　それぞれの園の教育目標を教職員で共通理解する

教育目標とは，幼児・幼稚園・地域の実態や，子どもを取り巻く環境を踏まえ，今日的課題も明確にし，それぞれの幼稚園に即した特色ある目標が具体的に記されている。特に私立幼稚園では，「建学の精神，理念」として，創設者がその園で一番大切にしている幼児観や教育観，それらを実現するためにどのような保育を展開するのかという根本的な精神や理念があり，教育目標の多くは，それらをベースに「こんな子どもに成長して欲しい」や「このような事ができるようになって欲しい」という期待や願いが込められたものである。教職員はもちろんのこと，その園に通う保護者の方々にもそのいきさつや導き出された背景を紹介し，それぞれの園の目指すべき子ども像を大人たちが共通理解することも重要である。

3　園長ひとりではなく，全職員で協力して編成する教育課程

園長の責任において編成される教育課程ではあるが，全教職員の幼児への理解や協力があってこそ，実態に即した教育課程の具体化へとつながる。園児と日々すごしているのは保育者たちであり，目の前にいる幼児の姿を一番近くで感じているのである。幼児と共に生活を繰り広げる中から幼児の生活の実態や発達の状況，地域性を読み取り，それらを教育課程に生かすことが求められている。なお，全教師が一丸となり編成された教育課程は，一度作成すれば良いわけではない。学期ごとや年度末には，その年の保育内容や幼児の姿を振り返り，その反省・評価を生かし教育課程も改善していく必要がある。

ある幼稚園で夏休み直前にプール遊びを積極的に行う計画を立てた。暑い天気が続き，幼児も水遊びが活発になってきたことから，思い切り水と親しむ計画は幼児の興味関心に触れる活動だと考えていた。その年長児たちは直後にお泊まり保育を控えていたために，家庭で話し合いが行われ，「ニュースで流行性の熱がはやっており，風邪を引いてお泊まり保育を欠席するのがいやだから，水遊びはやめよう」ということになったのである。一人の子どもがその話を幼稚園でするとクラスの半分の園児（母からの手紙等も含む）から「プールには入りたくない」と言われ今まで続いていた水遊びからもプール遊びからも遠のいてしまったのである。初めてのお泊まり保育に向けての緊張と不安からこのような事態になったと予想されるが，翌年からはこの年長児とその家族の心情を配慮し，皆が安心して夏の水遊びに参加出来るように職員で十分な配慮をしたいきさつがあった。

こんな例は極端ではあるが，実際の保育を振り返り，反省し，それを教育課程に再編成することで，よりその園が求める幼児像の共通理解を深めていくことになる。

4　教育課程に関わる法令

この章の冒頭にも，示されているが，各幼稚園の教育課程は幼稚園教育要領だけではなく，その他の関係法令（教育基本法・学校教育法・学校教育施行規則）により各園の教育課程の編成が定められている。法改正になどに伴い，教育課程の再編成がもとめられる場合もある。

5　実態の把握

教育課程はその園や地域，幼児の成長の実情に即していなければならない。そのために，これまでの保育内容や地域の状況，社会の要請などに注目し，その特長を生かし，創意工夫の上，園独自の教育課程を編成する。とくに把握したい点は①幼児の実態，②園の実態，③地域・社会の実態やニーズなどである。

日々の保育の記録や幼児の発達を捉えたデータや幼児に関する今日的課題などを理解することや，園全体の環境や規模，設備，人的配置や構成，クラス編成なども教育課程の編成に大切な要素である。自然環境はどうなのか，その土地の文化や気候など，地域の特徴なども考慮に入れると同時に，家庭環境や保護者の願いなどにも配慮する。

6　具体的なねらいと内容を組織する

幼稚園での教育の目標は，遊びを通しての指導を中心に，幼稚園教育要領第２章の「ねらい」が相互的に関連しながら，総合的に達成されることである。その目標が達成されるためには，幼児の時期ごとの大まかな成長に見通しをもち，次には，その成長に見合った豊かな経験が展開されるように具体的な「ねらい」と「内容」を設定する。

各園の教育課程の中においても幼児の発達の過程と教育目標を理解し，それを達成するために，幼稚園ごとの「ねらい」と「内容」を具体的に組織する。

幼稚園教育要領では，幼児に身につけさせたい「ねらい」が年齢や時期に分けられることなく，入園から卒園までという長期的な方向性として示されている。しかし，各幼稚園の教育課程の中では，２年間や３年間の幼稚園生活を年齢や時期(時には“期”に分ける）というように細分化し，より具体的なものにしていく。発達の段階に合わせ，どのような経験をしていくのか，多様な体験を重ねる中で，それら一つ一つの体験の関連性についても丁寧に考えることが求められる。

7　「反省・評価」と教育課程の再編成，カリキュラム・マネジメント

編成された教育課程に基づいて長期的・短期的な指導計画を作成し，日々の保育が営まれた後，改めて幼児の１年間を振り返ることが重要である。「○○の活動はどうだったか？」「この時期の環境はどうだったか？」と幼児の成長に適していたか，目の前の幼児の姿と食い違いはなかったか，など評価・反省を繰り返し，教育課程の再編成を行わなければならない。一度作成し，それで終わりなのではなく，毎年の保育実践の積み重ねこそが，より幼児にふさわしい教育課程の編成へとつながるのである。

8　全体的な計画

教育課程とは，幼稚園に通う全園児を対象としているため，多くの園で実施されている，保育時間終了後の預かり保育の時間は含まれない。しかし，この時間も幼稚園で過ごしている子どもがいるので，早朝の預かり時間，また保育終了後や長期休暇中の預かり保育時間内の活動を教育課程とともに照らし合わせ，計画を立てる必要がある。

Ⅲ　特色ある幼稚園づくりと教育課程

教育課程の編成のための基本については述べてきたが，園の特性が十分に生かされる保育計画を編成することの大切さを理解してもらえただろうか。では具体的に，どのような事に注目し，特色ある幼稚園づくりを行ったらよいのだろうか？

1　それぞれの環境を生かして

海が近くにあり，幼児の生活に身近であれば，磯遊びや地引き網なども幼児の体験がより生活に密着したものになる。山が近くにあれば，山の中で鳥や虫と出会い，大きな木の生命力や自然の力について興味を持つ子もいるだろう。豊かな自然とは言いがたい環境の中でも，保育者や子どもたちと自然を取り入れ，楽しむ経験を積み重ねる機会を取り入れている場合もあるかもしれない。それぞれの園の置かれた環境は，教育課程を編成する上で，重要な視点となる。

園を取り巻く環境の中で，何とどのように関わり，その上で，何をどのように感じてもらいたいかに目を向けることで，保育者もその環境について考えるきっかけとなる。与えられた環境の中で自由に遊ぶだけでは，遊びは充実しない。深く関わるきっかけを生み出すには，保育者の願いや意図が明確であることも大切である。

筆者の園は，園舎の裏に山や谷があり，雑木林が園庭よりずっと続いている。その中で子どもたちは，季節を感じ，存分に体や心を動かし日々生活している。木の実を集めたり，木登りをしたり，崖登りが存分にできるところもある。子どもたちも保護者もその環境が好きで，園にとっても大切な遊び空間である。

しかし，あるとき，職員同士の話題から，「自然との関わりは悪いわけではないが，それがどのように子どもたちにとって良いのだろうか？」「この経験がどのような学びとなっているのであろうか？」「その経験をさらに深めていくには，どうしたらよいのだろうか？」という疑問が生まれてきた。

子どもを取り巻く環境から自然が減少しつつある今，保育の中でしっかりと自然と触れあう直接的な体験は感動する心や自然に対する親しみ，生命を大切にする気持ちを育むことになることを理解はしていたが，自然が豊かであるこの環境があったために，実は丁寧にその環境と子どもの経験について考えていないのではないか？　と気付き，年間の教育課程の見直しを行うことになった。

どの時期にはどのような経験が繰り広げられているのか，それは何故か，そしてその経験がどのような学びとつながっているのか？など，丁寧に読み取り，季節の移り変わりとそれによる子どもたちの経験や遊びの質の変化にも注目し，これまでは「ただ，自然と関わり遊んでいた環境」から，「より楽しみや探求の深まる遊び場へ」と捉え方を変えたことで，遊びの質や自然との関わりが変化していった。

このように，日頃から，教職員間の疑問やそれぞれの子どもの育ちの捉え方について園全体として取り上げ，園内研修を行うことも教育課程の見直しへとつながる。より良い豊かな経験をと願う保育者集団としては，これらは，欠かせないものである。

2　さまざまな行事と幼児の生活

幼稚園での生活をより豊かなものにする一つとして行事がある。行事に向けて期待感を持ち，準備を進める中で通常の生活にうるおいや変化を与え，活動意欲を高めることになる。運動会や発表会，製作展などでは，幼児と保育者が日々の生活の中で大きな目標に向け，クラスや仲間と協力したり，生活の区切りや生活そのものを披露する場ともなっている。また，記念日や祝日は幼児の生活に季節感を与え，日本の文化に触れる機会にもなる。

- 幼稚園特有の園行事……入園式，誕生会，運動会，発表会，卒園式など
- 祝日・記念日などの行事……母の日，父の日，七夕，敬老の日など
- 家庭との連携を図るための行事……保育参観，親子遠足など

子どもの生活を豊かにする行事でも，次から次へと取り入れ，多様な体験を願って良かれと思っ

たことでも，十分な体験ができずに終わってしまうこともある。一つ一つの行事を楽しむ余裕もなく，本来目指すべき「幼児の主体的な活動」からかけ離れ，そこにどのような願いが込められているかが見失われてしまっていることもある。各幼稚園の伝統で行われている行事も多いが，親を喜ばすためであったり，見栄え優先の行事作りになってはいないかに注目し，教育課程という大きな枠組みの（長期的な見通し）中で幼児の発達にふさわしい行事づくりを工夫することが重要である。それぞれが幼児にとって，どのような経験として必要であるかを常に問い直し，幼稚園の主役はあくまでも子どもであり，わくわくする気持ちで当日を迎え，喜びや感動・達成感を味わえるような行事のあり方を検討し，保育の中に取り入れていくことが大切である。

3　地域とのつながりや様々な人との交流

幼児期の教育は園と家庭という限られた環境だけではなく，地域の方々との関わりも大切である。近年では，社会全体に人間関係の希薄化が見られる中で，幼児も人と関わる力に弱さが見られる。地域の人々や高齢者と関わることで，人と人と関わる楽しさを味わうことも大切である。行事に参加するだけではなく，手伝いをする中で人に役立つ喜びを感じることになる。このような機会を大切に，町全体で盛り上がる大きなお祭りが開催される地域などは，保育の中に取り入れたりすることも幼児の生活や経験をより豊かなものにする。

また，コマ回しが上手な方が近くにいらしたら，正月の季節にお招きするなど，自然や文化，伝統行事を積極的に保育に取り入れ，自分の住む社会に親しみを持ち，生活がより地域に根ざしたものとなる。

その他，公共施設や人材などの資源も活用する中で，地域の人々との交流を深めることも大切である。家庭と保護者以外の場や人が幼児教育への理解と感心を高めることは，子どもにとっても経験の機会がさらに広がることにもつながる。

4　幼小連携

幼稚園教育が小学校以降の学習及び生活の基盤となることを踏まえ，どの子も就学後の生活にスムーズに移行できることが大切である。そのためにも幼稚園と小学校で発達や学びの連続性が保障できるよう積極的に連携し，お互いの教育についても理解を深めることは不可欠である。

保育者は，幼稚園は学校教育の始まりではあるが，小学校教育の基本的な学びのスタイルと幼稚園のそれとは違うことを互いに理解しなければならない。近年では，小学校の特に低学年の学びのスタイルに生活科や体験学習的な時間なども取り入れられ，幼稚園の遊びを通しての学びとの共通点も感じられるようになった。幼稚園修了直前の年長児の生活などは，その点を意識し過ごすことで就学後の生活がより円滑な移行となるよう努めることも大切である。小学校の授業のような時間の前倒しではなく，幼児が主体的に仲間と関わり，自分たちでやり遂げ達成感を感じられる活動なども取り入れていきたい。

小学校との具体的な活動や交流の場を企画する際には，教師同士が打ち合わせ，計画，協力と相互理解を図ることで，意義ある連携が生まれてくる。幼稚園・小学校がお互いにそれぞれの子どもたちの活動にどのような願いやねらいがあり，参加するのかを十分に伝え合い，有意義な交流の機会となるよう勤める必要がある。

（後藤光葉）

◆　参考文献

1）文部科学省　幼稚園教育要領，同解説書　2017 ［特に　第１章　第２節，３節］

2）小田豊　神長美津子『教育課程総論』北大路書房　2003

3）中央教育審議会　子どもを取り巻く環境の変化を踏まえた今後の幼児教育の在り方について―子どもの最善の利益のために幼児教育を考える―（答申）　2005（平成 17 年 1 月 28 日）

第３章　保育所における計画と評価

Ⅰ 保育所における計画

1　保育所の生活と計画

⑴養護と教育の一体化

保育所の目的は,「保育を必要とする乳児・幼児を保育するところ」(児童福祉法第 39 条) にあり, ０歳から６歳までの幅広い年齢の子どもたちが生活する児童福祉施設である。通所する子どもたちが保育所で過ごす時間は, 多くの場合１日８時間から 10 時間と長時間である。また近年, １・２歳児の保育所入所率が高くなり, 全児童数の半数近くが保育所で生活しているというデータがある。乳児期から入所する子どもたちは, 乳幼児期の大切な時期の４年から６年間という長い期間を保育所で過ごすことになる。そのため, 保育所保育の基本は「養護」であり保育所で過ごす子どもにとっては, 安全な環境で命が守られ, そして保育者の関わりにより, 心穏やかに生活することが最も重要である。

その一方で, 子どもの生活を守りつつ, 豊かな生活へ子どもの世界を広げて行くのも保育者の大切な役割である。それが「教育」的な視点である。こうした教育的な関わりは, 養護とともに一体的に行われることが基本となる。

養護と教育の一体化を具体的な保育の場面で考えてみると次のようになる。０歳児クラスの食事の場面で子どもが「あ, あー」と言いながら, 時に指をさしつつ食べている。そのような時に保育者は, 黙って食事を与えるのではなく,「おいしいね」「このかぼちゃ, もっと食べる？」などと子どもに言葉をかけながら食事を進めるということがある。こうした保育のあり方は, 食するという生命の保持を守りつつ,「おいしい」という感情表現を子どもに伝えることにより, のちに表現や言葉の学びにつながる期待が込められている。このように, 養護と教育は別々に実践されるのではなく, 生活の中で一体的に行われている。こうした保育を生活の中で取り組んで行くことにより, 養護と教育の一体化につながるのである。

⑵育ちに適した生活と計画

①保育者を拠り所にした生活

乳幼児期は, 人の一生で最も成長・発達が著しい時期であるとともに, 心身の基礎が形成される大切な時期である。子どもたちは, このような大切な時期を, 置かれている環境との相互作用を通して成長していく。環境には, 物的環境, 人的環境などがあるが, 乳幼児期の子どもにとって最も大事な環境は人的環境である人との関わりである。

人間の子どもは生理的早産と言われるように, 他の哺乳類に比べて身体的にも精神的にも未熟な状態で生まれる。子どもたちはこうした時期を身近な大人を頼りにしながら育まれて行く。そのため保育者は, 子どもの成長・発達に適した環境を用意するとともに, 心身ともに子どもの拠り所となり, 子どもの育ちを支えていくことが大切である。

②育ちの順序性と共通性

こうした育ちは順序性と共通性という特徴がある。順序性とは, どの子どもにも共通して見られる発達の過程である。例えば運動機能の発達のうち, 乳児が歩行を始めるまでの粗大運動は, 頭部から尾部に向かって筋力が発達していくという特徴がある。まず, 首が据わり, 腰の筋力の発達がおすわりにつながり, 膝の筋力の育ちによりハイハイ, 足首に力が入ることにより二足歩行へと進む。また，手指の発達などの微細運動では，手のひら全体で物を持つからつかむ，指先でのつまむという力が育まれ，中央から末端へと育って行くという特徴がある。共通性とは，こうしたプロセスが，ある程度多くの子どもたちの月齢や年齢に共通しており，同じように見られるという特徴があることを表している。乳幼児期はこうした育ちのステージが顕著な時期であり，そのため保育者は子どもの育ちを見通した計画を立案することが大切である。

③育ちの個別性

その一方，こうした育ちには，子ども一人一人の特徴があり，そのスピードには個人差が見られる時期でもある。例えば，同じ１歳児であってもa児はつかまり立ちを始め，b児は歩行が見られるということもあり，それぞれに異なる姿がある。そうした違いは遊びのありようにも見られ，保育者はそれぞれの育ちに適した援助が求められる。資料３－１は０歳児クラスのデイリープログラムである。乳児は，授乳や睡眠リズムが個々によって異なるため，細やかに日課が立てられている。また，担当保育士を基盤に生活が組み立てられ，チームで保育が構成されている（資料３－１）。

そうした個別性は遊びのありようにも見られ，保育者にはそれぞれの育ちに適した援助が求められている。

> h児とk児は，水道でそれぞれ水遊びをしている。h児は，いくつものコップに水を入れて，「ジュース」と名付け，水道脇に並べている。k児は，コップに水を入れては流し，入れては流しとくり返している。保育者は，保育者にジュースのコップを差し出したh児に対し，「美味しそうなジュースね」と言葉をかけ，飲む真似をする。一方，k児に対しては，違う大きさのコップを用意し，「k児ちゃん，これも使ってみたら」と言葉をかけている。

事例の二人は，一見，同じ遊びを楽しんでいるように見えるが，遊びの様子から遊び方に違いがあることがわかる。h児は，コップの水を「ジュース」と見立て，イメージの中で遊んでおり，一方k児は，水の感触や形状の変化，律動感を楽しんでおり，構成遊びを楽しんでいる様子である。イメージの遊びにあるh児への言葉掛けと，水の形状の変化を楽しんでいるk児に対するのとでは，言葉かけや対応，コップなどの環境設定において保育者の配慮が異なる。

さらに近年，保育所ではインクルーシブ保育の理念のもと，障がいを持った子どもも多く受け入れており（表３－１），健常児と共に生活を営むケースも増えている。子ども一人一人の個別保育計画を作成し，加配保育士のもと保育を展開している。

それぞれの子どもには，発達的なプロセスがあり，そのため保育者はこうした個別性を理解し，個々の育ちに適した計画を立案することが大切である。

④家庭の状況や地域の特性

保育所に通う子どもたちと保護者の状況は実に様々である。保護者の就労形態に合わせた保育時間が設定されるが，保育時間が一定の家庭もあれば，毎日異なるケースもある。また家族の形態も様々であり，シングルマザーやシングルファザーの家庭，地域によっては外国籍の家庭もあり，それらは増加傾向にある。各々に配慮の必要な家庭への支援についても計画の中に取り込み，全ての子どもにとって充実した生活が営めるような配慮が必要である。

そのため保育者は，保育所で生活する子どもたち一人一人の健やかな心身の育ちへの願いのもと，豊かな経験を通して，安心・安全な生活が展開できるよう，様々な側面から捉えた計画的な保育を実践している。

資料３－１　デイリープログラム

4月　0歳児　もも組　デイリープログラム				ハルム保育園
	A保育士	B保育士	C保育士	D保育士
7:00 8:00 30 45	調理室（台ふきん，お茶，哺乳ビン） 事務室（人数報告） 受け入れ	※ お茶を準備 テラスそうじ オムツ・着替えカゴセッティング おかけ	00 受け入れ 30 検温 h児　排泄 あそびを見る	
9:00 10 20	a児，r児　排泄・水分 あそびを見る	d児　水分・睡眠 10 k児　排泄・水分・睡眠 20 t児　排泄・水分 あそびを見る	10 m児　排泄・水分 20 h児　排泄・水分	
10:00 15 25 35 40 45 55	a児　排泄・睡眠 あそびを見る r児　排泄・水分 r児　排泄	15 t児　水分 25 m児　食事準備 おしぼりをしぼる あそびを見る 40 d児　排泄 45 d児　食事	00 h児　排泄・水分・睡眠 あそびを見る 25 m児　排泄 30 m児　食事	40 d児　食事準備 あそびを見る 55 r児，h児　食事準備
11:00 15 20 25 30 45 50 55	r児　食事 r児　睡眠 a児　排泄 a児　食事 s児　排泄	15 d児　睡眠 20 a児，k児食事準備 25 k児　排泄 30 k児　食事 k児　睡眠 45 t児　排泄 50 t児　食事	00 m児　睡眠 05 h児　排泄 10 h児　食事 30 m児　排泄・水分 あそびを見る	あそびを見る 45 t児　食事準備 あそびを見る 55 s児　食事準備
12:00 10 15 30 40 50	s児　食事 s児　睡眠 ノート記入 あそびを見る a児　排泄・水分・睡眠	10 t児　睡眠 15 煮沸・調乳室そうじ， おしぼりしまう 20 食事・休けい　1時間	15 トイレそうじ 30 ノート記入 40 食事・休けい　1時間	食事片づけ，お湯わかす 10 食事30分 40 あそびを見る
13:20 35	食事・休けい　1時間	20 ノート記入 35 あそびを見る 起きた子から順次排泄・水分 →	40 あそびを見る	35 おもちゃふき 部屋そうじ（窓ふき，棚） おしぼりしぼる
14:00 20 25 30 40 45 50 55	あそびを見る s児　排泄・水分・睡眠 r児　排泄	25 m児　食事準備 40 d児　排泄 45 d児　食事	00 h児　排泄・水分・睡眠 25 m児　排泄 30 m児　食事 50 m児　睡眠	00 あそびを見る 40 d児　食事準備 55 r児，h児　食事準備
15:00 05 10 20 25 30 45 50 55	r児　食事 r児　睡眠 a児　排泄 a児　食事 a児　睡眠	20 a児，k児　食事準備 25 k児　排泄 30 k児　食事 45 t児　排泄 50 t児　食事	05 h児　排泄 10 h児　食事 あそびを見る 55 m児，h児　排泄 m児　オムツをかばん	あそびを見る 45 t児　食事準備 ※ 55 s児　食事準備
16:00	s児　食事 （順次排泄 順次送り出し） →	あそびを見る	降園	降園
17:00	あそびを見る	かばんにオムツをつける 部屋そうじ，哺乳ビン，コップ片づけ おかけのウォールポケットをもどす 翌日の保育準備		哺乳ビン洗う 食事片づけ 着替えかごをもどす ウォールポケットにノート入れる

保育所における計画は，６年間の保育所での生活を見通した「全体的な計画」，時期ごとの「指導計画」，子どもの心身の健康を捉えた「保健計画」，子どもたちの食育を考慮した「食育計画」，土曜日保育などの異年齢・合同保育計画，休日保育に適応した計画，保育所に入所していない子どもが通う一時保育の計画など多岐にわたっている。

また，幼児教育の指標として示された「幼児期の終わりまでに育ってほしい姿」を目安に，小学校への接続も含めた計画の策定が進められている。

2 保育所保育指針における計画

保育所保育指針解説書には，計画について次のように記されている。

> 保育所において，保育の目標を達成するためには，子どもの発達を見通しながら，保育の方法及び環境に関する基本的な考え方に基づき，計画性のある保育を実践することが必要である。
> （第１章総則　３保育の計画及び評価）

保育所による計画の特徴は，各園の育みたい子どもの姿を目指した保育目標に養護の視点と保育内容５領域の教育的な視点とが，いずれも計画の中に含まれている点にある。ここには，乳幼児期の豊かな経験を通した育ちを願うとともに，長時間を保育所で過ごす子どもたちが保育者を拠り所にゆったりとした生活を送ることができるような配慮があらわれている。

また，その作成にあたって，保育所保育指針解説書では，次のように記されている。

> 保育の計画を作成するにあたっては，全職員が各々の職種や立場に応じて参画し，保育の理念や方針を共有しながら，保育の方向性を明確にする。
> （同上）

つまり，計画とは子どもの育ちを願うためのものであると同時に，子どもに関わる全ての職員が参画することで，職員全体が保育観を共有し，保育の方向性を明確にするためのものでもある。

表３－１　障害児保育の実施状況（厚生労働省）

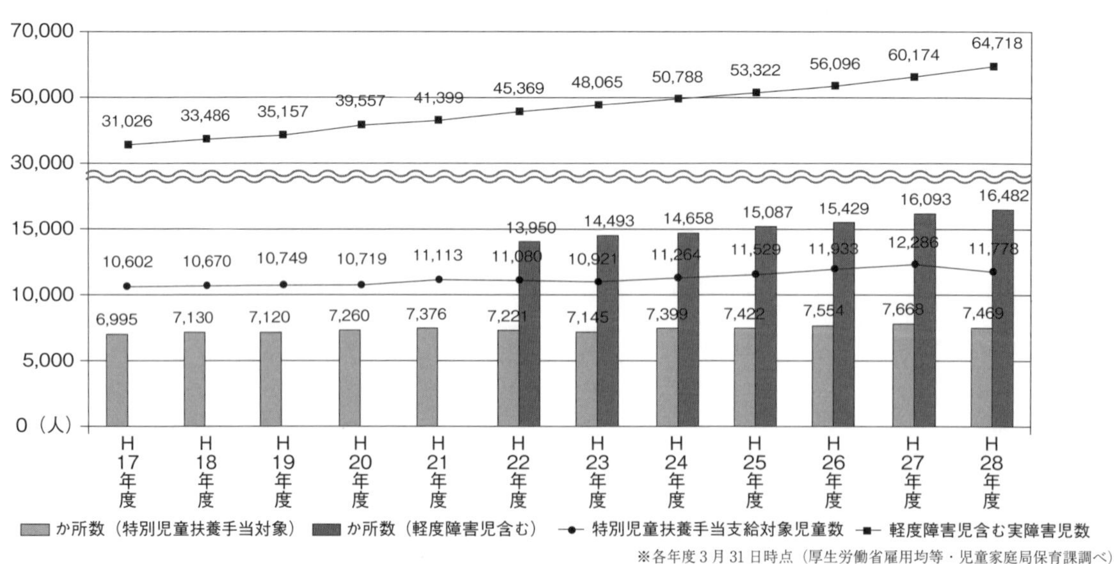

※各年度３月31日時点（厚生労働省雇用均等・児童家庭局保育課調べ）

⑴全体的な計画と指導計画

①全体的な計画とは

保育所における「全体的な計画」は幼稚園教育の「教育課程」にあたり，園全体のカリキュラムのことをさす。各園独自の全体的な計画を基軸とし，そこに記された保育全体の目標を目指し，具体的な保育実践につながるように「指導計画」が立てられる。

全体的な計画は，保育の目標を達成するために入所から就学に至る在籍期間の全体にわたって，どのような道筋をたどり，保育を進めていくのかを示すものである。

「全体的な計画」は，保育所保育指針に次のように定義されている。

> 保育所は，1の（2）に示した保育の目標を達成するために，各保育所の保育の方針や目標に基づき，子どもの発達過程を踏まえて，保育の内容が組織的・計画的に構成され，保育所の生活の全体を通して，総合的に展開されるよう，全体的な計画を作成しなければならない。
> （同上　(1) 全体的な計画の作成）

保育における計画を作成する際，乳児期から幼児期に至る保育所の生活全体を通した計画を立てることが大切である。子どもの生活は連続性の中にあり，今の経験が次へつながっていく。こうした連続性を考慮した上で，構成することが求められる（資料3－2）。

この全体的な計画に基づき，「指導計画」「保健計画」等が作成されている。

②指導計画とは

指導計画は，年齢や時期ごとに立てられた計画である。指導計画は，年や期・月ごとの「長期的指導計画」と，週・日ごとの「短期的指導計画」がある。保育所保育指針には次のように記されている。

> ア　保育所は，全体的な計画に基づき，具体的な保育が適切に展開されるよう，子どもの生活や発達を見通した長期的な指導計画と，それに関連しながら，より具体的な子どもの日々の生活に即した短期的な指導計画を作成しなければならない。
> イ　指導計画の作成にあたっては，第2章及びその他の関連する章に示された事項のほか，子ども一人一人の発達過程や状況を十分に踏まえるとともに，次の事項に留意しなければならない。
> ㋐　3歳未満児については，一人一人の子どもの生育歴，心身の発達，活動の実態等に即して，個別的な計画を作成すること。
> ㋑　3歳以上児については，個の成長と，子ども相互の関係や協同的な活動が促されるよう配慮すること。
> （同上　(2) 指導計画の作成）

保育所の指導計画の特徴として，3歳未満児の指導計画と3歳以上児の指導計画に違いがある点にある。保育所では，年齢に応じた配慮が異なる点から，保育者の配置にも年齢ごとに違いがある（表3－2）。

表3－2　保育者の配置（保育者：子どもの数）

年齢	保育者：子どもの数
0歳	1　：　3
1・2歳	1　：　6
3歳	1　：　20
4・5歳	1　：　30

3歳未満児は，心身の発育・発達が著しく，その道筋には個人差の大きい時期でもある。0歳児クラスの食事を例にすると，生活する子どもたちは，授乳がメインの子どももいれば，離乳食の段階が異なるなど，月齢による発達的な違いが大きいということがある。また，それぞれの育ちには個人差があり，同じ月齢であっても咀嚼力のある

資料3－2　全体的な計画（例）

保育方針		園の保育目標	
	①子どもの健康と安全を基本として，適切な環境で子どもの育ちを支える。 ②家庭的な食事と食育を通して，健康的な身体と食への関心を養う。 ③人との信頼関係をベースにした豊かな心と遊びを通した生き生きとした知性を育む。 ④保護者との連携のもと家庭養育のサポートを行う。		心身ともによく遊ぶ子 友だちや生命への思いやりのある子 主体的で自分で考える子

子どもの保育目標					保育時間	
	乳児	安全な環境で生理的な欲求を満たして過ごす	3歳	環境に積極的に関わり，意欲を持って活動する		標準 9:00―17:00 延長 7:30―9:00 17:00―19:30 ・3号認定
	1歳	生活リズムを整え，探索活動を十分にする	4歳	仲間と共に感情豊かに表現活動をする		
	2歳	好きな遊びを通し自我を育て，想像力を育む	5歳	自立的・意欲的に活動し，多様な経験を積む。		

養護		乳児	1歳児	2歳児	3歳児	4歳児	5歳児
	生命の保持	子ども一人ひとり生理的欲求の充実	一日の生活リズムの形成	適度な運動と休息の充足 生活習慣の意識の芽生え	生活習慣の形成と自立 運動と休憩の調和	生活習慣の確立 運動と休息の調和	健康・安全への意欲の向上
	情緒の安定	特定の保育者との情緒的な絆の形成	保育者とのあたたかなやりとりによる心の安定	自我の育ち	自主性・主体性の育成	自己肯定感の育成と他者の受容	心身の調和と安定を育む

教育

乳児 3つの視点	乳児	領域	1歳児	2歳児	領域	3歳児	4歳児	5歳児
健やかに伸び伸びと育つ	・身体機能の著しい発達 ・食事・睡眠などの生活リズムの芽生え	健康	・一人歩きの確立による行動範囲の拡大 ・探索遊びの充実	・運動・手指の機能の発達 ・基本的生活習慣の芽生え ・好きな遊びの芽生え	健康	・何事にも意欲的に活動 ・基本的生活習慣の自立 ・好きな遊びを楽しむ	・健康への関心 ・安全への意識 ・基本的生活習慣の確立 ・遊びの充実	・健康増進への意識の高まり ・豊かな活動への意欲と遊びの充実・発展
身近な人と気持ちが通じ合う	・特定の保育者との深いかかわりによる愛着の形成を育む ・応答的なかかわりによる喃語の育みと言葉の芽生え	人間関係	周囲の大人，子どもへの関心	・自我の育ちによる自己主張の表出 ・友達との関わりの増大	人間関係	道徳性の芽生えと並行遊びの充実	・仲間と深いつながり ・年少児への思いやり	・社会性の確立 ・自立心の育成
		環境	身近な環境への興味・関心を高める	身近な環境への積極的な関わり	環境	自然や身近な環境への積極的なかかわり	社会事象への関心の高まり	社会，自然事象へのさらなる関心
身近なものと関わり感性が育つ	・身近なものを通し感性を育む ・五感を通した感受性の形成	言葉	一語文・二語文の獲得	言葉のやりとりを楽しむ	言葉	・言葉による表現力の広がり ・生活の中で，必要な言葉の理解と活用	伝える力・聞く力の獲得	文字への関心とごっこ・ルールのある遊びの発展
		表現	色々な素材にふれ，親しむ	象徴機能の発達とイメージの拡大	表現	自由な表現と豊かな感性の育ち	豊かな感性による表現	・様々な素材を使ったダイナミックな表現 ・感動体験の共有

健康支援・保健計画	○健康及び発育発達状態の定期的，継続的な把握　○年２回，毎月の嘱託医による健康診断　○登園時及び保育中の健康観察，また異常が生じた際の適切な対応　○年間保健指導計画の作成
食育の推進	○栄養バランスを考慮した食事の提供　○食育活動の実施　○行事食の提供　○クッキング保育・菜園作りの実施　○ランチルームの活用　○離乳食・アレルギー食への対応
環境・衛生管理 安全対策・事故防止	○保育室，園庭など施設内外の設備，用具等の清掃及び消毒，安全管理　○子どもの清潔保持及び職員の衛生管理　○保健計画の作成と保護者との情報共有 ○避難訓練・消火訓練の実施　○被災時における対応と備蓄の確認　○保護者への引き渡し訓練の実施
子育て支援	○保護者の要望を踏まえつつ，保育目標の理解を促す。○各家庭の状況を把握すると共に，子育て支援のニーズを理解する。○子どもの成長を共に喜び合えるパートナーシップの形成に努める。　○地域子育て支援の実施と相談事業の充実に努める。
職員の資質向上	○職員の資質向上のため，研修の機会の充実に配慮する。○園内外の研修への積極的な参加を進めると共に情報の共有に努める。

子どももいれば，噛む力や飲み込む力の弱い子どももいるなど，食事の形態が異なる場合がある。加えて，心身の発育が未熟であることから，保健的な対応や安全面の配慮が必要である。こうした個別性を考慮に入れて，特定の保育士等との愛着が深められるような人的環境を重視した指導計画を作成することが求められている。

一方，３歳以上児は，クラスやグループでの活動が主となる。そうした中で，引き続き個々の主体性や育ちを大事にしつつ，他の友達との関わりを通して一緒に活動する楽しさや協同して遊びを展開する中で社会性を育むなど，集団生活を営む上で必要な力の形成が求められている。さらに，「幼児期の終わりまでに育ってほしい姿」が幼児教育の指標として示されていることを受け，子どもの生活や遊びを通して，３歳以上のそれぞれの時期にふさわしい経験が得られるよう，指導計画を立案することが必要である。

1)長期的指導計画……年間，期，月

長期的指導計画は一年，各期，月ごとの単位で立てられる計画である。年間計画は，毎年その年度の始めにクラスの子どもたちが保育所でどのような経験をし，生活していくのかを見通して立案するものである。その際，子どもの発達の理解のもと，一年後の子どもの姿を予測して立てることが大切である。

期別指導計画（期案）・月別指導計画（月案）は，期または月ごとの計画である。年間計画と関連づけながら，子どもの育ちや季節を見通した計画が立てられる。また，園の行事や地域性など，身近な生活と関連づけながら計画を立てることにより，豊かな経験への保障につながる。

なお，乳児の場合，子ども一人一人の月齢差や個人差を考慮し，個々の指導計画を作成している。子どもの月齢に応じて個別に立てることにより，身体機能の発達や言語発達，また離乳食の進度など実際の子どもに即した計画になる（第５章，６章参照）。

例えば，同じ０歳児クラスの子どもであっても６ヶ月の子どもと，11ヶ月の子どもでは，発達やそれに伴う遊び，食事面でも大きく異なる。また同じ子どもの計画であっても，５月の計画と12月の計画では，発達面，生活面共に大きく異なる。そうした乳児の発達的な特徴から，個別の計画の立案が必要となるのである。

2)短期的指導計画……週・日

短期的指導計画は，１週間，１日など，短いスパンで立てられる計画である。より実際の子どもの育ちに即した形で立案され，またより具体的な内容が示されたものとなる。例えば，離乳食が進んだ頃，握る力がついてきたので食事の時間にスプーンを持たせてみようということであったり，先週まではガラガラを持って遊んでいたが，今週は違う遊びに関心が移ったようだというような詳細な情報が記載される。週案，日案がそれぞれに立てられる場合もあれば，週日案として立てられることもある（第５章，６章参照）。

短期指導計画は，長いスパンである長期指導計画で示されたねらいのもとに活動が計画される。各指導計画をこうした連続性や関連性の視点で確認してみよう。

3)その他の計画

その他の計画として，保育所で生活する子どもたちの安全を守り，健康的な生活を育むための「保健計画」が策定される。保育所の養護的な側面を象徴する計画である。

長時間を保育所で過ごす子どもたちが健やかに育まれるような環境を整えることを含め，手洗いや健康への関心など，子どもが自ら健康的な生活を形成できるような配慮が見られることも特徴の一つである（資料３－３）。

資料３－３は，保健計画の年間指導計画である。保健に関わる保育の全体的な見通しが示されている。保健的な内容を軸にした目標が立てられ，そ

資料３－３　保健計画（年間）（例）

	目標	行事	健康・安全衛生面の留意点	保健だよりの内容	保護者への確認事項
Ⅰ期 （4・5月）	○園生活に慣れ，安心して過ごせる環境を作る ○園での生活リズムを整える ○手洗い，うがいなどの衛生的な生活習慣を身に付ける	• 春期内科検診（全園児） • 乳児検診 • 身体測定 • 手洗い指導（幼児） • アナフィラキシー，アレルギー，エピペンについての職員研修と情報共有	• 各児の既往症，アレルギー，予防接種，健康状態，発達の把握 • 新入園児の体調の変化の早期発見，観察，連絡 • アナフィラキシー発症時の対応について，職員間での確認 • 預り薬の管理・使用 • 室内の温度，気温，換気に配慮	• 園医の紹介 • 生活リズムについて • 手洗い習慣について • 健康診断計画について	• 健康管理カードの記入のお願い • 内科検診の結果報告 • 預り薬について（必要書類の提出）
Ⅱ期 （6.7･8月）	○歯を大切にする ○夏の暑さに留意し，熱中症予防に努める ○安全に水遊びを楽しみ，健康な身体作りをする	• 乳児検診 • 眼科検診（幼児） • 身体測定 • 歯磨き指導（幼児） • プールの衛生管理，事故対応，心肺蘇生の職員研修	• 歯磨き指導 • プールの衛生管理 • 室内の温度，湿度をチェックし，適切な空調使用 • 適宜水分補給 • 夏の感染症の早期発見に努める	• 虫歯予防デーについて • 食中毒の注意 • 水遊びの注意 • 夏の感染症について • 熱中症予防について	• 頭髪，爪，皮膚の点検のお願い • 眼科検診の結果報告 • 歯磨きのお願い
Ⅲ期 （9・10・11・12月）	○風邪の予防に努める ○運動や戸外遊びを通して体力増進を図る	• 秋期内科検診（全園児） • 乳児検診 • 歯科検診（全園児） • 耳鼻科検診（幼児） • 身体測定 • 嘔吐処理の職員研修	• 運動会に向け，元気な体づくり • 室内の温度，湿度，換気チェック • 手洗い・うがいによる風邪予防	• 歯の健康 • 目の愛護デー • 予防接種について • 風邪予防 • 防災用品について（家族での備え）	• 歯科検診の結果報告，虫歯など必要時，歯科受診の勧奨
Ⅳ期 （1･2･3月）	○感染症予防に努める ○身体を動かす遊びを通して体力増進を図る	• 乳児検診 • 身体測定 • ヒヤリハット対応の職員研修	• 感染症徴候の早期発見，把握 感染拡大防止 • アレルギー児，熱性けいれん児などの各児の状態，再確認	• インフルエンザについて • 感染性胃腸炎について • 耳の日 • 花粉症 • 新年度準備	• 手洗い・うがい励行 • 感染症予防について掲示 • 預り薬について（再受診のお願い） • アレルギー除去食物について（再受診のお願い）

資料３－４　保健指導計画（例）

	全体目標	指導項目・指導目標	指導方法	実施日・評価・反省
4・5月	○園生活に慣れ，安心して過ごせる環境を作る。 ○園での生活リズムを整える。 ○手洗い，うがいなどの衛生的な生活習慣を身に付ける。	●３・４・５歳：手洗い，うがい ・手洗い・うがいの必要性を理解する。 ・効果的な手洗い・うがいの方法を身に付ける	・紙芝居を読み必要性を話す。 ・ガラガラうがいを指導する。 替え歌で手洗い方法を指導する。	・クラスで歌ってもらうことで，食事前に歌いながら手洗いする様子も見られた（３・４・５歳児）。 ・３歳児は時間をかけて洗うことができないので引き続き日常で指導していきたい。
6～10月	○歯を大切にする。 ○熱中症・日射病の予防に努める。 ○安全に水遊びを楽しみ，健康な身体づくりをする。	●３・４・５歳：虫歯予防の話 ・歯の大切さを知る。 ・食後に必ず歯を磨く習慣を付ける。 ●３・４・５歳：熱中症予防の指導 ・熱中症予防の手段を知る。 ・こまめに水分補給をする習慣を付ける。	・紙芝居を読み必要性を話す。 ・家でも歯磨きをするよう保護者に呼び掛ける。 ・熱中症・日射病がどんな病気か話す。 ・予防法を話す。日常的に水分補給を呼び掛ける。	・歯ブラシの使い方，磨き方を異年齢で教え合う様子も見られた点は良かったが３歳児と５歳児では取り組む様子，理解力も違うので来年は年齢別の指導を検討したい。 ・日常の中で水分補給や帽子の着用を呼び掛けたり，炎天下で長時間過ごさないことなどを子どもたちに話した。担任指導のもと実践できていた。
9～12月	○運動や戸外遊びを通して体力の増進を図る。 ○風邪や感染症予防に努める。	●３・４・５歳：手洗い，うがい ・正しい方法で手洗い，うがいを行う習慣を身に付ける。 ●歯磨き指導（２・３・４・５歳） ●２歳：手洗い指導 ・正しい方法で歯磨きを行う習慣を身に付ける。 ・手洗いの必要性を理解する。 ・効果的な手洗いの方法を身に付ける。	・全体で手洗い方法を確認後，数人ずつ確認する。 ・歯科検診前に歯科衛生士による歯磨き指導 ・風邪をひく原因，手洗いとうがいの必要性を話す。 ・きらきら星の替え歌で手洗い方法を指導する。	・２歳児は手洗いに関心を持ち，進んで取り組む姿がある。 ・３歳児は慣れてきたせいか時折省略するので見守りたい。 ・４歳児は替え歌を好み，積極的に取り組んでいる。 ・５歳児は子ども同士の話の中で風邪について話が出るなど意識が高まっている。
1～3月	○感染症予防に努める。 ○身体を動かす遊びを通して体力増進を図る。	●３・４・５歳：感染予防 ・咳で感染することを知る。自らできる感染予防策を知る。 ●２歳：うがい指導 ・うがいの必要性を理解し，ガラガラうがいの練習をする。 ●歯磨き指導 ・歯ブラシを衛生的に扱い，昼食後に歯磨きをする習慣を身に付ける。	・マスクの着用，人混みを避ける，咳やくしゃみが出る時のエチケットについて話す。マスクの着用を呼び掛ける。 ・ブクブクうがいとガラガラうがいの違いを説明し，ガラガラうがいの練習をする。 ・歯ブラシを持参させ，扱い方，おおまかな磨き方を指導する。 ・エプロンシアター「歯磨き頑張ろう！」を鑑賞しながら歯ブラシに実際に取り組む	・５歳児は感染予防についての話をしたところ，関心を持っている様子が伺えた。後の手洗いは念入りに取り組んでいた。 ・４歳児はガラガラうがいの練習をしていた。 ・３歳児はエプロンシアターを楽しみながら鑑賞し，共に歯ブラシの練習に取り組んでいた。 ・２歳児はガラガラうがいはまだ難しい子どもが多いが，保育者と共に楽しく取り組んでいる。

れらに基づき行事が計画されている。

また健康，安全など衛生面からの配慮や保護者との連携について予め立案されている。子どもたちの安全な生活を守るために具体的な取り組みがなされていることが分かる。日頃の保育の中での配慮に加え，Ⅳ期（1・2・3月）の保護者に対して預り薬やアレルギー除去食のための医療機関への再受診をお願いする背景には，子どもの体質の変化を確実に把握し，健康で安全な環境を整えるためである。なお，アレルギーをもつ子どもに対しては，個別の献立表と共に，「生活管理指導表」を作成し，栄養士との連携のもと細やかに対応している。

資料３－４は，具体的な実践内容である。全体として立案した目標に基づき，実際にどのように指導するのかといった保育内容の計画が示されている。また，実践に対しての評価・反省が記される計画と評価の一体型となっており，こうした記録が次の計画に活かされるような工夫がある。

このように，保育所では，長時間を過ごす子どもたちが，安全で健やかに生活できるよう，様々な側面からの計画を通し，保育が構成されている。

Ⅱ　保育所における評価

1　保育所保育指針における評価

保育所保育指針において，評価は次のように記されている。

> 保育所における保育は，計画とそれに基づく養護と教育が一体となった保育の実践を，保育の記録等を通じて振り返り，評価した結果を次の計画の作成に生かすという，循環的な過程を通して行われるものである。
> （第１章総則　３　保育の計画及び評価）

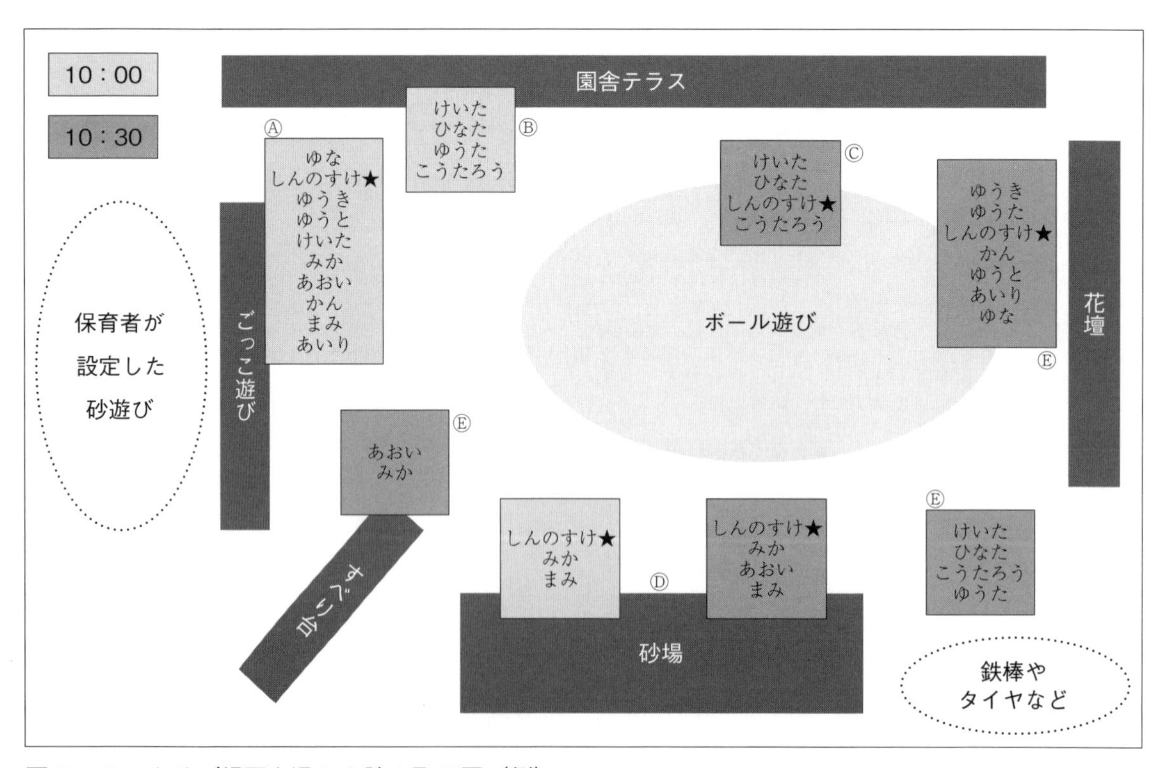

図３－１　あそび場面を通した読み取り図（例）

2　評価とは何か　～PDCA サイクル

評価とは，保育の計画にもとづき，実践について記録をとることにより，子どもの育ちと保育の振り返りを行うことで，計画の改善につなげていく一連の過程のことをさす。そのプロセスのことをPDCAサイクルとよんでいる。PDCAとは，P（Plan 計画）D（Do 実践）C（Check 省察・評価）A（Action 改善）であり，このプロセスがくり返されることにより，保育の質の向上が図られる。

ある日の２歳児クラスの外遊びによる子どもたちの様子を園庭の環境図を利用して，次のように記録している（図３－１）。

保育者は，２・３歳の発達的な観点から，計画の中で「イメージのある遊びを充実させること，また子ども同士の関わりを増やしたい」という願いを持っている（Plan）ことから，前日のごっこ遊びを主体とした環境設定を行っている（Do）。

図３－１は，10時の子どもの居場所と10時30分の居場所である。10時の時点では，多くの子どもたち（Ⓐ）がごっこ遊びに参加しているが，テラスにいて参加していない子どももいる（Ⓑ）。その後10時30分になると，遊びが分散し，各々の遊び（Ⓔ）を展開している様子が現れている。ボール遊びがしたい子どもがいる（Ⓒ）一方，引き続き砂場（Ⓓ）でのごっこ遊びを楽しみたい子どももいる。また，「しんのすけ（★）」はいろいろな場所に移っており，それぞれの遊びを楽しんでいる。

こうしたことから保育者は，今の時期は，砂場でのイメージ遊びをじっくり取り組む子どももいれば，からだを動かす遊びが好きな子ども，またしんのすけのように探索遊びの時期の子どももいるということに気がつく（Check）。そのため，今は「それぞれの遊びを充実させることを大事」にし，時期を見て，クラス全体で取り組む活動を取り入れようと計画を修正（Action）する。

このように，子どもの育ちと共に，計画を修正し，一人一人の育ちが豊かになるような計画を立案することが大切である。

これまで見てきたように，保育者は子どもの健やかな育ちを願いのもとに，豊かな経験が得られるよう計画を立て，実践を通した振り返りをすることで，次の援助につなげている。こうした保育者のたゆまない保育の工夫の循環のもとに，子どもたちの安全で健康的な生活と豊かな発達の姿が保障されるのである。

（堀　科）

◆　参考文献

1）厚生労働省『保育所 保育指針解説書』 2018
2）保育計画研究会編『保育計画のつくり方・いかし方』ひとなる書房　2004
3）監修（公）児童育成協会　千葉武夫・那須信樹編『教育・保育カリキュラム論』中央法規　2019

第４章　こども園における教育課程の特徴

教育・保育施設に認定こども園が加わり，現在では多くの乳幼児が幼稚園と保育所の機能を併せ持つ認定こども園で就学前の教育・保育を受けている。認定こども園は，教育と保育を一体的に行う施設であるが，単に幼稚園の保育時間と保育所の保育時間をつなぎ合わせて，保育を展開しているわけではない。各こども園が，子どもたちや保護者，地域に期待されている役割をしっかり認識し，創意工夫にあふれた全体的な計画を作り上げて質の高い保育を実践しようと努力している。

Ⅰ　認定こども園の設立

家庭で主として保育を行っていた保護者の生活スタイルが多様化し，2006年にこども園制度が発足すると，既存の幼稚園や保育所が様々なニーズを受けてこども園への移行を選択した。歴史の長い幼稚園や保育所とは異なり，設立間もない各こども園は，2015年にスタートした子ども・子育て支援制度等に則り，保育体制の枠組み作りから試行錯誤することとなる。

認定こども園は内閣府の管轄であり，もともと認可を受けていた母体園の種類によって次の４つに分類されている。

○幼保連携型	○幼稚園型
○保育所型	○地方裁量型

上記の分類だけでなく，認定こども園はそれぞれ異なる状況下からの開園になるため，公立か私立かの違いに止まらず様々な保育体制，人員体制等で園経営が行われている。そして，現在もカリキュラム・マネジメントの考え方を受けて，園の職員全員で実態に即した望ましい保育の在り方を探りながら実践を積み上げている状態である。

教育・保育の中身においては，2014年４月に『幼保連携型認定こども園教育・保育要領』が告示され，幼保連携型認定こども園の教育・保育内容の方向性が示された。さらに2017年３月にこの法令は改訂されたが，同時に『幼稚園教育要領』と『保育所保育指針』も改訂され，３つの法令の整合性が図られた。

これによって，すべての認定こども園が共通の基本的考え方や目標をもって教育・保育を進めることとなった。

この章では，０歳児から就学前までの乳幼児が在籍する幼保連携型認定こども園「Ｎこども園」の主に幼児クラスの実践を例に挙げながら，認定こども園の教育課程の特徴について述べる。

Ⅱ　幼保連携型認定こども園の特徴

１　多様性に対応するための仕組み

認定こども園において，満３歳から小学校就学の始期に達するまでの幼児の中には，幼稚園機能を利用する子ども（以下「１号認定児」）と，保育所機能を利用する子ども（以下「2号認定児」）が混在している。Ｎこども園は同じクラスに両者が在籍しているので，クラス集団が二手に分かれて異なる生活を展開する時間帯がある。なお，０歳児から２歳児まではすべて，保護者の就労等によって必要な保育量が認定される保育所機能利用の子どもたちである（以下「３号認定児」）。

⑴　教育・保育を受ける日数

「就学前の子どもに関する教育，保育等の総合的な提供の推進に関する法律」(2006年6月)により，認定こども園では，「満3歳以上の子どもに対する教育並びに保育を必要とする子どもに対する保育を一体的に行う」ことになっている。

Nこども園では3歳児クラスから教育課程に基づき，同地区の公立幼稚園と同じ教育日数が定められており，始業式，終業式，入園式，卒園式などの儀式日も同一日が規定されている。各学期における教育・保育は、教育課程に係る教育時間のものとして3～5歳児が全員受ける。

夏季休業などの長期休業中の保育は、2号認定児や預かり保育を利用する1号認定児を対象に行われる。季節的に暑さ寒さが厳しかったり、人数もやや少なくなったりすることから、学期中よりもゆったり過ごしてほしいという保育者の思いがあり、Nこども園ではこの期間を「アットホームタイム」と呼ぶこととした。「アットホームタイム」の保育も教育課程の内容とかけ離れることなく、年間を通した生活や学びの連続性を踏まえて実施される必要がある。ただし、時期や、日々異なる保育人数などに考慮した指導計画を立て、一人一人の子どもたちが楽しく充実した時間を過ごせるようにすることが重要である（表4－1参照)。

表4－1　ある年度の1年間の流れ(3～5歳児クラス)

	4/8		7/20		9/1		12/25		1/10		3/23	
アットホームタイム（春季休業日）	始業式	1学期	終業式	アットホームタイム（夏季休業日）	始業式	2学期	終業式	アットホームタイム（秋季休業日）	始業式	3学期	終業式	アットホームタイム（冬季休業日）

このように、こども園では1号認定児と、最多利用の2号認定児では、年間の登園日数が100日間ほどの差が出てくる。上記の「アットホームタイム」などの活動を工夫することによって、登園日数の違いを経験の量の差と捉えず、それぞれの体験をクラス保育にどう生かすかを考えていくことが大切である。

また，2歳児クラスが3歳児クラスに進級する際に，1号認定児が新たに入園してくる。認可定員によって1号認定児が多人数入園してくるこども園もあり，在籍年数が大きく異なるグループがクラス内にできる場合がある。

(2)　一日の生活の展開における違い

Nこども園は開所時間が7時30分から19時30分までの12時間である。3歳児から5歳児の一日の保育の流れは，〈表4－2〉のように認定区分によって異なっている。

Nこども園の教育課程における教育標準時間は9時00分から15時00分までの6時間であり，これがすべての子どもにとっての共通の保育時間となる。1号認定児の15時00分から16時30分までの保育時間は，預かり保育の時間である。Nこども園での預かり保育は，保護者の要件を問わず日ごとに申し込むことができ，1日の上限数もないため，毎日おやつの数や16時30分降園の人数が変化する。

一方，2号認定児の最長保育時間は12時間となるため，教育標準時間の2倍の時間を認定こども園で過ごす幼児がいることになる。

表4－2　3～5歳児クラスの生活の流れ

時刻	1号認定児		2号認定児	
	預かり保育利用しない場合	預かり保育利用の場合	延長保育利用しない場合	延長保育利用の場合
	⬇	⬇	⬇	⬇
7:30			随時登園	
9:00	登園			
	クラス保育 ●主体的に選択する好きな遊び ●グループやクラスでの課題活動など			
11:45	給食あるいは弁当		給食	
12:30 14:30	●主体的に選択する好きな遊びなど		午睡 ※年度後半は午睡なし	
14:40	クラス保育　・帰りの会			
15:00	降園	おやつ		
		預かり保育 ●主体的に選択する好きな遊びなど		
16:30		降園	3～5歳児での合同保育	
			随時降園	
18:30				1～5歳児合同保育 ●捕食
19:30				随時降園

なお，毎朝の保育室の環境との出会いが登園時刻の早い遅いに左右されないよう，早朝保育を遊戯室で実施し，１号認定児の登園時刻に合わせて９時00分近くなってから，２号認定児も各保育室に入室するようにしている。

また，昼食後の12時30分頃から14時30分頃の過ごし方の違いがこども園の大きな特徴と言える。１クラスの在籍人数，施設環境，個々の保育時間，クラスの実態等から考慮し，Ｎこども園では３歳児，４歳児の２号認定児は年間を通じて午睡を行う。５歳児に関しては２学期以降の状態を見ながら午睡時間を短縮したり週末だけの午睡にしたりと徐々に終息に向かうようにしている。

１号認定児は，２号認定児の午睡中，人数が減って少しゆとりのある保育室空間の中で遊ぶ。逆に，１号認定児が降園した15時00分以降は，おやつを食べた２号認定児が思い思いの遊具を出しながらゆったり遊ぶことができる。

⑶　保育に関わる様々な職員

幼保連携型認定こども園は，幼稚園教諭の免許と保育士資格を併有した保育教諭を配置しなければならないことになっている。新規認定こども園では採用時点で併有の職員を迎えることができるが，既存の幼稚園と保育園を一体化した認定こども園の場合は，幼稚園教員経験者と保育所保育士経験者が在職している場合も少なくない。それぞれの保育観を擦り合わせながら，幼児の実態に即した教育と保育の望ましいあり方を探り出すことができるのは，認定こども園ならではのメリットと言える。

また，看護師，栄養士など専門職の職員がいることから，食育，健康教育などの充実に人材を活用することが可能である。

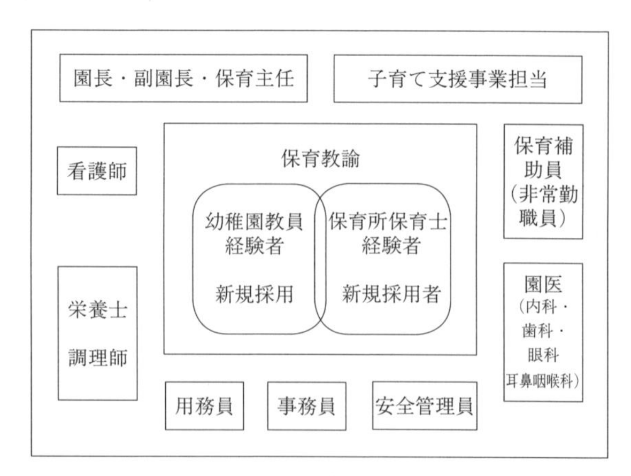

図４－１　Ｎこども園の多様な職員配置

２　子育て支援事業

こども園が認可を受けるためには，地域における子育て支援の機能を備えていなければならない。したがって，認定こども園は子育て支援の拠点となる役割をもち，すべての子育て家庭を対象に，育児や発達に対応した相談窓口の開設や，親子の集いの場の提供などを行っている（表４－３）。

認定こども園は専門的知識をもった職員や，様々な保育の経験値を積んだ職員がいるため，これから子どもを集団保育に入れようとしている保護者には，情報が得やすい施設であると言える。

表４－３　Ｎこども園の子育て支援事業

事業名	内　容
未就園児親子の遊び場開放	地域の子育て家庭の親子がこども園施設の中で遊びながら交流をもち，子育てについての情報などを得る。（毎週金曜日）
専用室型一時保育	一時的に保育が必要になった子どもを一日単位で預かる制度 一日の定員５名，緊急一時枠１名，月７日間まで利用可
専用室型定期利用保育	短時間就労等の保護者の子どもを複数月継続して保育する制度　　定員４名
子育て相談	面接相談・電話相談

Ⅲ　多様性を生かす工夫

前述のように幼保連携型認定こども園では，集団生活の経験年数や１日の保育時間等が大きく異なる。おのずと一人一人の修了時に現れる「幼児期の終わりまでに育ってほしい姿」の幅は広く，その過程で体験することも様々である。

しかし，同じ学年の子どもたちが同時に小学校入学の日を迎えるということは，幼稚園や保育所と変わりはない。それを踏まえた上で，こども園の多様さをどのように生かして保育実践を行っていくか，職員全員で創意工夫しながら作り上げることが求められる。

1　節目となる3歳児クラス

認定こども園では，０歳から小学校就学前までの一貫した教育及び保育を，発達や学びの連続性を考慮して展開するよう求められている。

保育所と同じく認定こども園も，５～６年間在園する子どもたちがいるが，１号認定児がまとまって入園してくるという特徴があるので，ある時点でクラスの人的環境に大きな変化が生じる。連続性を意識しつつも，この環境の変化が子どもたちの成長に意味のあるものとなるように，保育教諭は見通しをもった保育を行っていく必要がある。

Nこども園　3歳児クラス　1学期の実態

Nこども園では2歳児クラスから3歳児クラスに進級した時に1号認定児が加わり，クラスの人数が10名増える。

◆2号認定児は園生活が3年目，4年目に入りほとんどの職員と顔見知りであるため，4月1日に担任や保育室が変わっても大きな戸惑いはなく，進級を喜ぶ様子が見られる。

◆1号認定の新入園児は，入園当初は保護者と離れられなかったり大声で泣いたりして，様々な形で不安感を表出する。しかし，保育室で進級児の遊ぶ様子を見て，徐々に家庭にはない遊具や教材，素材などに興味をもち始め，自分から働き掛けるようになる。1～2か月すると生活の仕方も徐々に覚え，自ら所持品の始末などを行う姿が出てくる。自分の思いのままに動き，トラブルは多くなるが，遊ぶことを楽しむ様子が見られるようになる。

◆進級児は新たな環境に慣れると，3歳児保育室の大きな遊具などを使ってのびのびと活動するようになる。徐々に遊んだ後に片付けなくなったり，集まる時間になっても走り回っていたりする姿も出てくる。一方で，登園時に保護者と離れない子や不安そうな表情で保育者に甘えてくる子もいる。

〈3歳児クラスの実態からの読み取り〉

○４月当初は，進級児と新入園児ではできることや思いの出し方が大きく異なり，新入園児が非常に幼く感じる。進級児は，２歳児クラスまで保育者の数も多く，一人一人に直接働き掛けて方向付けができるため，集団としてまとまっているように見えた。しかし，３歳児クラスになって１号認定児がそれぞれ自我を出して過ごす様子を見て，進級児も自分のしたいことを行動に移して試すようになる。そのため，クラスのまとまりがなくなったように感じる。

○新入園児は初めて身を置く環境の中で，どのように過ごせばいいのかも分からず不安である。進級児の遊ぶ姿がガイドとなり，新入園児も早く遊具に気持ちが向いて，園生活を楽しむことができるようになる。

▶援助の方向性▶

進級児と新入園児がそれぞれ刺激を受け合って自己発揮し始める状態を受け止め，友達と一緒に遊ぶ楽しさにつなげていく。自分の思い通りにならずにぶつかったり悲しくなったりする中で，しだいに楽しく遊ぶために必要なことが分かっていくようにする。

○３歳児になって入園してくる子どもたちは，保護者が初めて子どもを自分の手の届かない場所に送り出す気持ちがあり，自立に向けての働きかけや励ましの言葉を受けてくる子が多い。初めての母子分離が意識的に行なわれることで，３歳児なりにステップを一つ上がる経験をしていると思われる。

○ ２号認定の進級児は，２歳児から３歳児クラスへの移行に期待はもつが，年度をまたいで日常生活が継続しているため１号認定児のように精神的に構えてステップを上がってはいない。進級の緊張感が薄れると，泣いている新入園児に影響を受けたり，２歳児期とは人的環境が大きく変化していることに気付いたりして，逆に不安感を表出するようになる。

▶援助の方向性▶

進級児も，クラス集団の大きさや担任との距離を感じて不安になるということを予想し，進級する前に３歳児クラスの保育室で雰囲気を感じながら遊ぶ機会をつくる。

▶援助の方向性▶

新入園児にとっても，進級児にとっても，新たな生活の始まりが楽しみになるような状況づくりをしていく。

幼児クラスから使用する園服を一人一人にプレゼント（貸与）

１号認定児が短時間で降園した後，２号認定児が２歳児期に楽しんでいた遊びなども取り入れながら保育者と個別に関わる時間を確保する。また，進級当初の疲労感などを考慮し，特に夕方はゆったりと過ごせるようにする。

保護者には，３歳児からの幼児期の発達について理解して自立に向けての対応をしてもらうようにする。特に２号認定児の保護者は就労の多忙感から，子どもの行動を見守って待っていることが難しいので，子ども自身が生活を営んでいけるよう保護者会，クラスだよりなどで丁寧に説明していく。

映像などを使って３歳児の発達について保護者に説明

【事例】（３歳児６月）

３歳児進級児Ａ児が，新入園児Ｂ児の乗っていた三輪車を無理やり取ろうとする。保育者が「Ａちゃんも乗りたいの？」と尋ねる。Ａ児は頷いて，「『駅』で待ってるのに，Ｂちゃんがずっと来ない。」と園庭の一か所を指差す。保育者が「Ａちゃんは電車みたいに駅で待ってたら，Ｂちゃんが交代してくれると思ってたのね。あそこが駅なのかな。」と２人に言う。するとＢ児は「僕はタクシーだから駅に行かない。」と言う。Ａ児は「順番に乗らないとだめなんだよ。」と強い口調で言うが，Ｂ児はそのまま三輪車に乗って行ってしまう。保育者が「Ａちゃんは電車みたいに乗りたかったの？」と聞くと「僕もタクシーにする」と言い出す。

そこで，保育者はＡ児と手をつないで園庭を歩き，丁度Ｂ児が近くに来た時に「タクシー乗ります。」とＢ児に向かって手を挙げる。すると，Ｂ児が三輪車を止め，Ａ児と交代してくれる。

Ａ児が三輪車で走り出すと，今度はＢ児が「タクシー乗ります。」と手を挙げる。その後，Ａ児と

B児は手を挙げて相手を止め，三輪車を交代しながらしばらく遊んでいた。

【考察】

- 2歳児クラスでは，保育者に言われて「交代」「順番」などを守っている子どもが多い。しかし，3歳児以降は，一人一人が自分の思いを実現させる中で，ルールの必要感や意味を感じ取ることが大切である。ルールを知らずに行動する新入園児の存在が，進級児にとって改めて人との関わり方を考えるきっかけとなる。
- 3歳児になって初めて出会う友達が複数いるため，相手に関心をもったり関わり方を探ったりしながら，進級児も改めて友達関係を築いていく貴重な経験をすることができる。

2　一律ではない生活の流れを生かす

認定こども園では，〈表4－2〉に示したように，同じクラスの子どもでも一日の時間の過ごし方は異なる。

年齢によって異なる生活の流れ
～クラス全体で集まる時間帯を工夫～

Nこども園では昼食後からおやつの前までを「ゆったりタイム」と称し，幼児クラスは午睡をする子どもと，保育室や園庭で活動する子どもに分かれる。基本的には，保育時間の長い2号認定児は午睡し，保育時間の短い1号認定児は午睡をしていない。しかし，一人一人の実情に応じて保護者と保育者が相談し，午睡をするか，しないかを決定している。

◆3歳児は昼食から午睡までの流れが中断されると入眠しにくくなるため，昼食の直前にクラス全体で集まり，食べたらすぐにそれぞれの動きに移行できるようにする。

◆4歳児も午睡明けは気持ちが集中しないので，昼食を食べ終わった時間に全員で集まり，絵本を見たり歌を歌ったり，遊びを伝え合ったりした後，午睡と遊びに分かれる。

◆5歳児は2号認定児が午睡している時も，年度後半になって午睡をしなくなってからも1号認定児の降園前の14時30分頃にクラスで集まり，その日の活動を振り返ったり翌日の見通しをもったりする機会とする。

▶援助の方向性▶

多数の友達と過ごす時間帯と，午睡と遊びに分かれて少人数で過ごす時間帯があることを有効に使い，各集団規模に応じた保育を展開して充実感が味わえるようにする。

時間差を活用し，一部の子どもから他の子どもへ，さらにクラス全体へと様々な情報が伝達されていく状況を意図的につくる。

【事例】（4歳児1月）

数人の4歳児が5歳児のドッジボールに入れてもらったが，やや難しかったのかすぐにやめてしまった。そこで，保育者が中当てを紹介すると興味をもち，継続して遊ぶようになる。保育者が一緒に遊ぶことで参加者も増え，しだいに中当てでは物足りなくなる子どもが出てきた。

一方で，「怖いから嫌」と言って参加しないC児や，参加してもボールに触れないとすぐ止めてしまうD児もいた。

ともに1号認定児だったため，保育者は柔らかいボールを用意して，2号認定児が午睡中の「ゆったりタイム」にC児とD児を中当てに誘う。それを聞きつけた他の子どもも「入れて。」と入ってきたため，2人とも心を動かして参加する。総勢5名の中当てであったが，C児は保育者と手をつないで笑顔で逃げることができた。また，D児もコートの周囲を走り回りながらボールを追い掛けて拾い，最後まで喜んで参加していた。

その後，クラス保育の時間中に園庭で中当てが始まると，C児もD児も少しずつ自分から参加するようになっていった。

【考察】

認定こども園は，給食の提供時間などの関係で，クラス全員が揃って保育を受ける時間が幼稚園，保育所よりも短くなる。その代わり，午睡時間やおやつ後の時間などは，人数が減って小集団で活動することができる。事例のように，じっくり保育者が関わることで一人一人の興味を広げたり，思い切り欲求を満たしたりすることがしやすくなる。小集団，大集団それぞれの保育のメリットを生かすことによって，厚みのある保育を実現することが可能になる。

3　全員が揃っていない日の保育の捉え方

認定こども園では，クラス全員が揃っていない長期休業の期間や振替休業日等がある。これは教育課程に係る期間ではないが，登園する子どもたちの成長にとっての意味を，年間を通した全体的な計画の中でしっかり押さえておく必要がある。また，家庭で過ごす子どもたちとの保育が再開した時に，連続性をもち相互に過ごした時間が相乗効果を生み出していかれるようにすることが大切である。

保育者自身の意識を見直す

◆日々の保育は続行しているが，１号認定児が登園していない日・期間はクラス全員が同時に共通体験することはできない。従来の幼稚園，保育所での保育経験者は，保育者自身がこのような状況下での保育を経験していないので，保育のねらいや内容，評価などをどのように捉えていけばよいかが分からず，不安感を抱く場合がある。

◆長期休業中は預かり保育の利用によって，登園する子どもの顔ぶれも変わってくる。継続的な遊びをどこまで盛り上げてよいのか迷い，中途半端な援助で終わってしまうことがある。

◆夏の時期に目に見える成果を残せない焦りを感じて，２学期以降の保育の見通しがもてなくなる。

▶援助の方向性▶

到達目標になりがちだったねらいや内容を見直し，子どもが体験を通して感じている楽しさに着目しながら，一日一日の保育を豊かに展開できるよう工夫する。

ある程度長い期間を掛けて経験を積み上げながら共通体験としていく活動，一斉に経験して短時間で意欲を引き上げていく活動など保育形態も意識しながら，計画を立てる。

“季節を感じる活動”“異年齢の友達との関わり”“少人数のフットワークを生かした地域との交流”など，柔軟な考え方で子どもの経験が広がっていくようにする。

【事例】（５歳児７～９月）

Nこども園では，毎年９月のプール納めの日に一人ずつ泳げるようになった姿を披露し，保育者が作成した金メダルを授与するというセレモニーを行っていた。

夏の間ほとんど毎日プールに入っていた２号認定児は保育者の指導の下，ほぼ全員泳げるようになっていた。しかし，１号認定児の中に母親が第２子を出産したため水遊びの機会がもてず，水に顔をつけることも抵抗のある子どもがいた。

そこで翌年は職員間で話し合い，プール遊びのねらいを見直す。水中でゲームを楽しんだり希望制でプール遊びをしたりすることによって水に親しませ，結果的に浮いたり泳いだりできるようになっても，それだけを成果として金メダルを授与することはやめる。９月になってプール納めまでの数日間，１号認定児も久しぶりの子ども園のプールをのびのびと楽しめる活動内容に切り替える。

【考察】

プール遊びのように，経験の長さや頻度が影響するような活動においては，夏季休業中に通園していた子どもと家庭で過ごしていた子どもで違いが生じてくる。「泳げるようになる」ことだけを目標にせず，プール遊びを通してどのくらい水と楽しめたかを見取りながら，充実感，達成感を評価することが大切である。

Ⅳ 「全体的な計画」について

以上のように，認定こども園の教育・保育は，多岐にわたって展開されるが，この多様さへの対応を複雑で煩雑な保育状況にしないためにも，保育の全体像を共通理解しておくことが重要となる。

基本的に，教育及び保育において育みたい資質・能力の３つの柱と「幼児期の終わりまでに育ってほしい姿」を踏まえて，５領域の内容に沿った指導を行うことに変わりはない。

『幼保連携型認定こども園教育・保育要領』，『同解説』でも，「全体的な計画」の作成について詳しく記述されている（右欄参照）。

「全体的な計画」の作成にあたっては，諸法令や家庭・地域の実態を踏まえ，こども園の教育・保育に関する下記の内容などを全職員が関与しながら包括的にまとめていく。

- 満３歳以上の園児の教育課程に係る教育時間の教育活動のための計画
- 満３歳以上の保育を必要とする子どもたちに該当する園児の保育のための計画
- 満３歳未満の保育を必要とする子どもに該当する園児の保育のための計画
- 子育ての支援事業計画
- 預かり保育に関する計画
- 学校安全計画
- 学校保健計画
- 食育の計画　等々

さらに，「人権教育推進計画」，「特別支援教育に関する計画」，「小学校への接続に関する計画」など，各園の教育・保育目標のもと，園の特色が表れるように作成する。

■『幼保連携型認定こども園教育・保育要領』（抜粋）

教育及び保育の内容並びに子育ての支援等に関する全体的な計画とは，教育と保育を一体的に捉え，園児の入園から修了までの在園期間の全体にわたり，幼保連携型認定こども園の目標に向かってどのような過程をたどって教育及び保育を進めていくかを明らかにするものであり，子育ての支援と有機的に連携し，園児の園生活全体を捉え，作成する計画である。

■『幼保連携型認定こども園教育・保育要領解説』（抜粋）

「全体的な計画」は幼保連携型認定こども園における教育及び保育等の全体を見通し，どの時期にどのようなねらいや内容，配慮事項をもってどのような指導を行ったらよいかが全体として明らかになるように，具体的なねらいや内容，配慮事項を組織したものとすることが大切である。

「全体的な計画」は，「幼児期の終わりまでに育ってほしい姿」を踏まえた質の高い教育及び保育並びに子育ての支援等を目指して，幼保連携型認定こども園の全体像を包括的に示した，園の基本構想等となるものであり，園内はもとより地域・社会に伝播する役割をもつ。

V　まとめ

幼保連携型認定こども園は，教育と保育を一体的に行う乳幼児施設であるため，教育課程で示される教育の部分だけではなく，児童福祉施設としての役割ももっている。つまり，主体的・対話的で深い学びを推し進める教育と養護を重視する保育が，子どもたちの園生活の中で包括的に行われることが求められているのである。

また,『幼保連携型認定こども園教育･保育要領』ではこども園の果たす役割として「子育ての支援」について章を立てて明記し，保護者を巻き込んで教育・保育を進めていくよう記されている。保育を必要とする保護者のニーズと，環境を通して遊びながら総合的に資質・能力を育てようとしている認定こども園の教育方針が円滑に擦り合わされるためには，保育教諭をはじめとする園のすべての職員がこども園の教育・保育を深く理解することが大切である。定期的な園内研究・研修や研究保育の実施に加え，日々の保育教諭・非常勤職員同士の情報交換などで保育の質を高め，全職員でカリキュラム・マネジメントを基にした園運営に向けて努力することが，今後のこども園の充実・発展には不可欠である。

このように認定こども園の成すべきことは，ますます膨らんでいくことが予想されるが，基本は毎日の遊びの読み取りと振り返り，そして明日の援助，環境構成の立案であることを念頭に，充実した保育を積み重ねていくことが重要である。

（石渡登志江）

第５章　乳児保育のカリキュラムの実際

Ⅰ　0歳児の養護と保育内容

1　0歳児の保育

保育所保育指針では，乳児の保育を捉える視点として，次の３つを挙げている（図５－１）。

【健やかに伸び伸びと育つ】

①身体感覚が育ち，快適な環境に心地よさを感じる。

②伸び伸びと体を動かし，はう，歩くなどの運動をしようとする。

③食事，睡眠等の生活のリズムの感覚が芽生える。

【身近な人と気持ちが通じ合う】

①安心できる関係の下で，身近な人と共に過ごす喜びを感じる。

②体の動きや表情，発声等により，保育士等と気持ちを通わせようとする。

③身近な人と親しみ，関わりを深め，愛情や信頼感が芽生える。

【身近なものと関わり感性が育つ】

①身の回りのものに親しみ，様々なものに興味や関心をもつ。

②見る，触れる，探索するなど，身近な環境に自分から関わろうとする。

③身体の諸感覚による認識が豊かになり，表情や手足，体の動き等で表現する。

この３つの視点は，乳児が緩やかに外界に適応していく特徴を踏まえ，１児以降の５領域との連続性を見据えた包括的な視点となっている。その後の育ちを見通した表現であることが特徴的である。こうした視点には，乳児が心地よい環境の中で，心身の育ちが促され，そして自ら外界と関わりを持ち表現しようとする芽生えを保育者が大切にし，捉えることの大切さが表れている。

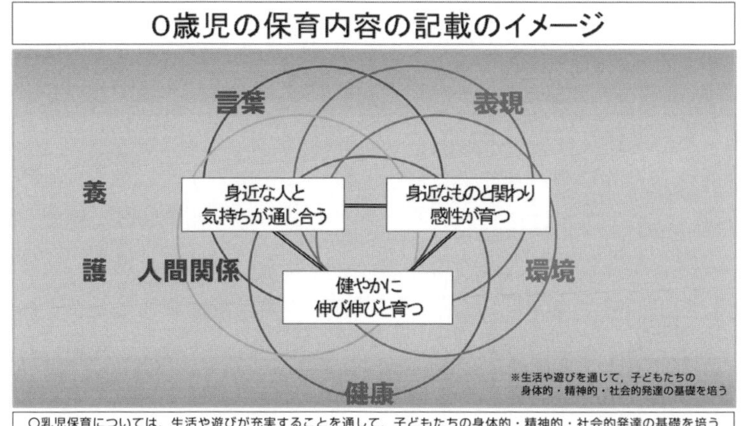

○乳児保育については，生活や遊びが充実することを通して，子どもたちの身体的・精神的・社会的発達の基礎を培うという基本的な考え方を踏まえ，乳児を主体に，「身近な人と気持ちが通じ合う」「身近なものと関わり感性が育つ」「健やかに伸び伸びと育つ」という視点から，保育の内容等を記載。保育現場で取り組みやすいものとなるよう整理・充実。

○「身近な人と気持ちが通じ合う」という視点からは，主に現行指針の「言葉」「人間関係」の領域で示している保育内容との連続性を意識しながら，保育のねらい・内容等について整理・記載。乳児からの働きかけを周囲の大人が受容し，応答的に関与する環境の重要性を踏まえ記載。

○「身近なものと関わり感性が育つ」という視点からは，主に現行指針の「表現」「環境」の領域で示している保育内容との連続性を意識しながら，保育のねらい・内容等について整理・記載。乳児が好奇心を持つような環境構成を意識して記載。

図５－１　保育所保育指針における０歳児の保育内容イメージ（厚生労働省 HP より）

2　1歳児以降　～5領域の視点

0歳児クラスの子どもたちは，クラスに在籍している年度中に1歳を迎える。そのため保育内容は，指針に示された0歳児の3つの視点から1歳以降3歳未満児の5領域の視点へと展開していく。そのため，指導計画にも二つの視点を示すことが大切である（資料3－2参照）。

3　0歳児の発達・生活の特徴

乳児期は人の一生のうちで最も速いスピードで成長・発達していく。その一方，心身は未熟な状態であり，外界への適応はゆっくりである。それまで育まれてきた母親の胎内の環境と誕生した後の外界の環境とは大きく異なり，呼吸や睡眠，栄養摂取といった生理的な現象も異なる。また，その後も月齢に応じて変わるなど，乳児の生活は常に多くの変化の中にある。

また，発達のありようには特徴があり，一定の育ちの道筋をたどって成長していくが，発達には個人差があり，同じ月齢であっても一人ひとりその姿は異なる。

そのため保育者は，子ども個々の育ちの姿を捉え，その子が今，どのような発達の過程にあるかを見極めつつ，子どもたちがそれぞれに緩やかに環境へ適応していかれるような配慮をすることが大切である。

また乳児は，身近な大人を頼りに生活をしていく。保育者は，生理的欲求をはじめとして子どもからの様々な発信を受け止め，丁寧に接していくことが大切である。こうした応答的な大人の関わりを通して，子どもたちは情緒が安定し，穏やかに心地よく生きていくことができるのである。

そのため，0歳児クラスの指導計画は，一人ひとりの育ちに応じた内容となっており，発達段階の道筋を見通して個別に立てられている。こうした計画は予め立案されるが，日々の子どもの状況に応じて柔軟に対応している。また，育ちの姿を見極めるため記録などを活用し，常に見直しを行うことが大切である。

4　立案の観点

⑴アタッチメントの形成

乳児期は，ゆっくりと外界へ適応しており，その際に手掛かりになるのが大人の存在である。毎日の生活の中で，特定の大人に生理的な欲求を満たしてもらうことで，徐々にその大人に対して安心感を持つようになっていく。そうして子ども自ら関わりを求めたり，感情を表出したりするようになり，信頼関係を形成して行く。このことを特定の保育者との情緒的な絆が結ばれるアタッチメント（愛着）の形成という。

こうしたアタッチメントの形成が，他者への信頼感の基礎となっていく。そのため，乳児期の保育では，特定の保育者との関係性を基軸とした生活を構成することが大切である。

⑵環境の重要性

生まれたばかりの乳児は，自分でからだを動かすことができずにいるために受け身であると捉えられることがある。しかしながら，乳児は，こちらが思う以上に主体的である。視力が未発達な時期から，動くものを自ら視線で捉えようとしたり，視界に入るものに関心を向ける姿があり，能動的に環境と関わろうとする姿がある。また，4ヶ月以降の目と手の協応が進む時期には，見た物に積極的に触れようとしたり，舐めたりしようとする。このように，乳児期は，視覚，触覚，聴覚などの五感を通して世界を感じ，環境を捉えており，環境との相互作用を通して育まれて行く。

そのため保育者は，乳児の身近なところに魅力的な玩具や環境を用意することで，乳児がその物に関心を示し，触ってみようとしたり，持ってみようとしたりするなどの主体性が育まれるのである。そのような点からも，乳児期にとって身近な環境がいかに重要かということが分かる。

資料5－1　個別のデイリープログラム

【0歳児クラス】子どもの一日の流れ　　　　ハルム保育園

時間	k児（4ヶ月）	s児（5ヶ月）	a児（7ヶ月）	m児（9ヶ月）	r児（12ヶ月）	t児（12ヶ月）
6：00						
7：00	7:20 母乳					
8：00	8:30 登園 排泄・水分補給		8:30 登園	8:00 母乳 8:30 登園	8:30 登園	8:00 食事
9：00			排泄・水分補給 排泄・水分補給	排泄・水分補給	排泄・水分補給	9:00 登園 排泄・水分補給
10：00		10:00 登園 排泄・水分補給		10:25 排泄 10:30 食事・ミルク	10:55 排泄	
11：00	11:25 排泄 11:30 ミルク	11:55 排泄	11:25 排泄 11:30 食事・ミルク	排泄・水分補給	11:00 食事	11:45 排泄 11:50 食事
12：00		12:00 ミルク 排泄・水分補給	排泄・水分補給	排泄・水分補給	排泄・水分補給	
13：00						
14：00	排泄・水分補給	排泄・水分補給		14:25 排泄 14:30 ミルク	14:55 排泄	排泄・水分補給
15：00	15:25 排泄 15:30 ミルク	15:55 排泄	15:25 排泄 15:30 ミルク	排泄・水分補給	15:00 食事	15:45 排泄 15:50 食事
16：00	排泄・水分補給	16:00 ミルク 排泄・水分補給	排泄・水分補給	16:00 降園	排泄・水分補給	16:30 降園
17：00	17:00 降園	17:30 降園	17:30 降園	17:30 ミルク	17:30 降園	
18：00	※夜の睡眠はまだ変則的で夜中に何度か起きている	※夜の睡眠は変則的で夜中に何度か起きている			18:30 食事	18:00 食事
19：00	19:30 母乳	19:50 母乳	19:30 ミルク			
20：00						
21：00				21:30 母乳		
22：00			22:30 ミルク			
23：00						

⑶一人ひとりに即した計画の立案

0歳児クラスでは，発達の姿の異なる子どもが共に生活している。例えば，同じ0歳児であっても3ヶ月児は睡眠の時間が長く，栄養の摂取は授乳が中心である。一方，10ヶ月児はハイハイなどで室内を元気よく移動し，玩具で遊ぶ姿が見られ，栄養の摂取は離乳食であり，「離乳後期」へと進んでいるという姿がある。このように，それぞれの子どもの月齢によって生活の様子が異なっているのが特徴である。

また，同じ9ヶ月児であってもつたい歩きをし始める子どももいれば，ハイハイの子もいるなど，個々の子どもによって発達のスピードが異なる場合がある。また，食事についても，咀嚼力や消化機能の発達の違いなどにより，大人と同様の硬さで良い場合もあれば，柔らかく煮て，小さめにカットしたほうが食事が進む場合もあり離乳食の配慮が異なるなど，育ちの個人差が大きな時期でもある。

そのため保育者は，子ども一人一人に即した計画を立案することが大切である（資料5－1，資料3－1）。

資料5－1は，子ども一人一人に応じたデイリープログラムである。乳児期は，個々の生活リズムが異なるために，それぞれの子どもに適した日課が立てられている。特に注目して欲しいのは，家庭生活も含めた計画となっている点である。乳児の生活を1日24時間をふまえた，家庭との連続性を考慮した上で保育が構成されていることが分かる。

⑷ゆるやかな日課

保育所で生活する子どもたちは，9時間から10時間の利用が最も多いというデータがある。近年，待機児童問題が課題となっているが，入所が厳しい状況の中，入所が認められた家庭は，保育を必要とする時間が長いという点が高ポイントとなり，保育所での生活が認められているという背景がある。そのため，0歳児クラスへの入所が認められた家庭は，両親ともにフルタイムで働いているというケースも多く，低年齢児ほど長時間保育であるという実態がある。1日の大部分を過ごすことになる保育所は，子どもたちの生活の場そのものであり，休息を含めて，柔軟に，またおおらかに日課を捉えることが大切である。また，乳児は1日の中でも体調の変化が著しいという特徴がある。子どもの状態に応じて，計画に縛られることなく柔軟な対応が求められることもある。そのため，ゆるやかに日課を捉え，子ども一人一人に適した生活を整えることが重要である。

Ⅱ　計画の実際

1　年間指導計画の実際

年間指導計画とは，各園の全体的な計画をベースにし，園の目標を具体的に実践するための年間の計画である。

「年間目標」については，1歳未満児と1歳児のそれぞれに，一年間の育ちを見通して立案される。期の目標は，各園の期の区切りごとにその季節に適した内容に即して，発達のねらい，また養護のねらいについて立案されている。園によっては，期案（期間指導計画）が立てられることもある。

乳児期は，月齢により育ちの姿が異なるため，子どもの一年間の発達の姿を予測した「子どもの育ち」に示すとともに，それぞれの時期に適した「環境構成・援助・配慮」を記している（資料5－2）。

2　月案・月間指導計画の実際

月案・月間指導計画は，年間指導計画，期案などの目標をもとに，月の「ねらい」が立てられる。また，行事予定などを示し，その月の子どもや保育の展開について予め予測を立てて立案している。

「保育のポイント」「保育・安全への配慮」「家

資料5－2　年間指導計画（0歳児クラス）

年間目標	長時間保育への配慮
○安全な環境でのびのびと生活し，心地よく過ごせるようにする。 ○生理的欲求を受け止めてもらい，特定の保育士等との愛着関係を築く。 ○感覚の発達を豊かにし，身の回りの物事への興味や関心を広げる。	○安全で心地よく過ごせる環境を用意する。 ○授乳・睡眠・遊びなどの個々の生活リズムを大切にして，快適に過ごせるようにする。 ○保育士等に応答的に対応してもらう。

期	Ⅰ期（4・5・6・月）	Ⅱ期（7・8・9月）	Ⅲ期（10・11・12月）	Ⅳ期（1・2・3月）
行事・地域支援	誕生会　保護者懇談会 身体測定　こどもの日祭り 避難訓練　園庭解放 保育参加	誕生会　七夕 身体測定　引き渡し訓練 避難訓練　夏期保育 保育参加	誕生会　クリスマス集会 身体測定　冬期保育 避難訓練　保護者面談 保育参加	誕生会　保護者懇談会 身体測定　節分・豆まき 避難訓練　ひなまつり集会 保育参加　卒園式
ねらい	•子ども一人ひとりの育ちを理解し，新しい環境にゆるやかに適応できるようにする。 •戸外遊びや散歩などで外気浴を楽しむ。 •担当の保育士との関わりを通して，生理的欲求を満たし，情緒的な安定を促す。 •手指の発達に適した玩具で楽しむ。	•家庭との連携を密にし，体調管理に十分に気をつけて健康に過ごす。 •信頼できる保育士に気持ちを受け止めてもらいながら安心して過ごす。 •感覚遊びを通し楽しく遊びを展開する。	•戸外遊びや散歩を通して，体を動かしたり，自然に触れて遊んだりする。 •安心できる環境の中で，指差し，喃語などで自分の思いを表そうとする。 •保育士等への信頼を深め，安心した生活が送れる。 •好きな玩具を通し，遊びを楽しむ。	•戸外遊びを通して外気に触れ，健康に過ごす。 •自分のやりたい気持ちを受け止めてもらいながら，満足感を得て過ごす。 •様々のものへの興味や関心が広がり，探索遊びを楽しむ。

	～6ヶ月未満	6ヶ月～9ヶ月未満	9ヶ月～12ヶ月未満	12ヶ月～1歳6ヶ月未満	1歳6ヶ月～2歳未満
子どもの育ち	•授乳，排泄，睡眠などのリズムが一定になってくる。 •首がすわり，寝返りが見られる。 •玩具に手を伸ばしたり，触ろうとしたり，握ろうとする。 •要求を泣いて表す。 •機嫌が良い時には声を出して遊んだり，喃語を発したりする。	•離乳食の1回食，2回食が始まる。 •人見知りや保育者，保護者への後追いが見られる。 •自由に寝返りをし，腹ばいやずりばいで移動しようとする。 •ひとり座りが安定する。 •目に入るものに関心を示す。	•離乳食の3回食を食べ始める。 •手づかみ食べなどで，自分で食べようとする。 •ハイハイが進み，つかまり立ちやつたい歩きをするようになる。 •保育者に指差しや喃語で自分の思いを伝えようとする。	•離乳食の完了食に向けて食事を進める。 •フォークやスプーンを使おうとし始める。 •つたい歩きからひとり立ち，ひとり歩きを始める。 •一語文が出てくる。 •身近な友達に関心が出てくる。	•幼児食へのなめらかな移行に配慮する。 •フォークやスプーンを使って食事をする。 •言葉による表現が増える。 •友達への関心が広がり，模倣遊びも見られる。 •探索遊びを楽しむ。 •砂場遊びなどをスコップを使って楽しむ。 •自我が芽生え始める。
環境構成・援助・配慮	•子どもが泣いている意味を見きわめ，適切に対応するように心がける。 •睡眠中は保育士がそばにつき，呼吸や顔色などを5分ごとに確認する。 •玩具はこまめに消毒し清潔を保つ。 •担当保育士との一対一の関わりを大切にする。 •子どもの育ちに適した玩具を用意する。	•子どもの不安などの思いを受け止め，要求を満たしつつ，常に安定して過ごすようにする。 •SIDS予防に心がける •子どもからの発信を受け止め，応答的に対応する。 •子どもの意欲を引き出せるよう，魅力的な玩具を用意したり，言葉をかけて誘ったりする。	•SIDS予防に心がける。 •離乳食では，自分で食べようとする意欲を大切にする。 •安全な環境に配慮し，つかまり立ちや伝い歩きが楽しめるようにする。転倒での怪我を予防し，柔らかい素材のクッションを用意するなど，室内環境を整える。 •指差し行動や喃語などの発信を受け止め，応答的に対応する。	•色々な食材を食べようとしたり，自分で食器を使って食べるなどの楽しみが見られるようになる。 •SIDS予防に心がける。 •保育士を仲立ちとして，友達に関心を持つ。 •行動範囲が広がるので，安全を心がけるとともに保育室だけでなく，戸外でものびのびと歩行や探索ができるように配慮する。	•繰り返しの遊びを楽しめるよう配慮する。 •友達への関心が広がる姿から，仲立ちを通して，共に生活することの楽しさが感じられるようにする。 •自分の思いの表出を受け止め，自我の芽生えを大切にする。 •探索遊びを楽しめるように，室内環境の工夫をしたり，戸外遊びの経験が増えるように計画する。
子育て支援	•受け入れ時や連絡帳を通して，保護者との連携を密にする。 •保護者の要望を受け止めつつ，家庭状況を把握する。	•アレルギー対応を含め，家庭での離乳食の進み方や食体験について，情報を共有しながら離乳食を進めていく。	•離乳食の進度や家庭での状況を含め，情報共有する。 •活動が活発になるので上下セパレーツタイプなど，活動しやすい服装などの用意をお願いする。	•保護者の思いを受け止め，子どもの成長の姿をともに喜び合えるように心がける。	•保護者の思いを受け止めつつ，自我の芽生えは成長の証だと伝え，家庭での育児の相談に応じるなどする。

庭との連携」「生活とあそび」などについては，その月を通して心がけたい内容を記している。また，子ども一人ひとりの生活や配慮について，具体的な計画が示されている（資料５－３）。

また，資料５－４は個別の月間保育計画と児童票が兼ねられた形式である。写真なども掲載しながら，計画と記録が記されることにより，次の計画への構想につながる。

児童票とは，在所中の生活を通して観察された一人ひとりの子どもの記録である。身体的な育ち，生活面，遊びなどの側面から記録され，子どもの育ちを見通すための指標となる。

この個別の指導計画には，クラス全体の計画をもとにした，個々に適した計画と評価が記されている。a児のその時の育ちの姿を生活面では食事，排泄，睡眠，清潔，情緒の面から記しており，そうした状況に対する保育者の具体的な配慮が示されている。例えば睡眠の項目では，家庭で十分に睡眠時間が確保できていない状況を受け，園では，日中に眠れるような雰囲気を心がけていることが分かる。遊びの面では，粗大運動の育ちや認知，また探索遊びの状況，体の諸機能を意識的に動かす機能練習の点から記され，こうした育ちに対する保育者の働きかけや配慮について考察し，保育の構想が示されている。

3　週案・週指導計画の実際

週指導計画とは，週ごとのクラスの保育内容と目標を示した短期的指導計画である。週案とも呼ばれる。年間指導計画，月間指導計画などの長期的指導計画で立案された目標の達成のために，より具体的な実践に即した形で立案される。また，その週の行事予定並びに活動計画が示されており，その週に展開される予定の保育内容が具体的に示されている。

資料５－５は，週の計画と個別の日誌が兼ねられたものであり，その日の計画と子どもの姿の評価が示されている。

また，４月の年度始まりの頃の週案であるが，このように入所してから園の生活に慣れるまでの一定の期間，母と共に通園し，共に過ごす親子通園を取り入れている園も多い。子どもと共に保護者自身も保育所の環境を知り，保育者との交流を深める機会となっている。保育者は、親と子を含めた計画を立てることにより，より適切な援助ができるよう配慮している。

Ⅲ　0歳児の記録の実際

1　記録の重要性

指針には，記録について次のような記載がある。

> エ　保育士等は，子どもの実態や子どもを取り巻く状況の変化などに即して保育の過程を記録するとともに，これらを踏まえ，指導計画に基づく保育の内容の見直しを行い，改善を図ること
> （第１章総則　３保育の計画及び評価（３）指導計画の展開）

記録とは，保育実践を文字化したり図式化することである。記録を取ることで，子どもの育ちの経過や実態，また環境からの影響を捉えることができるとともに，計画を実行に移し，保育中には気がつかなかったことや意識していなかったことに改めて気づくきっかけにもなり，自らの保育を客観的に捉えることができる。

つまり，記録という媒体を通して保育を可視化（見える化）することにより，それをツールとして自らの保育を振り返るだけでなく，保育者同士，また保護者との情報共有が可能になるのである（資料５－６）。

2　記録の実際

記録にはいくつかの形があるが，保育の現場で日常的に一番多く用いられているのが，文字化する方法である。

資料5－3　0歳児　5月　　保育月間指導計画書　　ハルム保育園

ねらい	クラスの様子
• 保育者に親しみを持ち，安心してすごす。 • 好きな遊びを保育者と一緒に楽しむ。	• 園に慣れてきて，落ち着いて過ごせるようになってきた。 • 担当との関係も出来てきて，後追いや，自己主張が見られるようになってきた。
保育のポイント	保育・安全への配慮
• 担当の保育者を中心として，それぞれが愛着関係を築き，安心して過ごせるように関わる。 • 一つ一つの声かけをていねいに行い，育児や生活の流れを伝え，少しずつリズムを作っていく。 • 一人一人に合った遊びを提供していく。	• 大型連休があるので，休み明けで不安にならないよう気持ちにより添った保育をしていく。 • 探索遊びが増え，玩具を口に入れて確認する事が多いので，玩具の清潔や故障がないかなどに気をつけていく。
家庭との連携	生活と遊び
• 連休中のようすや健康状態などを聞いたり，育児日誌で確認して把握し，一人一人に合わせて無理なく園の生活リズムになじめるよう配慮する。 • 気温の変化が大きい時期であるので，調節が出来るように衣服の着替えを用意してもらう。	《わらべうた》 • うえからしたから • にぎりぱっちり 《えほん》 • おはよう • どうぶつのおやこ 《うた》 • おつかいありさん • おかあさん • ことりのうた 《詩》 • みみずがさんびき

〈評価・反省〉
• 連休明け，休み中に体調を崩しリズムが乱れた子が多かった。連休前にできるようになっていたこと（布団で寝るなど）ができなくなったりしている子がいた。
体調が悪くてぐずる子はいたが，情緒面は落ち着いていた。
• 5月からほぼ全員の母が仕事復帰し，時間が変わりリズムが乱れたが数日で慣れた。
• 5月中旬から通常の日課で行うようになり，まだ声をかけ合いながらだが，スムーズに進むようになった。
• 朝のミルクの時間により時間が変わることがあるが臨機応変にできた。
• 1人（s児）以外は布団で眠れるようになった。その子のリズムで眠れるようになってきた。それぞれ時間がバラバラなので，他の子の泣き声で起こされてしまうことがある。
• 食事の時に，自分が食べる時，ということがわかってきて，近くへ来るようになってきた。他の子の時に，自分ではない，とわかる子も出てきた。
• t児，r児はローテーブルで食べ始めた。落ち着いて食べられている。
移行した子がいる。r児→移行期食　m児→後期メニュー，3回食
• 食事時，指さしが出てきた子がいる。意志を示すようになった。
• s児，哺乳ビンで問題なく飲めるようになった。

資料5－4　7月　児童票　8月　月間保育計画　（0歳児クラス）園児名　a児　　ハルム幼稚園

生活（食事・排泄・睡眠・清潔・情緒）	
7月の子どもの姿，育ち	**8月の配慮事項**
食事―くちびるを使ってアムッと取り込むようになってきた。舌も，前後ではなく，上下・左右にも動くようになってきている。6/22よりあらつぶしへ移行。少し大きめだと口から出てくるが，よくかみ食べている。量も増えたのでミルクを120ccにする。 睡眠―午前中30分～1時間程寝て，食事のあとまた眠り，午後も1度寝ている。父の帰りが遅いのでどうしても眠れず遅くなってしまうとのこと。 排泄―ベッドに横になるとすぐに寝返ってしまい，オムツの交換が難しい。声をかけ，今何をしているのか伝えたり，わらべうたをうたうなど工夫している。 情緒―人見知りが少し出てきて，担当へのあと追いも少し見られるようになってきた。	食事―先に舌が出てくる事もあるので，口がしっかり開いてからスプーンを入れるよう気をつけていく。ゆっくりと，舌をしっかり動かして食べている事を確認しながら介助していく。 睡眠―夜の眠りが少ないため，日中，ゆっくり落ちついて眠れるよう雰囲気を大切にしながら関わる。 側についていると一人で眠れるが，側で声や物音がすると起き上がってきてしまうので気をつけていく。 排泄―引き続き今何をするのかを伝えたり，わらべうたをうたったり，ブーッと音を出すなどして気持ちがオムツ交換に向かうようにしていく。 情緒―人見知りやあと追いがみられるので，担当との関わりを大切にしてゆっくりと関わっていく。
遊び（反射・粗大・探索・機能練習・操作・構造・世話）	
7月の子どもの姿・育ち・エピソード	**8月の保育者の働きかけ・配慮事項**
《粗大》《探索》 ・鏡の中に映った保育者がうしろにいるという事がわかり，ふり返って保育者の方へハイハイで向かってきてくれる。鏡に映っているのが，保育者だという事が理解できるようになり，鏡の遊び方がかわった。また，ハイハイを促すため，保育者が声をかけたり，玩具で誘うなどしている。 	粗大，探索―以前は鏡の中にうつった人の動きを楽しんでいたが，うつっている人がうしろにいる人だという事がわかるようになった。ものの見方が変わってきて，いろんな事を発見できるようになってきているので，いろいろな体験が出来るように提案していく。 また，ハイハイを促せるよう，声をかけ呼んだり，玩具などを使って促していく。
《探索》 ・いろいろな物を手にとり，自分で動かしてみて，その動き方や音などを見たり聞いたりして楽しむ姿が見られている。動かす事でギーギーと音がするとニコッっと笑ってくり返し遊んでいる。 	探索―自分でやってみようとする中で，発見し楽しんでいるので，保育者がいろいろな物を用意したり，音や感触やにおいなど様々な体験を提案していく。 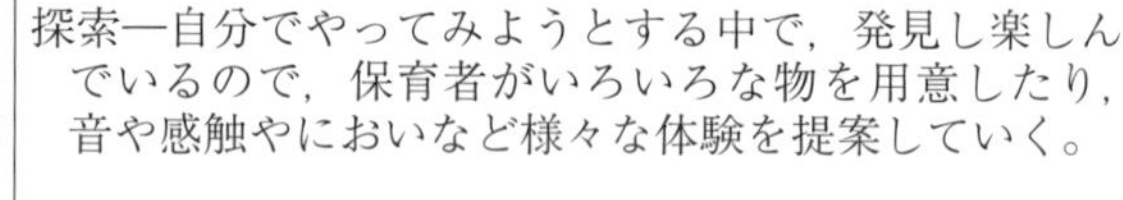
《機能練習》 ・ベッドの下に入って遊ぶ事が好きで，ベッド下のつり具に腕をぐっとのばしてひっぱりよく遊んでいる。ひっぱって手にした物を口に入れて確かめたりもしている。 	機能練習―興味のある物があると積極的に動こうとする姿が見られているので腕をのばしたり手首を使ったりといった動きを促していけるよう，玩具など工夫していく。
〈評価と反省〉 ハイハイを促せるよう，保育者が声をかけるなどする事が出来たので良かった。しかし，足の力は弱いので，安全な環境に配慮するとともにしゃがむの動作が出来るよう工夫していく。	

資料５－５　週案

週案日誌　０歳児クラス　もも組　４月９日（月）～４月13日（金）

ハルム保育園

ねらい		全体行事		絵本・おはなし		うた	
ねらい	• 園の雰囲気を知りながら，母と安心して過ごす。 • 母の見守りの中で，担当保育者とたくさん関わりながら，好きな遊びを見つける。	全体行事	11日　身体測定	絵本・おはなし	・あそび ・したく ・かぞく ・いないいないばぁ	うた	・つつきましょ ・ふくすけさん ・チューリップ ・ちょうちょ ・ブンブンブン

月日		9日（月）天気 ☀	10日（火）天気 ☀	11日（水）天気 ☁	12日（木）天気 ☀	13日（金）天気 ☀
予定している活動				身体測定		
自発的な遊び	環境の構成 保育者の援助	• 母と共に保育所の玩具に関心が持てるように様々な種類の玩具を用意する。 • 母も安心して園の生活に慣れることができるよう，言葉をかけていく。				
自発的な遊び	予想される遊び	【戸外】			【室内】 わらべうた　ハイハイ えほん　ずりばい チェーン　音の出るおもちゃ オーボール　布 すべり台　段差	
保護者連絡事項		配布物 連絡	配布物 連絡 4/11 身体測定	配布物 連絡	配布物 連絡	配布物 連絡 シーツ， 帽子持ち帰り
気付いたこと・特記事項		• d児―都合欠席 • t児―母を見ながらも自分の好きな遊びを楽しんでいる。つかまり立ちが盛んで，つたい歩きもよくしているが，不安定で転ぶ。 • r児―人見知りがつよく，母が離れるとすぐに泣いてしまう。母が側にいれば，保育者に笑顔も見せてくれる。つかまり立ちをよくしている。 • h児―笑顔は見られるが，保育者が関わろうとすると，不安そうな顔をしている。ハイハイをよくしていた。 • m児―ハイハイでとてもよく動いている。母を気にしてはいるが，笑顔で遊んでいた。ボールを追いかけるなど体を動かす事が好き。	• t児―昨日より表情がほぐれてきた。食事をとてもよく食べるようで，お弁当の量もとても多かった。全部食べた。 • r児―昨日より表情がほぐれてきたが，まだ母から離れることは難しい。保育者が笑いかけると，恥ずかしそうに笑っている。 • h児―不安が強く，母の後追いをしている。無理せず母と園の雰囲気を感じられるようにしていく。 • m児―よく遊んでいる。フープの玩具が好きでニコニコしながら遊んでいる。	• t児―家でも，なかなか日中の眠りがとれていない。抱っこで眠るが，寝つくまでに時間がかかる。少しずつ保育者とも眠れるようにしていく。 • r児―保育者ともいないいないばぁなど関わって遊べるようになってきた。 • h児―母が離れると不安そうに泣いてしまうが，自分で気持ちの立て直しが出来るようになってきて，遊べるようになってきた。ヒモをひっぱる壁掛け玩具が気に入ったようす。 • m児―抱っこで寝ている。家だとあまり寝ないとのこと。園だと午前寝を毎日している。	• t児―午前食のあとにミルクを飲むと，眠りに入りやすかったので，しばらくそのようにしてみる。よく遊んではいたが，まだ不安そうなので，よく見守っていく。 • r児―担当保育者の事を少し意識してくれるようになり，笑顔で関われるようになったが，母の姿を目で追っている。 • h児―不安が強い。母が見守っていれば保育者とも遊べるが，姿が見えないと泣いてしまう。 • m児―まだ不安が強いが，担当保育者と眠る事が出来た。少しずつゆっくり関わっていく。	• t児―母と離れて過ごせる事が多かった。遊ぶのもとても上手で，自分から次を見つけている。e児への後追いも見られはじめてきた。 • r児―母の姿が見えないと泣いてしまう。少しの間であれば，担当保育者と遊ぶ事が出来た。食事も一緒に行う事ができた。 • h児―昨日よりも今日の方が不安が強い。食事もあまりとれず泣いてしまうが，寝起きは機嫌がもどり，よく遊んでいた。 • m児―母が離れても今日はとてもよく遊んでいた。食事，眠りはなかなか難しかったが笑顔も増えている。

資料５－６　連絡帳

時間	睡眠	排便	ミルク
16			16：00 200cc
17			
18			
19			
20			20：00 100cc 離乳食 ◎
21	20：45		
22	22：30 24：05		
｜			
5			
6			
7		7：05 普通便	7：00 200cc
8			
9			
10			
11	11：15		11：00 120cc
12	12：15		
13	13：15		
14			
15			15：05 120cc
16			
17			
18			

生　月　日	○年９月17日（月）～９月18日（火）
家庭での生活	**家庭での様子と連絡事項**
〈夕食〉 （20：00） 160cc おかゆ 鶏だんごのスープ 〈朝食〉 （7：00） 200cc おかゆ りんごのおろし	今日はママが熱出しちゃって。昨日の夜からです。あっくんにうつらないか心配です。薬でおさえられてますが…。あっくんにうつりませんように…。今日はあっくん朝からごきげん‼
検温	
6：30　36.9度	
園での生活	**園での様子**
〈午前食〉 （10：50） メニュー通り ◎ 〈午後食〉 （14：55） メニュー通り ◎	保育者の指をにぎって立ち上がり，屈伸のように立つしゃがむをくり返してやって，楽しんでいます。「あっあっあっ」と声を出しながらリズムにのって上下に動いてとても楽しそうです。上下に動くことで太ももやひざの力がつきますね！
検温	**園からの連絡事項**
9：15　37.1 13：45　37.3	あっくんママ，体調はいかがですか？お大事にしてください。 あっくんは今日一日，ご機嫌で，元気よく過ごしました。

◎は完食を示す

乳児保育における記録で留意したい点としては次の事柄である。

(1)エピソードを中心に

「今日は楽しく遊びました」などといった漠然とした記録内容ではなく，具体的に「ボール落としを楽しみ」「○○ちゃんと楽しく関わり」など具体的な記録が次の活動の構想へつながる。エピソード記録を心がけることが大切である。

資料５－４には，a児の鏡遊びを通した認知面の育ちの様子が具体的に記されている。このことにより，a児が今，どのような育ちのステージにあるかの記録となると共に，次の保育への構想につながるのである。

(2)１日24時間を見通して

乳児期は，体調の変化が生じやすく，１日のうちの体温の変動もある。また，子どもの健康状態を見極めながら，睡眠リズムや授乳量などの調整も必要である。そのため，連絡帳を通して，家庭との連携を緊密に取り，１日24時間を見据えた計画を立てている（資料５－１）。

こうした保育の実現には，保護者との連携が最も重要である。連絡帳は，前日からの生活の状況やその日の体調などを把握するための大切な記録のツールである。連絡帳には，睡眠，排泄などの状態と，授乳，食事などの栄養摂取の状況が，家庭と園のそれぞれの情報で共に記されており，互いに情報共有することができる。

また，連絡帳は，保護者にとっては保育者とのつながりを感じられる子育ての拠り所となるものでもある。保護者にとって連絡帳は，日中会えない我が子の様子を知る手がかりとなる育児日誌そのものであり，子育てのプロセスの記録となり得るものである。そのため保育者は，事務的な連絡ツールとみなすのではなく，そうした保護者の思いを受け止め，保護者からの発信に対してはできるだけ心を込めて記すことが大切である。

(3)伸びゆく子どもへの視点があること

子どもの成長への心配から，「まだ…しない」や「……ができない」といった表現を記録として残すことがある。子どもの姿に一度そのような否定語を重ねることにより，「できない」ことに関心が向けられ，子ども自身の本質的な育ちのありようが捉えられなくなるということもある。子どもは伸びゆく存在であることを心の軸に，できるだけポジティブな表現を心がけることが大切である。

保育における記録は，毎日の保育を記録して残す「保育日誌」また，「発達に関する記録」，「人との関わりの記録」，「基本的生活習慣における記録」などがある。多方面から子どもの生活を記録し，援助につなげられるような工夫が見られる。

３　記録としての保育日誌

保育日誌とは，毎日のクラスの保育について記録する日誌である。活動の実際を残すと共に，保育者自身の振り返りになる。保育日誌には，その日の活動内容と保育のねらい，子ども一人ひとりの健康状態や生活の様子などが記される。こうした保育日誌は，先に見たように月案や週案などに併記され，次の計画に活かすことができるような形式もある。

また，保育日誌は，子どもの様子だけでなく，自らの保育を見直す手掛かりとしての役割もある（資料５－７）。

資料５－７には，保育所での一日の体温の変化の状況や睡眠時刻，食事などの様子が記されると共に，「一日の様子」に子どもの様子がひと言，記されている。こうした保育日誌は，チームで保育をしている保育者にとって，保育者が変わっても一人一人に適した保育を展開できる指標となると共に，保育者が明日の保育につなげられるよう記録されている。

このように，０歳児の保育では，個別の計画が立てられると同様，日誌も個別に記録され，個々の子どもの状態を記すことにより，保育者の連携や子どもの育ちを見通した計画の作成に活かしているのである。

（堀　科）

資料５－７　保育日誌

<table>
<tr><td colspan="2" rowspan="2">8月　　8日
（ 水 ）</td><td>天気</td><td>室温</td><td>湿度</td><td>在籍数</td><td>出席数</td><td>欠席児・欠席理由</td></tr>
<tr><td>曇り</td><td>35 度</td><td>40%</td><td>9 人</td><td>8 人</td><td>s 児くん
RS ウイルス</td></tr>
<tr><th colspan="4">活動</th><th colspan="4">ねらい</th></tr>
<tr><td colspan="4">室内遊び　ふれあい遊び
音の出る玩具
（ガラガラ，玉ころがし，ミニカー）
絵本</td><td colspan="4">落ち着いた環境の中で，安心して過ごす
ふれあい遊びで保育者と共にゆったりと楽しむ。</td></tr>
<tr><th>園児名</th><th>健康状態</th><th>検温</th><th>睡眠</th><th>排泄</th><th colspan="2">食事・授乳・おやつ</th><th>一日の様子</th></tr>
<tr><td>h 児ちゃん
（５ヶ月）</td><td>やや不良</td><td>9:30　37 度
13:50　37.3 度
16:50　36.5 度</td><td>10:30-10:50
13:10-14:00
16:00-16:25</td><td>11:00 ○○軟</td><td colspan="2">午前　M160cc
昼食　M160cc
午後　M170cc</td><td>受け入れ時より、体温はやや高めであった。目覚めている時間はぐずることが多く、体調の変化に配慮した。午睡後、体温が平熱に戻ったので引き続き見守った。</td></tr>
<tr><td>a 児ちゃん
（９ヶ月）</td><td>良</td><td>9:42　36.8 度
15:00　36.5 度</td><td>12:30-14:00</td><td>11:00 普通
15:00 普通</td><td colspan="2">午前　MM20cc
昼食　離乳食 M50cc
午後　バナナ M20cc
※食事は完食した</td><td>おすわりをして、玩具で遊ぶことを好む姿があり、支え座りで対応した。絵本『ジャージャービリビリ』を繰り返し見ていた。保育者に対する笑顔が見られる。</td></tr>
<tr><td>k 児ちゃん
（1 歳３ヶ月）</td><td>普通</td><td>9:40　36.5 度
14:50　36.8 度</td><td>12:30-14:30</td><td>10:00 普通</td><td colspan="2">午前　おやつ
昼食　離乳食
午後　おやつ
※食事はおかゆは完食，他は少し残した</td><td>初めは泣いて入所 10 日目である。すぐに玩具で遊び始めた。少しずつ園の生活に慣れてきた様子である。保育者が絵本を見せると関心を持って寄ってくる様子も見られた。咀嚼が弱い傾向にある。昼食の大根はよく噛んで食べている様子が見られた。</td></tr>
</table>

第6章　1歳以上3歳未満児のカリキュラムの実際

I　1歳以上3歳未満児の養護と保育内容

1　1歳以上3歳未満児の保育

保育所保育指針では，「保育所における保育は，養護及び教育を一体的に行うこと」と示されている。養護というのは「子どもの生命の保持及び情緒の安定を図るために保育士等が行う援助や関わり」を指しており，子どもにとって「健康や安全が保障され，快適な環境であるとともに，一人の主体として尊重され，信頼できる身近な他者の存在によって情緒的な安定が得られること」である。特に，3歳未満児の保育においては，乳幼児期の発達の特性を踏まえ，養護が基盤となる。保育所という集団で保育をする場であっても，個々に応じた細やかなケアが必要であり，乳児期からの自尊感情や基本的信頼感，いわゆる非認知能力を育てることが最も重要であることが分かってきた。

まず，子どもの1日の生活をイメージしてみよう。家庭と保育所を行き来している子どもにとって1日24時間の生活全体を考えた無理のない，食事・睡眠・休息・遊びなどの生活リズムを整えていくことが子どもの心と身体の安定にかかせない。そのためには保護者との連携が重要となり，家庭における起床，就寝時間や朝食，夕食の時間等を聞き，把握した上で，個々に応じた園生活のタイムスケジュール（資料6－1参照）を立案することが求められる。

人の睡眠をつかさどる体内時計の形成は，2歳までにはほぼ完成することが明らかになっており，2歳までに規則正しい睡眠の習慣を身に付けることが大切になる。一人一人の子どもの一日の睡眠時間が十分に確保できるように，昼寝の回数や時間を調整する。つまり，家庭において十分な睡眠がとれない時や体調の変化等から日に応じて睡眠時間を延ばす等の配慮も必要となる。

次に，食事の時間を考えてみよう。保育所に通う子どもたちの登園時間は保護者の就労状況等によって時間差がある。子どもの日課表（資料6－1）で示したB児は，7時に起床，8時に朝食，8時30分に保育所へ登園している。それに対して，A児は，6時30分に起床，7時に朝食，8時に登園しており，二人の子どもを比べてみると，登園時間（保護者の就労状況）によって起床や朝食の時間が異なっていることが分かる。1歳児クラスでは，離乳食から普通食への移行の子どもが多いと思うが，離乳食の時には約4時間の間隔で食事（授乳）をしていたように，活動量や個人差はあるが約4時間が子どもの空腹になる目安である。したがって，3回食へ移行している子どもであれば，B児のように朝食の時間が8時なら4時間後の12時に昼食の時間を設定するのが望ましい。それに対してA児もB児と同様の12時の食事時間にすると食事の前にお腹が空いて機嫌が悪くなるかもしれないし，食事の前や途中に眠くなって寝てしまうかもしれない。つまり，A児の昼食の時間はB児よりも朝食が早い分，昼食の時間を11時頃にすれば機嫌良く食事の時間を迎えられている。15時の軽食の時間の考え方も同様であり，昼食から夕食までの間の時間に食べられると子どもの体内リズムに無理なく過ごせる。

15時は一般的に「おやつの時間」として，甘い食べ物が提供されると思うかもしれないが，事例の園では，15時は朝昼晩の3回の食事に加え4回目の食事の時間と考えている。したがって，15時には軽食（おにぎり，団子，蒸かし芋，茹でトウモロコシ等）を出し，お腹が満たされるように配慮している。

やはり，3歳未満児クラスでは，発達差や家庭での日常的な睡眠や起床，朝食の時間によって，園における個々の活動に大きく影響すること，また体調の変化や夜泣きをして寝つけなかった，早起きをしたなどで，いつもは午前の睡眠を行わない子どもが寝てしまうこともある。食事の基本的な時間は設定し，その日ごとに個々に応じた保育者の臨機応変な対応が求められる。

またこの時期は，食事，排泄，衣類の着脱，身のまわりを清潔にすることにおいて，自ら行ってみようとする意欲が育ってくる。保育者は一人一人の発達過程を把握し，子どもの意欲を受け止め，必要に応じて援助していくことが望ましい。子ども自身が基本的生活習慣の態度を身に付けるには，保護者と保育者の介助の仕方を合わせていくことが大切であり，このような意味においても保護者との連携が必要になる。

このように3歳未満児クラスでは，発達の個人差が大きく，保護者の就労状況等も違うことから家庭環境を考慮した一人一人に応じた園生活のプログラムをたて，全ての子どもの起床から就寝までの生活の流れを時間軸で記載しておくとよい。家庭によって起床や食事の時間は1時間以上の個人差がありうるので，それらに配慮した日課と大人の役割分担を考える。個々の発達過程や家庭状況に即した関わり方をしっかりと把握し，対応すること，さらに，非認知能力の基礎となる愛着関係の築きのためにも，特定の保育者が受容的な関わりの中で育児を行っていくことが望ましい。

この個人の日課表を作成することで個々の子どもの生活リズムを整えることができ，さらに保育者間の連携がとりやすくなる。これらの日課表やデイリープログラム（資料6－2参照）は，毎月の子どもの育ちと共にクラスの保育者間で確認をし，成長にともなう睡眠時間や家庭環境の変化等，必要に応じて見直しを行っている。

資料6－1　子どもの日課表　1歳児　りんご組

時間	A児	B児	C児
	（2歳1ヶ月）	（1歳10ヶ月）	（1歳8ヶ月）
6：00	30 起床		30 起床 朝食
7：00	00 朝食	00 起床	30 登園
8：00	00 登園 排泄 室内・戸外あそび 水分補給	00 朝食 30 登園 排泄 室内・戸外あそび 水分補給	00 排泄 室内・戸外あそび 水分補給
9：00			40 入室 （排泄・着替え 手洗い・ 水分補給） 室内あそび
10：00	10 入室 （排泄・着替え 手洗い・水分補給） 室内あそび	30 入室 （排泄・着替え 手洗い・水分補給） 室内あそび	
11：00	00 食事 排泄 睡眠	45 食事 排泄 睡眠	00 食事 排泄 睡眠
12：00			
13：00	00 起床 （排泄・ 水分補給） 検温		30 起床 （排泄・ 水分補給） 検温
14：00		10 起床 （排泄・ 水分補給） 検温	
15：00	00 軽食 室内あそび 排泄 水分補給	20 軽食 排泄 水分補給 室内あそび	00 軽食 室内あそび 排泄 水分補給
16：00			
17：00	30 降園	30 降園	30 降園
18：00	30 夕食	00 夕食	
19：00			00 夕食
20：00	30 就寝	00 就寝	30 就寝
21：00			
22：00			
23：00			

資料6－2　子どもの活動と大人の役割分担表

年度10月～　１歳児りんご組　デイリープログラム

時間	子どもの活動	保育者1	保育者2	保育者3	フリー
7：00	○順次登園・排泄				9：00～17：00
8：00	↓	00　出動　延長保育室から りんごぐみへ移動 ○受け入れ・排泄 ノート確認 →			出動 ・お茶用意 ・おしぼり用意 ・食器用意
9：00	○戸外あそび・水分補給 （室内）	○戸外あそび（室内） →	出勤	出勤	
9：30	40　順次入室 排泄・着替え・手洗い・水分補給		40　入室（C児） 排泄・手洗い・着替え・水分補給 50　入室（F児）（K児）		室内の遊びを見る
10：00	○室内あそび	20　入室（D児）（I児） 排泄・着替え・手洗い・水分補給	00　入室（G児）（L児） 室内あそびを見る	00　入室（H児）（N児） 排泄・手洗い・着替え・水分補給 10　入室（A児）（M児） 室内あそびを見る 布団を敷く（6人）	戸外の遊びを見る
10：30		30　入室（B児） 40　入室（E児）（J児）			室内へ入る 食事準備 あそびを見る
11：00	○食事・排泄・睡眠	○食事（D児）（I児） 排泄・睡眠 20　食事（E児）（J児） 排泄・睡眠	○食事（C児） 排泄・睡眠 食事・布団準備 20　食事（F児）（K児） 排泄・睡眠 食事準備	○食事（A児）（M児） 排泄・睡眠 25　食事（H児）（N児） 排泄・睡眠 布団を敷く 眠りを見る	
11：30		45　食事（B児） 排泄・睡眠	45　食事（G児）（L児） 排泄・睡眠		食事の片付け 掃除
12：00		連絡ノート記入 掃除 休憩	連絡ノート記入 休憩	休憩 連絡ノート記入	休憩 作業
12：30					
13：00	○順次目覚め 検温・排泄・水分補給				
13：30		起きた子から検温 排泄・水分補給 あそびを見る →			
14：00	○室内あそび				おやつ準備 あそびを見る
14：30	↓				・おしぼり ・食器 ・ノート →片付け
15：00	○おやつ	○軽食（D児）（I児） 10　軽食（E児）（J児） 20　軽食（B児） 室内あそびを見る	○軽食（C児） 10　軽食（F児）（K児） 20　軽食（G児）（L児） 室内あそびを見る	○軽食（A児）（M児） 10　軽食（H児）（N児） 室内あそびを見る	2回目から 各担当が準備
15：30	○室内あそび				
16：00	○順次排泄 水分補給	排泄	排泄	排泄	
16：30	↓				
17：00	○順次降園	受け渡し → 退勤			退勤
17：30	↓		延長保育室へ移動 遅番へ引き継ぎ 退勤	部屋の掃除 退勤	
18：00	○延長保育室へ移動				
19：00					

次に保育の内容についてであるが，平成30年施行の保育所保育指針では，乳児保育と１歳以上３歳未満児の保育に関わるねらい及び内容が分けられた。乳児保育は「健やかに伸び伸びと育つ」「身近な人と気持ちが通じ合う」「身近なものと関わり感性が育つ」という三つの視点であるが１歳以上３歳未満児の保育のねらいと内容は五つの領域（健康，環境，人間関係，言葉，表現）になる。さらに３歳以上児の保育の内容にも連続するものであることを意識し，この時期の子どもにふさわしい生活や遊びの充実が図られることが必要である。

また，著しい発達の見られる時期であるが，その進み具合や諸側面のバランスは個人差が大きい上に，家庭環境を含めて，生まれてからの生活体験もそれぞれに異なっている。生活や遊びの中心が，特定の大人との関係から他者へと次第に移っていく時期でもあり，保育においては，これらのことに配慮しながら養護と教育の一体性を強く意識し，一人一人の子どもに応じた発達の援助が求められる。

保育室の環境設定を行う上では，保健面や安全面の保障と共に，明るさ・温度・湿度・音などに配慮し，落ち着いた温かな雰囲気の中で子どもが安心して探索活動を行ったり，伸び伸びとからだを動かせる環境が求められる。発達に応じて子どもの遊び方が変化していくため，そのクラスの月齢（年齢）構成，遊び方，人数によって遊具や道具の種類，数を検討していき，年度の途中にも見直していく。配置の仕方は，同時に使用するモノ同士を近くに置くようにする。例えば，入れたり出したりする遊びであれば容器と中に入れるモノ，乗り物とトンネルや道を作れるような積み木，お人形と布団や布である。いずれも，カゴや棚を利用して，種類毎に場所を決め，子どもが扱いやすいように整理して収納する。歩行ができると引き車や箱押し，手さげを持ってお出かけといった遊びも見られるので，動きのある遊びと集中して取り組む遊びといった静と動の空間を分ける。

2　1歳児の発達・生活の特徴

生理的欲求（排泄・睡眠・食事等）のリズムが安定し，日中の睡眠は午後１回にまとまる。人間の特徴である二足歩行，手を器用に使うこと，言葉を話すことなどを獲得していくのがこの時期である。

周囲に対する好奇心が増し，活発に動きまわりながら，身近な人やモノに自発的に働きかけていく。探索活動がさかんになり，開けたり閉めたり，入れたり出したり，何度もくり返して楽しんだり，歩行が安定してくると，段差の上を歩いたり，高い所に登る姿も見られる。この時期，様々な疾病やけがが多くなるので注意をする。

ズボンや靴下，帽子の着脱等，身のまわりのことを自分でしようとする。おむつが汚れたことを，動作や言葉で知らせる。手のひらを使って，モノを出し入れしたり，指先を使って，つまむ，めくる，回すなどと遊びながら，モノの性質を理解していく。食事の際にはスプーンを使って食べるようになる。

また，モノのやりとりや，自分の意思を指差しや身振り，片言で大人に伝えることも増え，次第に二語文を話し始める。わらべ歌や音楽に合わせて，部分的に歌ったり，からだを動かしたり，言葉のくり返しを楽しむ絵本などにも興味を示し，保育者に読んでもらったり，一人で見たりするようになる。容器に入れたモノをスプーンですくって，食べる振りをしたり，箱にモノを入れて「ブーン」と言って走らせたり，モノをイメージで見立てたり，ある場面を再現する姿が見られる。自分のものと他人の物を区別したり，物に対するこだわりが出てくると共に，同じ要求をめぐってのトラブルが起こるようになる。

3　2歳児の発達・生活の特徴

歩く，走る，跳ぶ，階段を上る，ぶら下がる等の運動機能が育ち，探索活動がますます活発になる。手先の巧緻性が高まり，小さなものでも器用に操作できるようになる。スナップボタンをはめたり，積み木を積み上げたり，容器の蓋を開けたり，ボールを投げたりすることができるようになる。食事や衣類の着脱，排泄など，身のまわりのことを自分で行おうとする。

言葉も二語文から多語文を使用して表現するようになる。自他との区別が付くようになり，他者の名前を呼んだり，言葉のやりとりを楽しむようになる。また，大きさや量の違いを比べたり，物事の共通性にも気が付くようになる。象徴機能が発達し，モノを見立てて遊ぶ姿が増える。料理をつくる，赤ちゃんのお世話をする等の大人の行動を模倣するようになる。

自我の芽生えにともない，自己主張する姿が見られるようになり，大人の意図との相違や思い通りにならない葛藤から，反抗的な態度やかんしゃくを起こしたりする。

Ⅱ　1歳以上3歳未満児の指導計画

1　長期の指導計画

長期の指導計画の作成にあたっては，「全体的な計画」に基づき，子どもの生活や発達を見通し，一人一人に必要な体験が得られるような指導計画を作成する。そして，３歳未満児は，月齢による発達の変化や発達の個人差が大きいことから，一人一人の子どもの生育歴，心身の発達，活動の実態に即した個別的指導計画の作成が求められる。

⑴年間指導計画（資料６－３参照）

３歳未満児の年間の指導計画は月齢毎の育ちを捉えていく視点と，１年間のクラス運営や季節を意識した関わりの視点の両者を意識して作成し，子どもの発達に応じた配慮事項と１年間の生活の見通しとを兼ね備えた指導計画となるように作成することが望ましい。期の分け方は，各園の方針や状況によって検討が必要であるが，ここでは，１歳児クラスの１年間を１期（４．５月），２期（６．７．８．９月），３期（10．11．12月），４期（１．２．３月）に分けた例を紹介する（資料６－３）。

どの年齢においても同様であるがまず，各園にて作成している「全体的な計画」を十分に理解することが必要となる。なぜなら，発達はつながっており，０歳児クラスの保育者から１歳児クラスの保育者へ，そして２歳児クラス，３歳以上児クラスへと引き継がれていくからだ。全体の計画の中で１歳以上３歳未満児における子どもの発達とそれに応じた援助をしっかりと確認することから始めよう。

「全体的な計画」には年齢毎のねらいがあげられているのだが，それが年齢毎に立案する年間計画のねらいへとつながっていくのである。そして，年間計画のねらいは，子どもの育ちの視点で記載するので，それに対する「保育者の援助と配慮」「養護」「家庭との連携」を記していっている。次にクラス運営上の計画を１期から４期に分けて，それぞれの時期にふさわしい「ねらい」と「保育者の援助と配慮」について述べ，さらにその下には，子どもの発達「１歳～」「１歳６カ月～」「２歳～」「２歳６カ月～」から捉えた指導計画を子どもの「発達の目安」と共に教育的な視点（保育内容五領域）に整理してまとめた。

⑵月間指導計画（資料６－４参照）

例で示した８月の月間指導計画（資料６－４）を作成する際には，年間指導計画の２期（６．７．８．９月）のねらいを前月（７月）のクラスの様子をふまえながら月間指導計画のねらいに反映させる。次に，「保育者の援助と配慮」「保健・安全への配慮」「家庭との連携」「生活と遊び」を考えていく。その際，日々の保育における課題や季節の配慮事項，遊びなどについて，クラスに関わる全員の保育者でより具体的に共通理解を図ることが望ましい。新たに取り入れる〈うた〉〈絵本〉〈詩〉

〈わらべうた〉などは，実際にうたったり，内容を皆で確認し合うとよい。〈評価・反省〉は，毎月末に1カ月の保育を振りかえり，評価・反省をもとに次月の計画案を子どもたちの実態に添って立案していく。

また，保育所保育指針解説には，3歳未満児の指導計画について「特に心身の発育・発達が顕著な時期であると同時に，その個人差も大きいため，一人一人の子どもの状態に即した保育が展開できるよう個別の指導計画を作成することが必要である。」と述べられており，クラスの月間指導計画とは別に個人別指導計画を作成する必要がある。

クラス運営上の月間指導計画と子どもの発達に即した個人別指導計画を同じ書式内にまとめて記入している園も多い。資料6－5は，現在の子どもの姿から次月の個別的な配慮事項を確認しやすくするために個人の成長記録（児童票）と個人の指導計画を一枚の書式にまとめている。

毎月末，一人一人の「子どもの姿・育ち・エピソード」を生活面と遊び面から振り返り，個人の成長記録（児童票）としてまとめ，個人の成長記録の隣に「子どもの姿・育ち・エピソード」に関わる保育者の援助と配慮事項を記載し，次月の個人の月間指導計画としている。1枚に記載することで，個々の育ちとそれに基づく今後の関わりが把握しやすい。さらに，日常的に撮影している個人の成長の一コマの写真を貼り付け，育ちの理解が深まるような工夫をしている。

クラス責任者印	作成者印	園長印

資料6－3　1歳児りんご組　　年間指導計画

ねらい	生活リズムが安定し，健康，安全な生活に必要な習慣を少しずつ身に付けていく。 保育者との安定した関係をもとに，他児への興味や関心を高め，関わりをもとうとする。 様々なものに興味や関心を持ち，触れ合う中で感覚の働きを豊かにする。 生活や遊びの中で保育者や他児と言葉のやりとりを楽しむ。			
保育者の援助と配慮	•毎日同じ場所，同じ時間に担当の保育者がゆったりと関わり，一人一人の甘えや欲求を十分に満たし，自分のやりたいことや思いを表現できるようにする。 •子どもの「やりたい」気持ちを大切にし，一緒に体を動かしその時期に合わせた運動を取り入れる。 •保育者が見本となり，仲立ちをして他児と関わる楽しさを伝える。 •子どもの喃語や単語をよく聞き，気持ちを受け止める。子どもの「伝えたい」「話したい」という思いを大事にしながら言葉を引き出していく。 •十分遊び込むことのできる環境に触れ，保育者も一緒に楽しむようにそのときどきの子どもの興味や発達に合った素材を用意していく。 •様々な物に見立てられる素材や音の出る物を用意し，イメージに寄り添っていく。保育者自身が楽しみながら，季節のうた，詩，わらべうたに触れていく。			
養護	•家庭と連携を取りながら，一人一人の健康状態や発育・発達を把握し，快適に保育園生活を送れるようにする。 •一人一人の生活リズム，発達過程，保育時間などに応じて，生理的欲求が満たされるようにする。 •保育者の受容的なかかわりの中で心身ともに安定して過ごせるようにする。 •特定の保育者との愛着関係を基に，周囲の環境へ主体的に働きかけ，活動意欲を高めていく。			
家庭との連絡	•日々の子どもの様子を伝え合ったり，1歳児の特徴を伝えていき，保護者との信頼関係を築いていく。 •感染症にかかりやすい年齢のため，十分観察をし，異変を感じたら速やかに保護者に知らせる。生活リズムを整えていけるよう家庭と園とで連携し合う。			
期	1期（4．5月）	2期（6．7．8．9月）	3期（10．11．12月）	4期（1．2．3月）
期のねらい	•ありのままの姿を受け止めてもらいながら，新しい生活に慣れ，安心して過ごす。 •保育者に見守られながら好きな遊びを楽しむ。 •保育者と一緒に絵本を通して指差しや喃語を楽しむ。	•暑い夏を健康でゆったりと快適に過ごす。 •保育者や他児と一緒に水，砂，泥などの感触を充分に楽しむ。 •自分の気持ちを簡単な言葉や泣き声で訴える。	•身の周りの事に興味を持ち，行おうとする。 •指先を使ったあそびを楽しむ。 •秋の自然物を見たり，触れたりする。また，体を動かしたり，歌をうたって楽しむ。 •生活やあそびの中で簡単なことばのやりとりを楽しむ。	•自分の思いを泣き声や体全体を使って伝えようとする。 •保育者や他児と一緒に簡単な見立て，つもりあそびを楽しむ。 •保育者や他児との関わりの中で言葉のやりとりを楽しむ。 •氷，霜柱など冬の自然に触れ，体を動かしてあそぶ。
期の保育者の援助と配慮	•担当の保育者がスキンシップあそびなどでゆったり関わり，不安な気持ちにならないようにする。 •一人あそびが充分にできるように空間を確保していく。 •子どもの指さしや喃語，単語をしっかりと受け止め，ゆっくりと関わる。	•一人一人の健康状態を把握しゆったりと快適に過ごせるようにする。 •水，砂，泥などの感触を十分に楽しめるように保育者も一緒に触れて楽しむ。 •安心して生活できるように子どもの気持ちを受け止め情緒が安定できるようにする。 •水分補給をこまめに行う。	•やりたいという気持ちを大切にし，さりげなく介助する。 •ひも通しやぼたん付け，マジックテープなどのおもちゃを用意する。 •葉の色のうつりかわりや木の実など発見し，遊びに取り入れる。 •一緒に体を動かすことを楽しみ，挑戦しようとする姿を側で見守る。 •子どもの言葉を受け止めゆっくりと関わる。	•伝えようとするありのままの姿を受け止め，気持ちを代弁していく。 •見立てあそびができるおもちゃを多く取り入れたり，あそび込める環境を用意する。 •氷の冷たさや霜柱を踏む音など，保育者も一緒に感じていく。 •子どもの言葉を受け止め，やり取りを楽しむ。

月齢			1歳～	1歳6ヶ月～	2歳～	2歳6ヶ月～
発達の目安	全身		•ハイハイ，つかまり立ち，伝い歩き，よちよち歩き •ひとり立ち，ひとり歩き •またぐ •しゃがむ •階段を這い上がる。	•歩き方が安定し早くなり，転ぶことが少なくなる。 •後ずさりで歩く •高いところに登ろうとする。 •物を投げる，蹴る。 •しゃがんでくぐる。 •股のぞき。 •しゃがんであそぶ。 •階段に手をついて登る。 •その場で飛ぶ。 •四輪車にまたがり地面を蹴ってすすむ。	•走る。 •片足ずつ飛び降りる。 •片足で1秒位立つ。 •手をつかず階段を昇り降りする。 •ぶら下がる。 •ボールを胸の前から投げる。 •他児と手を繋いで歩く。 •三輪車にまたがり地面を蹴ってすすむ。	•両足でジャンプする。 •両足揃えて飛び降りる。 •つま先で歩く。 •一本線上を歩ける。 •両手で持ってボールを頭の上から投げる。 •ボールを蹴りながら走る。
発達の目安	手指		•小さいものを親指と人差し指でつまむ。 •めくる •容器の中へ出し入れがさかんになる。 •二個の積み木を摘む。 •なぐり描き •粘土を指で押す。にぎる。	•チャックを開閉する。 •スナップボタンをつなげる。 •三個以上の積み木を積む。並べる。 •点や線のなぐり描き •粘土を手のひらで押す。ちぎる。	•ひねる •はがす •穴にひもを通す。 •八個以上の積み木を積む。組み合わせて並べる。くっつける。 •ぐるぐる描く。 •ねじってちぎるなど二つの動作を同時にする。	•ボタンをかける。はめる。 •布を二つ折りにたたむ。 •紙を破く。折る。 •独立した円を描く。 •粘土を丸める。
子どもの姿	健康	食事	•食事をすることに関心を持ち，いろいろな味，食品に慣れる。 •食べることを楽しむ。 •好んでいた物を残しがちになるなど食べムラが出てくる。	•スプーンを使ってたべてみようとする。 •固いものもよく噛んで食べるようになる。	•色々な食材を見たり触れたりするなどして興味をもつ。 •こぼしながらもスプーン，フォークを使って食べる。	•保育者や他児と楽しく食事をする。 •お皿に手を添えて食べようとする。 •自分から進んで食べようとする意欲を持ち，全部食べられたことを喜ぶ。
子どもの姿	健康	睡眠	•寝やすい寝方（タオルを持つ，抱っこで眠るなど）で安心して眠る。 •一人一人の子どもにあった生活リズムで安心して眠る。	•保育者に見守られながら，その子の睡眠リズムに合わせて一定の時間ゆっくりと眠る。	•午睡の雰囲気に慣れ，保育者に側で見守られながら安心して入眠する。	•自ら布団に横になろうとする。
子どもの姿	健康	排泄	•オムツが汚れたら，取り替えてもらい心地良さを知る。 •オマルやトイレの便器に興味を持ち始める。	•オムツがぬれるとしぐさや表情で伝える。 •保育者に促されたり，周りの子の真似をしてトイレの便器に座りタイミングが合うと排尿する。	•保育者に促され，トイレの便器で排尿する。 •自我が強くなりオムツ交換を嫌がることもある。	•尿意を感じて言葉やしぐさで伝え，トイレの便器で排尿する。
子どもの姿	健康	清潔	•保育者に援助されて手を洗ったり，食事の前後に手や口を拭く。 •衣服を着替えるときに，手足を通そうとする。	•ひとりで手や口の周りを拭こうとする。 •ズボンを脱ごうとしたり，履こうとしたりする。 •鞄，タオルなど自分の持ち物が分かってくる。	•保育者と一緒に手を洗う。 •着脱の簡単な衣服を脱いだり履いたりしようとする。 •マークを見て玩具の場所や自分の物が分かってくる。	•蛇口をひねってひとりで手を洗おうとする。 •自分で介助を嫌がり，何でも一人でしようとする。やってもらいたがるときもある。
子どもの姿	人間関係		•特定の保育者と一緒に過ごすことで安心する。 •他児に興味がでてきて，叩いたり噛んだりする。	•保育者や他児の真似をしてあそぶ。 •玩具を独り占めしたがり，取り合いが増える。 •思い通りにならないと泣いて怒る。	•他児への興味，関心が増し，気の合う子と同じことをする姿もあるが，ぶつかり合いも多くなる。 •イヤ，モットと自己主張がつよくなる。	•保育者や他児と簡単なつもりあそびなど一緒にあそぶ •かんしゃくを起こしたり，八つ当たりしたり，頑固になる。 •保育者の仲立ちで相手にも思いがあることをわかろうとする。
子どもの姿	環境		•保育者との信頼関係を拠り所にして，周囲の環境への興味や関心が増して関わろうとする。 •好きなことであそぶ。	•保育者と一緒に小動物にエサをあげたり，植物に水をあげたりしながら，興味や関心を深め，自ら関わろうとする。	•身近な環境に自ら関わり，見立てるなどする。 •自分で積極的に好きなあそびをする。	•同じ形の物を比べたり並べたりする。
子どもの姿	言葉		•要求や拒否を指さしや身振り，片言で伝えようとする。 •保育者の話しかけを喜ぶ。	•保育者の簡単な声掛けを理解し応じる。 •ワンワンなどの覚えた言葉をおうむ返しに言う。 •保育者の言葉の語尾を真似して言う。 •したいこと，してほしい事を指さしや身振り，片言で伝える。	•覚えた単語を二語文で話し，自分の要求や思いを言葉で伝える。 •物の名前を何でも知りたがる。 •他児の名前が分かり言えるようになる。 •お気に入りの絵本を繰り返し楽しみ簡単な言葉を繰り返し言う。	•保育者と一緒に絵本を見ながら，簡単な言葉の繰り返しや模倣をして遊ぶ。 •思ったことを文章で話したり，言葉のやりとりを楽しむ。 •問いと答えの関係が成立してくる。 •赤ちゃん言葉から大人の言葉への移行がはじまる。
子どもの姿	表現		•見たり聞いたり，触れたりすることで素材の手触りなどを楽しむ。 •保育者と一緒に簡単な歌やわらべうたを楽しむ。 •楽しいことがあると，手をたたいたり，体をゆらしたりする。	•保育者と一緒にわらべうたや歌に親しみ，声をだしたり体を動かしたりして楽しむ。	•保育者と一緒に歌やわらべうたをしたり，他児の真似をしたりしてリズムに合わせて体を動かしてあそぶ。 •様々な素材を見立てたりしてあそぶ。	•身の周りの様々な素材を見立てたり自分のイメージを表現する •保育者や他児と一緒につもりあそびをする。

月齢			1歳〜	1歳6ヶ月〜	2歳〜	2歳6ヶ月〜
保育者の援助と関わり	健康	食事	• 少人数で食べ，決まった保育者が丁寧に介助していく。 • 食材の名前を伝えたり，味を共感していく。 • 家庭と連携をとりながら，おかゆ又は軟飯メニューから移行期食へ移行をすすめていく。 ※前歯が上下４本ずつ生えているか，咀しゃくしているか	• 自分で食べようとする姿を見守り，自分で食べられたという満足感が持てるようさりげなく介助する。 • 家庭と連携をとりながら移行期食から普通食への移行を進めていく。 ※奥歯が生えているか，咀嚼をしっかりしているか 家庭の食事の様子	• 保育者も見たり触れたりしながら色々な食材に興味が持てるよう関わる。 • 保育者も同じものをおいしく食べて見せ，自ら進んで食べようとする気持ちが持てるよう声をかける。	• 楽しく食事ができる雰囲気を作る。 • 子どもの食材に関する興味や関心に答える。 • 食べられたという満足感に共感する。 • お皿に手を添えて食べられるようさりげなく声をかける。
		睡眠	• 布団の敷く位置を決めて，安心して眠れる場所を作る。 • 一人一人の寝やすい寝方で入眠できるように関わる。 （タオルをもつ，腕を上げる，抱っこで眠るなど） • 家庭での睡眠の様子をきき，リズムが整うようにする。 • かけ布団を調節していく。 • 換気をしながら温度，湿度を調節し心地よい環境を整える。	• 子守唄をうたい背中をさするなどして安心して入眠できるよう関わる。 • 目覚めた時に不安にならないよう午睡中も側で見守る。	• 落ち着いた雰囲気の中で十分に眠れるようにする。	• 体力もついてくるので，午前中に活動し心地よく午睡に入れるようにする。
		排泄	• オマルに座れたら一緒に喜ぶ。 • トイレに行きやすい雰囲気作りをする。 • 汚れたらこまめに交換し，気持ち良さを伝える。	• 遊びのタイミングをみて声掛けをしトイレに誘っていく。 • 一人一人の排泄の間隔を把握し，トイレで排泄ができるようになってきたら，家庭と連絡を取り合いながらオムツ外しを進めていく。	• 自分で排泄できたことに満足感をもったり，気持ち良さを感じたりできるよう関わる。	• 尿意を感じた時に伝えられるよう側に寄り添う。 • おもらしを教えてくれた時は手早く取り替え，安心して過ごせるようにする。
		清潔	• 声掛けをしながら楽しく着替えをする。 • 気温に応じて衣服の調節，着替えなどこまめに行い清潔に過ごせるようにする。	• 自分の持ち物や場所が分かりやすいようマークをつける。	• 意欲的に身の周りの事をしようとしているときは，方法を知らせ，出来ないところはさりげなく介助し，自分でできたという満足感が持てるようにする。	• 自分で出来た時は一緒に喜び，甘えたい気持ちをしっかりと受けとめ，手を貸していく。
	人間関係		• 個々への関わりを大切にする。 • 子どもの気持ちを受け止め，信頼関係を築いていく。 • 仲立ちをし，他児への興味や関心が深まるようにする。	• 同じ遊びが楽しめるよう玩具を用意したり声掛けをしていく。 • 一人遊びの空間を保障していく。 • 自我の育ちを受け止め，関わり方を知らせていく。	• 他児との関わりの中で，自分の思いを言葉で表現できない時には，保育者が互いの気持ちを代弁していく。 • 主張する気持ちに寄り添う。	• 自我が強くなり葛藤も多くなるので，その時の気持ちを言葉に置き換えるなどして，関わるようにする。 • 他児と触れ合ったり，関わってあそぶ事が楽しいと思えるように仲立ちとなり一緒にあそぶ。
	環境		• 好きなあそびをじっくり出来るようにする。 • 保育者も子どもと同じ目線になり自然を発見し，遊びに取り入れていく。	• 好きなあそびをじっくり出来るようにする。 • 保育者も子どもと同じ目線になり自然を発見し，遊びに取り入れていく。	• 様々の物に興味や関心が持てるような言葉かけをしたり，子どもの発見に共感していく。 • 一人でじっくりあそんでいる時には，他児に邪魔されないような環境を作り，満足するまで遊べるよう見守る。	• 子どもの興味に合わせて空間や玩具を用意していく。 • 様々な形，大きさ，色の物を用意し，自分で選択できるようにする。
	言葉		• 子どもの伝えようとする要求を読み取り，言葉にして受けとめる。 • 保育者がゆっくり丁寧に話し，発語を促していく。	• ワンワン，犬ねなど言葉を添えていく。 • 子どもの伝えたい気持ちに共感して大切に受け止め，ゆっくり話しかけるようにする。	• 話したい気持ちはあるが，はっきりした言葉にならないので，伝えたい気持ちを感じ取り，言葉に置き換え，ゆっくりと話を聞く。	• 一人一人の声や言葉に応答し，思いに共感しながら気持ちを言葉にして伝えたことを喜び，やり取りが楽しめるようにする。
	表現		• 一人一人の子どもと触れ合いながら，わらべうたを心地良いと感じられるようにする。	• 歌やわらべうたなどを繰り返し，体を動かす表現を楽しむ。	• 子どもの発達や興味に合わせて，見立てられるような素材を用意する。 • 自由に体を動かし表現することを楽しめるようにする。	• 自分のイメージを表現できるように，様々な見立てられる素材を用意し，イメージに寄り添う。 • 子どものイメージであそびが展開していくこともあるので，子どもの発想を大切にし，保育者が仲立ちとなって，他児と一緒に遊ぶことの楽しさを味わえるようにする。

担任	園長印

資料6－4　1歳児　　年8月　月間指導計画

ねらい	7月のクラスの様子
•暑い夏を健康でゆったりと快適に過ごす。夏の暑さに体調を崩さないように休息・水分補給をこまめに取る。 •自分の気持ちを簡単な言葉や泣き声で訴える。言葉を獲得できるように保育者と一緒に絵本を見たり，わらべうた・季節のうたを楽しむ。 •保育者や他児と一緒に水・砂・泥などの感触を充分に楽しむ。個々のペースに合わせた水あそびを楽しむ。	•大人にしてもらったことを真似したり，他児のあそびを真似して，あそびに取り入れる姿が増えている。 •絵本をめくったり，絵を見ることを楽しんでいる。 •言葉が増えてきて，喃語や簡単な単語で伝えようとする姿が見られる。
保育者の援助と配慮	**保健・安全への配慮**
•気温によっては外あそびをやめ，室内で過ごせるようにする。 •水分補給と休息をこまめに取り，体調を崩さないよう注意して見ていく。 •詩を唱え，絵本や指差しカードなど身近な物を用意して発語を促せるようゆっくり丁寧に声を掛け関わっていく。	•水の温度・気温に合わせて水あそび・シャワーを行っていく。 •水あそび中や涼しい室内にいる時もしっかり水分補給を行っていく。 •エアコンの温度・湿度・換気に配慮する。
家庭との連携	**生活と遊び**
•盆休み等で生活リズムが崩れやすいので，睡眠・休息の大切さを再確認していく。 •涼しく過ごしやすい衣服を数枚用意してもらい，汗をかいたら着替えをして快適に過ごせるようにする。	〈うた〉トマト・花火・きんぎょのひるね・みずあそび 〈絵本〉おふろでちゃぷちゃぷ・だるまさんとやさい・おでかけしようか 〈詩〉にわか雨だそらにげる 〈わらべうた〉ももやももや　こりゃどこのじぞうさん

〈評価・反省〉
- 外の日差しが強く暑い日が続き，室内であそぶことが多かった。
- 室内で落ち着いてそれぞれがあそびを見つけることができていた。
- プールを嫌がる子も，後半は慣れて水あそびを楽しむことができていた。
- 自己表現をするようになり押す・叩く・かむなどの姿が見られるようになってきた。
- 活動範囲が広くなった。
- あそびが具体的になってきている。イメージが広がっている。
- 外あそびの片付けをよく見ていく，出しっぱなしのことが多い。
- 全員が外に出るようになり，人数が多いことであそびを見きれていないのではないかと感じる。また，入室がおしてしまって大変だった。
- 手足口病に感染する子が多くいたが重症の子はいなかった。
- おむつはずしが思うように進まなかった。
- 食材で食べる・食べないを判断するようになった。見た目も，暑さのせいでもある。
- 連休明けリズムが崩れている子がいた。

資料６－５　　　年度　７月児童票　　８月　個人別月間指導計画

担任	園長印

児童名＿＿＿＿＿＿＿＿＿＿＿＿＿＿

生活（食事・排泄・睡眠・清潔・情緒）		その他の関わり配慮
７月の子どもの姿・育ち	８月の配慮事項	
食事……手首の返しがうまくいかず，すくう時になかなかすくえず，左手でスプーンにのせることがある。一口量がわからず，一度に沢山口へ入れ押し込む姿が見られる。 排泄……嫌がらずオマルまで行くが腰をおろすとすぐに立ち上がろうとする。 清潔……着替えの際，オムツやズボンを一人で履こうとする姿が見られる。ズボンがお尻にひっかかり，上げられないことが多くある。 睡眠……以前より眠る時間が長くなってきている。起きてからも機嫌よく過ごしている。	• 手を添えてすくい方をその都度伝えていく。遊びの中で手首を使った遊びができるよう遊びを用意する。→ • 一口量はその都度伝え，目で見て確認してもらうようにする。 • 寝起きや食後など成功しやすいタイミングにトイレへ誘い，排泄をする場所であることを伝えていく。 • 本人の“やりたい”という気持ちを大切にして，一人でできたと思えるようなさりげない介助を行い，自信につなげていく。また，介助する時は許可を得てから行う。 • 引き続き，安心して眠れるよう，近くで見守ったり，体に触れたり，ロールカーテンを閉めて暗くするなど環境を作っていく。	• 重さのあるペットボトルを持つ • 表・裏で色の違う玩具を裏返したり，戻したりする。 • 容器のフタをひねって開閉する。　など

教育的な活動・あそび（反射・粗大・探索・機能練習・操作・構造・世話）	
７月の子どもの姿・育ち・エピソード	８月の配慮事項
 〈構造的あそび〉〈表現〉 積み木と棒ビーズを組み合わせて遊ぶ姿が見られた。右側には積み木が積んであり，左側に棒ビーズをのせていて，何かを見立てているようにも見えた。 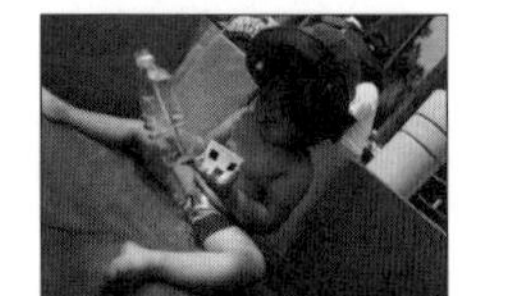 〈探索的あそび〉〈環境〉 水を嫌がることなくプールで水あそびをしていた。カップやペットボトルに水をすくって入れ，再び出したりと試したり，触ったりする姿があった。  〈操作的あそび〉〈環境〉 机上でパズルに向かう姿もある。まだ形を認識してはめることが難しいため，色々な所に合うか試している姿があった。はまると嬉しそうに笑顔を見せていたが，まだ少し難しいようだった。 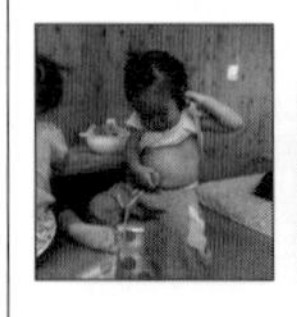  〈世話あそび〉〈人間関係・表現〉 • 積み木を使って聴心器に見立てて，自分のお腹に当てる姿があった。他児が隣に来ると患者に見立てているのかお腹をポンポン……とする姿も見られていた。	• まだ言葉が出ておらず，イメージを共有することが難しいため，保護者に聞くなどして体験したことを共有できるようにする。 • プールが好きで長時間水あそびを楽しむ姿があるため，熱中症にならないように，日陰で休息をしたり，こまめに水分補給をしたりして配慮する。 • 集中して行えるスペースを用意して，じっくり試したり，じっくり考えられるようにしていく。 • 答えを伝えるのではなく，一緒に考えていく。 • 十分にイメージしたことを再現できるよう玩具を用意していく。 • 他児と関わる際，イメージの共有がまだ難しいため，トラブルに気をつけて見ていく。

〈評価と反省〉
スプーンを持った時の手首の返しがまだ不十分であるため遊びの中でできるとよかった。

2　短期の指導計画

3歳未満児は，集団の保育の場であっても一人一人の発達や生活リズムに即した保育の展開が必要になる。家庭と連携し１日の生活全体の連続性を踏まえて，生理的欲求を満たせるようにする。快適な生活を保障するには，毎日が大きく変化するような生活ではなく，同じような時間と場所で特定の大人に見守られながら，ゆったりと過ごすことが大切である。したがって，短期間で生活や遊びが大きく変化することは避けたい。そのため週の指導計画（週案，資料6－6）作成目的はクラス運営上の活動内容（身体測定や避難訓練，誕生の祝い等）や遊びの種類，家庭への連携（連絡や配布物等）を職員間で把握するためである。

資料6－6　　年度　週案　1歳児りんごぐみ　　7月30日（月）～8月3日（金）

園長		

<table>
<tr><td>子どもの姿</td><td>•意思表示が強くなり，それにともない手や口が出ることもある。
•汗を沢山かいていて排尿が少ない。水分補給を嫌がる。</td><td>全体行事</td><td></td><td>絵本・おはなし</td><td>おでかけしようか
おふろでちゃぷちゃぷ
もしもしおでんわ</td><td>うた</td><td>トマト
花火
水あそび</td></tr>
</table>

<table>
<tr><td colspan="2">月日</td><td>30日（月）
天気（　　）</td><td>31日（火）
天気（　　）</td><td>1日（水）
天気（　　）</td><td>2日（木）
天気（　　）</td><td>3日（金）
天気（　　）</td></tr>
<tr><td colspan="2">予定している活動</td><td></td><td></td><td></td><td></td><td>身体測定・
誕生祝い</td></tr>
<tr><td rowspan="2">自発的な遊び</td><td>環境の構成
保育者の援助</td><td colspan="5">•一人一人のあそびの空間を保障し，トラブルを防いでいく。
•入れたり出したりする練習遊びから見立てや再現遊びに変わってきているのでイメージを受け止め，言葉のやりとりを楽しんでいけるようにする。
•気持ちを受け止めつつやってほしくないことはその都度伝える。
•こまめに水分補給を行なう。シャワーで汗を流したり着替えをして快適にすごせるようにする。
•暑い日には無理にプールに誘わず，室内で落ち着いて過ごせるようにする。</td></tr>
<tr><td>予想される遊び</td><td colspan="3">【戸外】
プール（水あそび）
砂あそび</td><td colspan="2">【室内】
積み木　絵本　構造あそび
パズル　わらべうた　世話あそび
プラステン　チェーン　見立てあそび
タワーリング　ぽっとん落とし
再現あそび　など</td></tr>
<tr><td colspan="2">保護者連絡事項</td><td>配布物

連絡</td><td>配布物

連絡</td><td>配布物
園だより
連絡</td><td>配布物

連絡</td><td>配布物
保健カード
連絡</td></tr>
</table>

Ⅲ　1歳以上3歳未満児の記録の実際

保育の中で日々の保育の過程を記録することは，子どもの育ちとそれに関わる保育者の援助や環境構成を振り返り，今後の保育計画を立てる上で非常に重要である。保育における記録とは①自らの保育を振りかえり評価すること，②評価から次の保育のねらいと具体的な指導を導き出すのである。記録の様式は，園によって様々であるが，各園に通う子どもや家庭の実態，保育の課題に応じて作成することが望ましい。ハルムこどもえんの３歳未満児クラスとして作成している保育記録を紹介する。

●児童票……入所してから在籍期間中の児童の成長の経過を記録する。家庭の状況や配慮事項，生育歴，在園中の保健についても記載する。（資料６－５）

●日誌……１日の保育の振り返りを行うために作成する。クラス運営上の皆に共通する事項と個人の生活面や遊びにおける育ちや配慮事項を記載する。その日にクラスに入った全員の保育者がそれぞれ気が付いたことを記入することで，多角的な視点でクラス全体，または個人の成長や課題等を捉えることができる。また，複数のクラス担任同士の連携にもつながる。
勤務時間が違う保育者が翌日勤務に入る前に前日の日誌に目を通すことで情報共有を図るようにしている。（資料６－７）

●連絡帳……毎日，園での様子，家庭の様子を記録し合い，保護者と保育者が子どもについて情報を共有する。施設への子どもの送迎を祖父母やそれ以外の人に頼んでいる保護者にとっては，連絡帳が保育所での子どもの様子や保育者とのコミュニケーションのツールとして役立っている。

（矢尾千比呂）

◆　参考文献・引用文献

1）厚生労働省『保育所保育指針』　2018
2）厚生労働省『保育所保育指針解説書』　2018
3）榊原洋一・今井和子『今求められる質の高い　乳児保育の実践と子育て支援』ミネルヴァ書房　2015
4）コダーイ芸術研究所『乳児保育の実際～子どもの人格と向き合って～』明治図書出版　2016

資料6－7　　　年度　1歳児りんご組保育日誌

7月12日（木）	天気	欠席数
	☁	1

職員体制		記録者	園長印
○○○○　○○○○	○○○○　○○○○	○○○○	

主な活動・子どもの姿

夏まつり／室内あそび
・盆踊り　・世話あそび　・わらべうた
・みこしをみる　・触れる
・指差しカード　・季節のうた

保育者の連携

テラスに出てそれぞれが祭りを楽しめるように声を掛けたり，かき氷を食べるようにした。

評価振り返り

保育者が踊って見せることで子どもたちの手本になり甚平を着て来た子が多く祭りの雰囲気を味わうことができた。

明日に向けて

夏祭りの余韻を楽しむことができるように盆踊りを踊ったりして楽しむ。

家庭の連絡事項

7月13日（金）	天気	欠席数
	☀	4

主な活動・子どもの姿

室内あそび／戸外あそび・避難訓練
・ぽっとん落とし　・わらべうた
・世話あそび　・積み木
・絵本　・指差し
・プール　・水あそび

保育者の連携

保育者が必ずプールから離れずにいることができた。プールでは泣いてしまう子ども達の水あそびスペースをつくり遊ぶことができた。

評価振り返り

プール中の避難訓練だったが，スムーズに行えた。水分補給をしっかりしてプールを楽しむことができた。

明日に向けて

暑い日が続くので水分補給をしっかり取る。日なたばかりにならないように日陰に誘ったりしていく。

家庭の連絡事項

シーツ，帽子，靴など持ち帰り

児童名	子どもの様子
○○○○	なつまつり会が楽しかった様子で盆踊りの曲が流れると夢中で外をながめる姿が見られたり，リズムにのる姿が見られた。
○○○○	みこしをかつぐ姿をみて「すごい！」と言ったり「わっしょい」と掛け声を一緒に言ったりしていて盆踊りも保育者や周りの子と一緒に楽しんだ。
○○○○	かまぼこ板を電話に見立てて「もしもし」と話す姿や色水を人形に飲ませたりして世話あそびを楽しんでいて他児との並行あそびがみられる。
○○○○	夏まつり会に参加し，踊りに合わせて体をうごかす姿が見られた。 13日(欠)
○○○○	園で刺されたのか右手の人差し指が虫さされのように腫れてしまった。虫よけスプレーを使用していく。 13日(欠)
○○○○	相手が気になるのか，つかまってみたり，抱きついたりする姿がみられ相手に払われると激しく泣いたり怒ったりしている。
○○○○	室内で落ち着いて過ごしているが外に出て水あそびをしたそうにしている。13日38.9℃の為早退。
○○○○	あまり食欲がなく食事を残す姿が見られていた。水分はよく取りもっともっととお茶をほしがる姿も見られる。
○○○○	盆踊りの練習から楽しむ姿がみられていたが，当日も体を揺らし保育者の踊りをよく見て真似て踊る姿があった。
○○○○	熱のため休み　12・13日
○○○○	盆踊りの曲が流れると笑顔を見せ体を揺らしたり覚えている部分を踊ってみたりしていた。繰り返し曲が流れる度によく聞いている様子だった。
○○○○	ペットボトルのシャワーがお気に入りの様子で体にかかるのが楽しいのか手を挙げてニコニコする姿が見られた。
○○○○	食事からオムツ替えのところまではスムーズだがオムツ替えから午睡に入る前に泣く姿が見られている。布団につけばすぐに泣き止み眠る体勢に入る。
○○○○	プールに入ると自ら玩具を手に取ってあそぶ姿が見られた。ペットボトルのきりふきがお気に入りの様子で楽しそうに遊ぶ姿が見られた。

第7章　3歳児のカリキュラムの実際

I　指導計画（3歳児）

1　ポイント

①保育者との信頼関係を築いていく。

②一人一人が自分を出し，みんなで生活することが楽しいと感じるようにしていく。

③個の指導に偏るのではなく，常に集団を視野に入れた保育を心掛ける。

④保育の経験年数を配慮しながら，幼児期の終わりまでに育ってほしい姿を見通して指導計画を立てていく。

2　3歳児の保育

幼稚園の子どもたちは，初めて母親から離れ仲間とともに生活が始まるので，生活の見通しのつかなさからくる不安を抱えている。保育園や認定こども園の子どもたちは，乳児クラスを経験しているが，子ども集団の人数規模や保育者の配置基準により，乳児クラスでは個別に対応できたことも，3歳児になると，保育者が減りクラスの人数も多くなり不安を感じている子どもも多い。また，月齢の差が，4歳児や5歳児よりも大きい。以上のことから早く集団生活に慣れさせようとするのではなく，一人一人の子どもの不安に寄り添い，その子にとって園生活が安心できる場となるようにしていくことが求められる。また乳児期から幼児期になる3歳児は，自我が芽生え，自分とは違う相手の存在に気づいたり，なんでも自分でできると思ってどんどんやってみるが，うまくいかないことにも出会い，様々な感情を体験していく。そんな時に子どもが心に抱く不安や葛藤を読み取り，一緒に乗り越えていけるように支える保育者の役割は大切である。3歳児は型にはめて教え込むと，4歳児がすることでもできてしまい，3歳児なりの発達を見落としてしまうことがあるので，形にすることを急ぐのではなく，4・5歳の育ちの見通しの中で3歳児が身に付けていくものをしっかりと押さえていくことが大切である。そのためには，どのような幼児を育てたいのかという幼児像や保育のイメージをもち，同時に指導計画による方向性をもちながら実際の子どもの姿に照らし合わせ修正していくことが必要になってくる。

さらに，3歳児の保育では，特に保育者と子どもとの信頼関係が子どもの育ちに影響を及ぼしてくる。それは保育者が自分を理解してくれる母親以外の大人だからである。しかし，最近気になる点としては，家庭生活で母親とのかかわりの中で育っていなければならない愛着関係や応答関係を経験していない子どもが多くなり，一人一人の育ちに大きな開きが出てきていることが挙げられる。このようなことから3歳児保育が難しくなってきていると言える。

⑴3歳児を知る

3歳児の特徴的な子どもの姿を挙げていく。

①自分の思いを素直に表現し，保育者との関係の中で安定していく

〈事例1〉不安を表す

登園すると製作コーナーで折り紙を折っていたA子は突然泣き出した。保育者はトラブルがあった様子も見られなかったので，急に不安を感じたのかと思い，A子を膝に乗せ，「お母さんに会いたいね。もうすぐお迎えにいらっしゃるからね」と話していると，側にいたC子もD子もしくし

くと泣き出した。保育者は３人を膝に乗せ，「お舟がゆーらゆら」と揺らしていると自然に笑いが起こり，３人は保育者の膝から離れて遊び始めた。

→３歳児の情緒は常に揺れ動いていて，ちょっとしたことでも急に不安になることがよくある。しかし，保育者に自分の気持ちを受け止めてもらえると，安心感をもって自分の気持ちを切り替えることができる。このようにまずは保育者との１対１の関係の中で気持ちが安定していく。しかし，子どもが自分の気持ちを受け取ってもらえないと感じてしまったときは，なかなか関係をつくることが難しくなることもある。つまり，３歳児は理屈で納得していくのではなく，保育者に気持ちを受け止めてもらったら，何だか楽しい気持ちになったというような経験をたくさんしていくことが大切である。これが後に自分で気持ちを変えていく力になっていくと考える。

また，この事例の中で，「お舟がゆーらゆら」と保育者と子どもが一緒に身体を動かしているが，そのことも安心感につながっていくようである。

②自分の思いだけで動く

〈事例２〉一緒に遊びたいの！

Ｅ子は登園すると自分の棚のところに立ってじっとしているＦ子に近寄り，急にＦ子の手を引っ張っている。保育者はＦ子の「やめて，やめて」という声を聞き，「Ｅ子ちゃん，無理に引っ張らないでね」とＥ子の手をとめると，Ｅ子は，「一緒に遊びたいの！　だってＦ子ちゃんのこと好きなんだもの」と大声で泣き出す。保育者はＥ子の初めて友達を好きになった思いに気付き，Ｆ子はＥ子を怖がっていたが，Ｅ子の気持ちも大事にしたいと思い，Ｆ子を誘いＥ子と一緒に砂場でケーキ作りを始めた。Ｅ子はＦ子が横にいるだけで安心し，Ｆ子と保育者にケーキを作ってくれた。しばらくすると，Ｆ子もＥ子と一緒になってケーキを作り始めた。

→３歳児は自分の欲求のままに動いていき，やりたいことや欲しいものは必ず手に入れないと気がすまない面がある。この場合もＥ子のＦ子と遊びたい気持ちを実現してあげたいと思い，Ｆ子を誘って一緒に遊んだ。特に３歳児の初めは，この思いが強い子には我慢させることよりも実現できることなら，なるべく実現させることを優先していく。その時に保育者が手を貸すことで実現できたというように，人の力を借りて実現できる喜びをしっかりと感じていくことは大切である。

なぜならこのやりたい気持ちを潰さないことが主体性を育んでいくからである。そのためにも，シャベルや積み木などの道具も十分に用意しておくことも必要になってくる。しかし，用意できない場合も出てくるが，そういうときは一緒に探したり，保育者が探している姿を子どもに見せたりしていくと，子どもは，先生は自分のためになんとかしてくれるんだと感じ，気持ちが満たされていく。そのような経験をすることによって，次第に待つことの楽しさも感じられるようになり，自分のしたいことに集中して遊ぶようにもなっていく。

③身体で一緒を感じる

〈事例３〉一緒って楽しいね！

園庭でＨ夫は木の車を持って「ブーン，ブーン」と地面を走らせている。それを見ていたＦ夫は砂場のところから同じ車をもってきてＨ夫の近くで動かし始めた。Ｈ夫の「ブーン」の声とＦ男の「ブーン」が合った瞬間に２人は目を合わせ笑いながら「ブーン」と言いながら車をぶつけ合っていたが，しばらくすると同じ方向へ車を走らせていた。そして，次の日も一緒に車を走らせていた。

→自分だけの世界から，次第に自分のしている行為を友達が一緒にしてくれたり，場を一緒にしたりすることで遊びが始まる。この楽しさを共有し人とつながる体験が遊びの充実になり，後に自分の要求と友達の要求がぶつかったときに我慢する力にもなっていく。そのような場面は，保育者が意図的につくることもあるが，自由な遊びの中でもよく見られる。保育者はこのような友達とのつながりの芽を見逃さないようにし，「一緒で楽しいね！」と子どもたちが意識できるような言葉掛けをしていくことも大切である。

④自分のことは自分でしようとする

〈事例４〉自分でできる！

Ｂ子はコートを脱ごうとボタンを外している。なかなか外れないので，保育者が難しいかなと思い外してしまうと，「自分でできるのに」と泣き出した。保育者は「ごめんね。Ｂ子ちゃんは自分でできるのね」と慌ててまたボタンを掛け直すと，一人で長い時間を掛けて一生懸命に外した。そして，嬉しそうに「ほらできたでしょ」と満足したようににっこりと笑った。

→３歳児の初めの時期は，タオルを掛けること，靴を履くこと，ボタンをつけたり外したりすることなど，自分の身のまわりのことができるようになることに喜びを感じる時期である。だからこそ，この事例のようにしようとしている気持ちに気付かないでやってしまうと，取りつく島がないほど怒る。しかし，修正は可能である。このできたという喜びが自信になり，安定感をもって意欲的に人や物へ主体的に取り組む力につながっていくのである。

ただ，この取り組む姿はいろいろな形で出てくるので，多様な対応が求められる。例えば，やろうとしているのにできないで途中で投げ出してしまう子どもには，手を添えながらできたことを認め自信がもてるようにしていく。全然しようとしない子どもには，励ましながらやり方を丁寧に教え，できたことを言葉で返していく。また，できるのにやらない子どもにはあえて一緒にしながら保育者とのかかわりを深めていく。このように，生活習慣では，一人一人の内面の様々な思いを受け止めて援助をしていく。子どもはこのように自分の取り組みの姿勢を認めてもらったりできたことを一緒に喜んでもらえることで，保育者との信頼関係を深めていく。３歳児では特に生活の取り組みの場面での保育者とのかかわりが大切である。

⑵３歳児で育って欲しい姿をイメージする（３・４・５歳の見通しの中で）

どの園にも卒園までにこんな子どもに育てたいという子ども像はある。保育者はその望ましい子ども像をイメージしながら，一人一人の子どもが充実した園生活を展開し，それぞれの発達の道筋を踏み固めて発達に必要な経験を自ら身に付けていくことを援助するように心掛けていく。次に示すのは，園の目指す子ども像である。

①目指す子ども像

Ａ園では目指す子ども像として，

○健康で，明るく，元気な子ども

○いきいきとした気持ちで物事に接し，工夫したり創り出す喜びを感じられる子ども

○お互いのよさを認め合い，仲よく協力できる子ども

○自主的な生活態度を身に付け，自分のことは自分でし，最後までやりぬく子ども

を挙げている。

これは，創立者が目指した子ども像である。また，創立理念に基づき，幼児期から一貫し「主体性」「創造性」の発揮を重んじ，一人一人が多様な能力を伸ばすことを目指している。こうした子ども像を実現するためには，人間関係の中でしっかりとした自己への信頼感や，生活や遊びを能動的に進めていく意欲や態度が培われる必要があると考えている。

②３歳児で育てたい姿

ａ．安心して自己を発揮し充実感を味わう

一人一人の子どもが園生活を自分の生活として感じ，安心して自己を発揮できるようになっていくことを願っている。遊びを中心とした保育の中で，一人一人の子どもが自分らしさを失わずに自分を出すこと，さらに，他者に気付き他者性を獲

得しながら自我をコントロールできる姿を大切にしていく。つまり，一人一人の子どもが保育者や友達と信頼関係を築きながら，どのように自分を出していくのかを丁寧に見ていくことを大事にしていく。

b．からだをいっぱい動かし皆と一緒が楽しいと感じる

保育者と一緒に手遊びをしたり，絵本を読んでもらって皆で笑ったりドキドキして声を掛け合ったりしながら，気持ちが合う心地よさを感じる経験をたくさんしていく。また追いかけっこなどでからだを動かす楽しさを感じながら，自然と友だちと触れ合うことも大切である。この皆と一緒が楽しいという経験が，自己を発揮する力になるし，お互いの主張がぶつかり合った時に自分の気持ちをコントロールする力にもなっていく。

c．自分の身のまわりのことは自分でする

靴を履けるようになることや自分で洋服が着られるようになることなどの基本的な生活習慣が一つずつできるようになることに丁寧に付き合い，子どもが自分はできるんだという有能感を感じていけるようにしていく。このことは，主体的に動く力や生活の安定や見通しをもつ力になっていく。

3　3歳児の指導計画

1 年間の育ちを見通す

園には，入園から修了までの子どもたちが辿る発達の道筋を示した年間指導計画がある。それは，ゼロから立てるのではなく，毎年立てている年間指導計画を参考にし，実際の子どもの姿を見ながら修正していく。A園では学期毎に子どもの姿について話し合いを行い，２学期・３学期の計画の見直しをしている。さらに，この長期の計画を週案や日案などの短期の指導計画に下ろしている。このように相互に関連性をもっていることが大切である。

○年間指導計画

年間指導計画は発達の節目を考え，４期・５期と分けているところもあるが，次に示すのは３期に分けているものである。３歳児の場合は発達に幅があるので，大きな期の分け方のほうがやりやすいからである。次に例を示す（資料７－１）。

●年間のねらい：喜んで登園し，人とのかかわりの中で，好きな遊びにじっくりと取り組む。

●学期ごとのねらい：

１学期……・喜んで登園し，園生活に慣れる。
・好きな遊びを見つけ，楽しむ。

２学期……・保育者や友達と一緒に生活することを喜ぶ。
・自分の好きな遊びを，保育者や友達と楽しむ。

３学期……・友達や保育者とかかわりながら，好きな遊びにじっくりと取り組む。
・進級することを楽しみにし，充実して過ごす。

まずは，年間のねらいと１学期のねらいと内容を決めていく。そして，１学期の子どもの実態から２学期・３学期のねらいが出てくる。

特に３歳児の場合，１学期の保育は非常に大切である。１学期のねらいには「喜んで登園し，園生活に慣れる」「好きな遊びを見つけ，楽しむ」とあるが，そのためには一人一人の不安を取り除き安心して自分を出せるようにしていかなければならない。援助のポイントには挙げられていないが，細かい配慮が必要になってくる。以下に，いくつかの例を示す。

●保育者がどこにいるのか，子どもが分かりやすいように動く。

●活動と活動の切り替えの場面では，次の見通しがもてるように声を掛けていく。

●いつでも自由に使えるように，製作棚に折り紙やクレヨンなどが分かりやすく置かれている。

●一人一人の不安に寄り添い，一緒に遊ぶ楽しさを伝えていく。

資料7－1　3歳児　年間指導計画

喜んで登園し，人とのかかわりの中で，好きな遊びにじっくりと取り組む。

	1学期
ねらい	• 喜んで登園し，園生活に慣れる。 • 好きな遊びを見つけ，楽しむ。
子どもの姿	• 入園当初，母親と離れられず泣く子どももいたが，徐々に好きなものや友達に目が向くようになっていった。 • 保育者と一緒にいることで安定していき，連休明けから友達とかかわり遊び始めた。 • ごっこ遊びでは，それぞれのイメージをもちながら，場を共有し，雰囲気を楽しんでいる（お家ごっこ，忍者ごっこ，電車ごっこなど）。 • 晴れた日には園庭で砂遊びや遊具を使ってのお家ごっこを楽しんでいる。 • 裸足になって砂場で思い切り遊び，水や泥の感触を楽しんだ。水遊びやフィンガーペインティングでは開放感を味わっている。 • 友達とのかかわりが出てきて，物の取り合い，順番，ちょっかいなどのトラブルも出てきている。自分の思いが通らないと，手が出たり，泣き喚いたりする子どももいる。 →保育者が介することで，気持ちが落ち着いていっている。また，女児は席の取り合いや手をつなぐ子のことでのトラブルも出てきている。 • クラスでの活動も少しずつ楽しめるようになってきている（かくれんぼ，おおかみごっこ）。 • 先生の話に耳を傾け，楽しんで聞いている。 • ビオトープのめだかやおたまじゃくしに関心をもった。 • 生活習慣はほとんど身についてきていたが，6月中旬頃から甘えのためか，やらない子も出てきている。
内容	• 園生活の様子を知る。 • 自分の好きな遊びを見つける。 • 保育者や友達と親しみ，触れ合いながら遊ぶ。
援助のポイント	• 緊張や不安をもっている子どもの気持ちを受け止め，スキンシップを図るなど一人一人に応じた援助を考え，信頼関係を築いていけるようにする。それとともに母親の不安も受け止め，支えていく。 • 安全面には十分気を付けながら，保育者間の連携を密にし，子どもたちがやり始めた遊びができるように援助していく。 • 保育者がじっくりと遊びにかかわりながら，一人一人の子どもの思いやイメージを受け止め，実現化したり仲立ちしたりしていく。 • 晴れた日は園庭での遊び（砂・水・かくれんぼなど）に関心をもつように保育者が率先して遊び，楽しむ。 • トラブルでは，保育者がその都度丁寧にかかわり，お互いの気持ちをよく聞き，受け止めていく。 • 生活習慣については，繰り返し丁寧に伝えていく。保育者も手伝いながら自分でしようとする気持ちを育てていく。
歌・遊戯・製作	＜歌＞　チューリップ・ちょうちょ・たんじょうび・木植えの歌・おべんとうのうた・えんそくのうた・てをたたきましょう・かわいいかくれんぼ・あまだれぽったん・かたつむり・幼稚園って大好きさ・たなばたさま ＜手遊び・遊戯＞　こどもの日・おたまじゃくし・かえるのうた・Head, Shoulders, Knees and Toes・大きな栗の木の下で・まるいたまご・はじまるよ ＜製作＞　こいのぼり（指絵の具）・初めてのクレヨン（ぐるぐる）・ちぎる／初めてののり（かさ・ケーキ）・初めてのはさみ（バス）・かえる／かたつむり作り・母の日／父の日の顔の絵・七夕飾り ＜その他＞　飼育（おたまじゃくし）・園内探検・かくれんぼ・おおかみごっこ・表現遊び・水遊び・フィンガーペインティング・遠足・コンサート『バイオリン・ビオラ・チェロ・コントラバス』・マジックショー・人形劇『ねずみくんのチョッキ』『うさぎの学校』
家庭・地域との連携	• 保護者に安心してもらえるよう，園の様子を話したり，家庭の様子を聞いたりする機会をもつ。 • 緊急時の避難マニュアルを説明し，連絡先や緊急時の引き取り方法など確認する。

	2学期
ねらい	• 保育者や友達と一緒に生活することを喜ぶ。 • 自分の好きな遊びを，保育者や友達と楽しむ。
子どもの姿	• 自分の好きな遊びを見つけて遊んだり，友達や保育者とのかかわりを楽しんだりしている。運動会以降は，友達と同じ物を持ったり身につけたりして，遊びに参加するようになり，イメージの世界を楽しみ始めている。 • 運動会では，ディズニー体操やぷるるーんあひるの踊りを楽しみ，学年でのまとまりが出てきた。 • 空き箱を使って製作することに夢中になったり，友達が作るものに刺激を受けて，同じものを作ったりしている（おばけ，刀，猫，パンダ，犬，ロケットなど）。 • 雲梯などの固定遊具に積極的に取り組んでいる。 • どんぐりや落ち葉などの自然物に興味をもち，遊びに取り入れている。 • 皆で簡単なルールのある遊びを楽しめるようになってきている（11月中旬頃～）。 • ごっこ遊びでは，お気に入りの拠点ができ，徐々に子ども同士で場をつくったり遊びを進めたりしている。 • 子ども同士のかかわりが多くなり，一人一人の主張が出てきてぶつかることも多い。譲り合う子や押し通そうとして泣く子や手が出る子など，色々な姿が見られる。 • 特に男児は気の合う友達ができ，悪ふざけが見られる。
内容	• 皆と一緒に生活する楽しさを味わう。 • 自分の好きな遊びを通して，保育者や友達とのかかわりを深める。 • 戸外で身体を動かして遊ぶ。 • 自分の思いや考えを出しながら，友達と一緒に遊ぶ。

援助のポイント	• 保育者も遊びに加わり，子ども同士のイメージをつなげたり膨らませたりしていく。また，その中で子ども同士の動きも大切にしていく。 • 場をつくってごっこ遊びがはやっているので，遊びが壊されないようにしていく。また，仲間に入ることができない子には思いの出し方を伝えていく。 • トラブルの際には，保育者がその子の気持ちを受け止め，安心させていく。 • 簡単なルールのある遊びや，身体を動かす活動を取り入れ，皆で遊ぶことを楽しめるようにする。 • 一人一人でできることを励まし，できたことを一緒に喜んでいく。
歌・遊戯・製作	＜歌＞　とんぼのめがね・えんそくのうた・どんぐりころころ・やきいもグーチーパー・もみじ・まつぼっくり・幼稚園って大好きさ・ままごとごっこ・クリスマスの鐘・きよしこの夜 ＜遊戯＞　ディズニー体操・ぷるるーんあひる・あそびましょう・Hello・あくしゅでこんにちは・サンタのおじいさん ＜製作＞　あひる作り・楽器作り・落ち葉製作・クリスマス製作（サンタクロース） ＜その他＞　運動会・遠足・引越しゲーム・ボール回し・がらがらどんごっこ・フルーツバスケット・おおかみさん今何時・しっぽとり・お相撲・あぶくたった
家庭・地域との連携	• 子どもが夢中になっていることや頑張っていることを伝え，家庭でもできるように連携を深めていく。 • 行事に参加しながら，自分の子どもだけでなく，他の学年の様子を見ながら，3歳児の成長を理解してもらう。
	3学期
ねらい	• 友達や保育者とかかわりながら，好きな遊びにじっくりと取り組む。 • 進級することを楽しみにし，充実して過ごす。
子どもの姿	• 友達の遊びに興味をもち，いろいろな友達とのかかわりが増えてきている。 • チアダンスなど，曲に合わせて身体を動かす楽しさを味わっている。 • 年中組のドーナツ屋さんの刺激を受け，自分たちでもお店屋さんごっこを始め，作ることを楽しんだ。 • 衣装をつけて，プリキュアなどの役になりきって楽しんでいる一方，入りたいけど入れない子もいる。 • 廊下では宇宙戦艦ヤマトや積み木の場ではおうちごっこがはやり，拠点をつくって遊んでいる。 • 暖かい日が多かったので，園庭での遊びが充実した（砂場遊び・砂を使ってのお店屋さんごっこなど）。 • 子ども同士の言葉のやり取りが多く見られるようになってきている。やり取りがうまくいかないときには保育者の援助を必要とするが，少しずつ自分の思いを相手に伝えられるようになってきている。 • 節分をきっかけに鬼の存在を身近に感じ，我慢する気持ちにもつながっている。 • ひなまつり会を通して身体で表現したり，皆で歌を歌うことを楽しみ，見てもらう喜びも味わったりした。また，他の学年の合奏や劇にも大変興味をもって観ていた。 • 身の回りのことを自分でするようになってきている。中には手伝ってもらいたいため，取り掛かりの遅い子どももいる。 • 集まりを楽しみにしている子もいるが，あえて集まらない子もでてきている。 • 好きな遊びを通してクラス間の交流がより深まり，2クラス合同の活動も楽しめるようになってきている。皆で年中組になるという意識が出てきて，進級への期待をもっている。 • ひなまつり会などの活動に意欲を持って参加していた。
内容	• いろいろな友達とかかわって遊ぶ。 • 好きな遊びを繰り返し楽しむ。 • 友達と表現する楽しさを味わう。
援助のポイント	• ごっこ遊びに入りたくても入れない子には，機会をとらえて援助していく。 • 遊びのイメージを具体的な形にすることや見えやすくすることで，周りに広がっていくようにする。 • 製作では本人のイメージが実現できるように支えていく，また作ったもので遊びが広がる楽しさを伝えていく。 • けんかなどの場面では，保育者が言葉を補いながら，思いを伝え合えるようにしていく。また，自己主張の強い子どもが我慢できたときには，認めていく。 • ひなまつり会に向けて，劇遊びや表現遊びを取り入れ，表現する楽しさを味わえるようにしていく。 • 身の回りのこと（うがい，手洗い，コートの着脱，お弁当など）が自分でできるようになったことを喜び，やる気を育てていく。また，取り掛かりの遅い子どもには促し，自分からしようとする態度を認め，励ましていく。 • 片付けの場面では，やらない子が意識をもって取り掛かれるようにしていく。 • 一緒に簡単なゲームをしたりお弁当を食べたりし，2クラス合同の活動を楽しめるようにする。また，一人一人の成長を認めながら，年中組になる喜びを味わえるようにしていく。
歌・遊戯・製作	＜歌＞　やぎさんゆうびん・コンコンクシャンのうた・うれしいひなまつり・小さな世界・うさぎさんがきてね・さくらさん ＜遊戯＞　まめまき・おにのパンツ・Hello・なべなべそこぬけ ＜ひなまつり会＞　うさぎのダンス・とんとんうさぎ・おすもうくまちゃん・くまの子・おたまじゃくし・かえるのうた・あひるのぎょうれつ・ぷるるーんあひる・ひなまつり ＜製作＞　凧（ビニール・折り紙）・鬼作り（絵の具）・豆入れ・おひなさま製作（ぽんぽん筆・顔を描く・着物の模様）・絵の具 ＜その他＞　劇遊び（ももたろう）・仲間探しゲーム・じゃんけん列車・ねことねずみ・フルーツバスケット・ペープサート（コンコンクシャン・三びきのやぎのがらがらどん）節分・人形劇『三びきのやぎのがらがらどん』・コンサート『二胡』・お別れ会
家庭・地域との連携	• 自己主張が強く出てきて，うまくいかないことも多く出てくるので家庭と連携を取り合い温かく受けとめていくようにしていく。 • 個人面談で一年間の育ちを振り返り成長を喜び合い安心して進級できるようにしていく。

資料７－２　週案

週指導案　No.
11 月 20 日～ 11 月 24 日

日本女子大学附属豊明幼稚園
組　担任

先週	主な内容	今週	主な内容
11／13(月)	イメージをふくらませながら遊びを楽しむ。 ねこごっこ, おうちごっこ, ショーごっこ, 戦いごっこ	11／20(月)	自分たちの遊びを十分楽しむ。
11／14(火)	ペットづくり　　式典の歌	11／21(火)	(創立百周年の式典に向けて３歳児なりに意識させていく。) 戸外で遊ぶ
11／15(水)	ペットの家 ごっこ遊びへ おうちごっこへ	11／22(水)	かくれんぼ 引越しゲーム
11／16(木)		11／23(木)	勤労感謝の日
11／17(金)	式典の練習	11／24(金)	
週のねらい	○同じ場で遊びながら友達とのかかわりを深める。	週のねらい	○じっくりと遊びに集中する。

前週の子どもの姿	予想される子どもの姿&援助のポイント
○遊びの続きを楽しみにしている。 ままごとコーナー，間の部屋，廊下，本棚の横などでごっこ遊びが盛んに行われている。自ら積み木を運んだり，椅子を並べたりし，自分たちの場所という意識が出てきている。 D子，Q男，K子 ― 集中しない ままごとコーナー：M子　E子　N子　K男　ねこごっこ 間の部屋：A子　C子　B子　おうちごっこ 製作コーナー：H子　T子　K男　O男　ペットづくり S子　J子 壊す 廊下の机の上：K男　R子　I子　Y子　S子　ショーごっこ 戦いごっこ：R男　W男　P男 走り回る 園庭：砂場　T男　L男　K男　ブランコ	○３～４人の友達と遊ぶ楽しさを感じ，続きを楽しみにしている。登園すると場づくりから始まる。 ・仲間に入れてもらうが，すぐに他の遊びへと移ってしまうなど，点々としているD子，Q男，K子に遊びの充実を味わって欲しい。援助が必要。 →自分の思うようにならないと遊びからぬけてしまうので，励ましていく。 ・それぞれの遊びが壊されないようにしていく（特にままごとコーナー)。 ・自分たちの場に折り紙，粘土，ままごと道具などを持ち込んでごちそうを作ったりしているが，物の扱い方が雑になってきているので一緒に考えていく。 ・S子は友達とのつながりが出てきて生き生きしてきている。ショーごっこの中で自分のアイデアを出している。言葉でのやり取りができ，楽しんでいる。 ○戸外で身体を動かして遊ぶ。 ・鉄棒・のぼり棒・雲梯ができるようになり，保育者や友達に見てもらうことで喜びを味わい，努力している。 ・室内遊びの多い製作コーナーのH子達を戸外へ誘う。一緒にかかわり，外遊びの楽しさを伝えていく。
○戦いごっこの子どもたちは，走り回り，ままごと遊びを壊すことが多くなってきている。友達とつながる喜びを感じているようだが，じっくり遊び込める援助が必要。	→ 戦いごっこの子どもたちはわざとままごと遊びを壊しているのではなく，ソフト積み木に魅力を感じているらしい。積み木の場を移動し，戦いごっこの基地として使えるようにしていく。
○簡単なゲームを楽しむ。 ・しっぽとりゲームは思いっきり走り回りゲームを楽しんでいる。T男はしっぽを取られるとすねてゲームから外れる。少しするとまた参加しているので，様子を見て励ましている。	→ しっぽとりゲームを楽しむ。 ・勝ち負けがわかってきているので，何度もゲームが続く。T男の様子を見ていく。
○百周年の式典に向けて，歌を歌う。	→ 皆の声がそろう心地よさが味わえるよう声かけをしていく。S子，P子の意欲を認めていく。

資料7－3　日案

日案（11月20日）	
○ねらいと内容：自分たちの遊びにじっくり取り組む。	
○環境の構成：ソフト積み木の場所を変え，遊びがじっくりとできるようにしていく。	
遊びの拠点，安定する場を保育室につくるために，ままごとコーナー，製作コーナーがお互いに見合えるようにした。また，遊びが安定するように壁側には物を置かず奥行きを出していった。ソフト積み木はままごとごっこの壁として使われている。 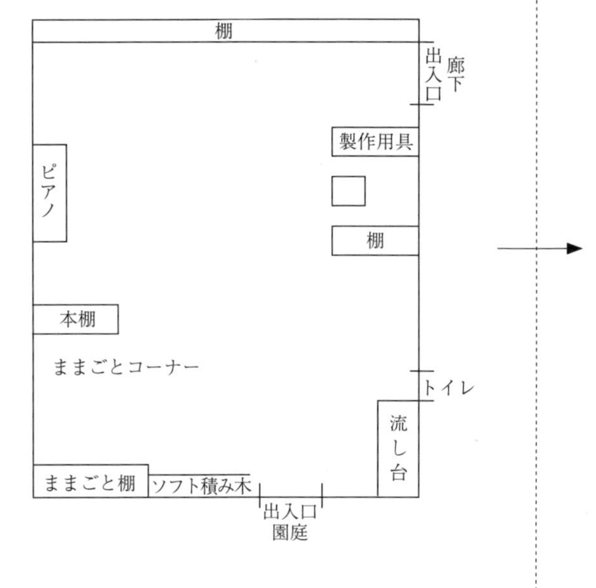 	ソフト積み木を戦いごっこでも使うようになり，ままごとごっこは戦いごっこの子どもたちに壊されるようになったため，ソフト積み木の位置を変えた。 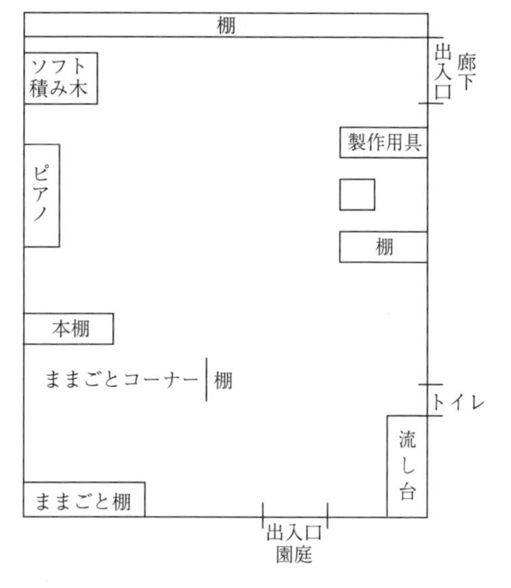
予想される生活 9:00 ～　登園する 好きな遊びをする ・ペットづくり ・ねこごっこ ・戦いごっこ ・ショーごっこ ・ブランコ，雲悌など ・砂場でケーキ作り ・サッカー 10:45　片付け，集まり ・簡単なゲームを楽しむ（しっぽとりゲーム） ・式典の歌 11:40　お弁当 好きな遊びをする 13:20　降園	○援助のポイント ・戦いごっこのメンバー（Y男・S男・J男・T男）が基地をつくり，落ち着いて遊べるようにかかわっていく。→ソフト積み木で基地づくり ・ままごとコーナーの子どもたちはソフト積み木への関心は薄く，ただ壁として置いてあるだけになっている。ソフト積み木をなくすことで，他の遊びとの境を意識する機会とし，柵やダンボールなどを使うことを提案していく。窓やドアの工夫も出てくるとおもしろい。一緒にかかわっていく。 ・しっぽとりゲームは子どもたちがやりたがっているので，ルールは理解してきている。いつも参加しないK男には，早めに声をかけ保育者とのかかわりから参加するようにしていく。 ・ゲームのルールがわかりづらいT子やH子には，わかりやすく丁寧に伝えるようにしていく。

4　指導案の実際と保育の展開

(1)安心して自己を発揮し充実感を味わう

３歳児が「安心して自己を発揮し充実感を味わう」には，まず，園生活の中でどのように自分らしさを失わずに自分を出していくのか，さらに，他者に気付き他者性を獲得しながら自我をコントロールしていくのか，その姿を丁寧に見ていくことが必要である。次に示すのは，日々の記録から抜粋した１年間の子どもの姿である。

①自分の思いを自分なりのやり方で表す

〈事例１〉（３歳児４月）

Ｈ男は友達が持っているものは何でも欲しくなり奪い取ってしまうが，それを制止されると足をばたばたさせ大声で泣き喚く。Ｐ男は部屋の隅でじっとしている。保育者が近寄ると身体を固くする。Ｏ男は母と離れられずにずっと泣いている。

→この時期は人にどう思われるとかではなく，自分だけの世界を自分なりのやり方で主張する。このような姿は新入園児の中で新しい環境に不安や緊張を感じる子どもに見られる。

〈指導の方向〉一人一人の思いをそのまま受け止めていく。

②関心をひく

〈事例２〉（３歳児５月）

Ｇ男は集まるときにわざと走り回ったり机の上に乗って騒いだりする。

→次第に自分がしていることに対する反応が欲しくなり，関心をひくためにわざと何かをするような姿が見られる。わざとするということは，まわりに人がいることに気付き始め，自分のしていることへの反応を期待している。このことは，自分の意図的な行為に対する反応を予測していることにもなる。

〈指導の方向〉相手の反応を予測しながら主体的に動いているので，しっかりと向き合って対応していく。また，Ｇ男の存在を認めることや，よいところを言葉に出して誉めていく。

③安心できるといろいろな自分を出してくる

〈事例３〉（３歳児６月）

紙芝居に出てくる狼を怖がり，保育者に抱きつく。

→自分の思いを保育者や友達に受け止められると，いろいろな思いを出せるようになる。

〈指導の方向〉自分を出してきた子の気持ちをしっかり受け止め，関係をつくっていく。一方で，気持ちを外に出せない子のへの対応を考えていく。

④相手の思いが分かりながらあえて自分たちの思いを通そうとする

〈事例４〉（３歳児 11 月）

ままごとコーナーでＰ子とＬ子が楽しそうに遊んでいる横で，Ｒ子が悲しそうな顔をしている。保育者がＲ子に，「おままごとに入りたいのよね」と聞くと，「もういっぱいだから今日は駄目と言うの」と言う。Ｐ子とＬ子の雰囲気から，とてもＲ子を入れられる余裕がないように感じたので，「今度入れてもらおうね，今は先生と遊ぼう」と言い，製作コーナーでＳ子たちと一緒に製作をした。

→この事例のように，友達とのかかわりができてきて仲よしの友達や目当ての友達が見つかってくると，この子と遊びたいからこの子は嫌という気持ちも出てくる。相手の思いを知りながらあえて仲間外れにすることは，仲よし２人のつながりを確認するためなのかもしれない。この時期のこうしたトラブルは，３人以上の仲間と自分の思いを生かしながら楽しく遊ぶための大事な一つのステップのようにも考えられる。

〈指導の方向〉仲間に入れる援助ばかりではなく，「今度……」という言葉を残しながら，仲間の広がりを期待していく。

⑤相手のことまで考えられる余裕が出てくる
〈事例５〉（３歳児１月）
Ｕ男はＩ男が使っているトロッコが欲しくて奪い取ってしまうが，Ｉ男が泣いていると困った顔をし，しばらくしてから「ごめんね」と返す。
→自己主張も強く出てきてぶつかり合いも増えるが，ぶつかりながら相手の気持ちを考え，関係を修復しようとする。相手の気持ちと出会い葛藤し，自分の気持ちをコントロールしている。
〈指導の方向〉少しでもコントロールできたところは言葉で伝え誉めていく。

次に，特徴的な子どもの姿を実践事例で考えていく。

a．自分を出せない子どもたち（１学期）

○週案（4 月 23 ～ 27 日）

- 前週の子どもの姿：園の生活の流れが分かってきて少しずつ自分を出せるようになってきているが，まだ数人は緊張が抜けていない（Ｆ子・Ｋ男・Ｉ子・Ｙ子）。
- 今週の子どもの姿：Ｆ子とＫ男は折り紙をしているが表情はない。Ｉ子とＹ子は粘土をしている。４人とも，登園時は母とはスムーズに離れ，泣いてはいないが緊張している。
- ねらい：自分を出す（身体を動かすことで緊張感をほぐしていく）。
- 援助：からだを使って皆で楽しめる活動を入れていく。

○日案（4 月 24 日）

- ねらい：自分を出す（からだを動かすことで緊張感をほぐしていく）。
  遊びの中で，Ｆ子・Ｋ男・Ｉ子・Ｙ子を新聞紙をびりびり破く遊びに誘う。Ｆ子・Ｉ子は躊躇すると思われるが，一緒にしながら楽しさを伝えていく。
- 保育後の記録：やはりＦ子・Ｉ子はためらったので無理には誘わなかったが，２人から見える場所で行った。思いの外，Ｙ子・Ｋ男が喜んで始めたので，まわりにいた子どもたちも加わり，気が付いたらＦ子・Ｉ子も破った新聞紙をぱらぱらと友達にかけたりして，声を上げて喜んでいた。たくさん散らばった新聞紙は大きな水色（クラスカラー）のビニール袋に詰め，ボール投げが始まった。Ｆ子・Ｋ男・Ｉ子・Ｙ子の表情は和らいでいた。「また明日もボールで遊ぼうね」と言っていた。皆で遊んだものが形になって残っていることは大切なように感じる。また明日続きが楽しめそうだ。

b．遊びを壊す子どもたち（２学期）

以下に，週案・日案を例として挙げていく。

○週案（11 月 20 ～ 24 日）（資料７－２）

- 前週の子どもの姿：Ｐ男・Ｗ男・Ｒ男たちが新聞紙を丸め戦いごっこが盛んに行われている。友達と遊ぶ楽しさを味わっている。時々Ｐ男が友達の頭を叩くと，「頭はいけないんだよ」とお互いに気を付け合っている姿も見られる。Ｐ男は遊びの中で，力の出し方をコントロールできるようになってきている。しかし，ままごとコーナーのソフト積み木の台の上に乗り，ままごと遊びを壊している。強さを見せたい気持ちは分かるが，他の遊びを壊してはいけないと伝えている。
- ねらい：じっくりと遊びに集中する。
- 環境の構成：戦いごっことままごと遊びがうまくいくように考えていく（ままごとをしているＭ子やＮ子は「壊さないで！」と言っているが，伝わらずに遊びに集中しない）。

○日案（11 月 20 日）（資料７－３）

- ねらい：自分たちの遊びにじっくり取り組む（環境を変えてお互いの遊びの様子を見る）。
- 環境構成：ソフト積み木の場所を変え，遊びに集中できるようにしていく。

⑵からだをいっぱい動かし，皆と一緒が楽しいと感じる

３歳児はからだを動かす楽しい経験をたくさんして，皆といることの居心地のよさや集まることの楽しさを感じて欲しい。そのためには，保育者が中心となって，絵本や紙芝居や手遊びなど単純に楽しさが伝わっていくものを取り入れていく必要がある。そして，楽しいから我慢できるという気持ちが育って欲しいと考える。その気持ちが仲間の中で自分を律する力になっていき，５歳児になると協同していろいろなことができるようになっていくのである。指導計画の中には意識して入れていく。

○週案（5月15日～22日）

- 前週の子どもの姿：『３匹のこぶた』の絵本を読んだら，皆が知っている話だったので喜んだ。その後，わらの家・木の家・レンガの家と部屋の中にコーナーをつくり，保育者が狼になって遊んだ。いつも一緒にやらないＴ子も声を上げながら楽しんでいた。
- 今週の子どもの姿：３匹のこぶたごっこをやりたいという子が出てくる。
- ねらい：身体をいっぱい動かし，心地よさを感じる。
- 援助：動きが大きくなると保育室では危ないので，園庭の滑り台の下・ジャングルジム・砂場の横など，移動で走れるような場へ移していく。また，保育者が狼のお面をかぶったり声色を変えたりし，狼になりきる。C子は怖がるかもしれないのでフォローしていく。

年間指導計画（資料７－１）の中にそれぞれの期で取り入れた活動を記しているので参照されたい。

３歳児の場合は，単純に楽しめるものが適している。また，保育者がその遊びの楽しさや子どもの育ちを理解しておくことも大切である。かくれんぼなどの遊びは，まだ関係ができていないうちにするよりも，追いかけっこなどを十分楽しみ，保育者とのつながりができてきてからすると，より効果的である。

⑶自分の身のまわりのことは自分でする

生活の仕方と遊びの取り組みは共通している。いつもカバンが出しっ放しだったりする子は，遊びも集中しないで刺激がある方へ動いていく。どちらの指導を先にするというのではないが，集中して遊びなさいと言ってもできるものではない。まずは生活の仕方の見直しをして，自分の身のまわりのことは自分でする充実感を感じているかを見ていく。

年間指導計画１学期では，生活の安定のための指導が優先するが，２学期・３学期になると，遊びの取り組みの指導と一緒に，一人一人の取り組み方をもう一度確認していく指導に変わっていく。

5　指導計画を作成するに当たって留意すること

⑴個々の育ちを把握する

特に年間指導計画の１学期には，一人一人の育ち（身のまわりのことはどの程度身に付いているのか，自我は育っているのか，どんな遊びが好きなのかなど）を把握することが必要である。例えば，Ｓ男は並んで待つことができないで滑り台や手を洗うときなどいつも横入りしている。それを制止されると暴れてなかなか収まらない。このような姿を，自己中心性が強いと考えるのか，それとも自分の中に信頼関係で支えられている第２の自我が育っていない（人との関係の中で自分の思いを我慢できた経験がない）と考えるのかで援助が大きく変わってくる。自己中心性が強い場合は，愛情豊かに育っているので保育者との関係がついてくると少しずつ変わってくる。一方，第２の自我が育っていない場合は，愛着関係をもう一度確認しながら，自分の中に自己内対話ができるもう一つの自我を育てていくようにしていく。時間はかかるが，３歳児の保育では，それまでの家庭で

の育ちを一人一人確認していくことが大切である。

(2)個の指導だけでなく集団を視野に入れる

3歳児保育というと個の指導に重きが置かれがちであるが，常に人と一緒に生活しているというような他者性を意識して取り入れていくことが求められる。皆の中の自分を感じ，皆と一緒にいると自分が生かされていく感覚を身に付けていきたいと考えている。

(3)家庭との連携をとって一緒に見ていく

指導計画を立てるときには，一人一人の子どもの情報を早く得て保育に生かすことが必要である。そのためには，保護者とよい関係をつくることである。

しかし，新しい生活に不安をもつのは子どもたちばかりではなく，保護者も同じである。特に子どもは母親の気持ちに敏感である。登園時に母親の不安を感じて離れられない子どももいる。保育者は登降園時に幼稚園での子どもの様子を具体的に伝え，安心してもらえるようにしていく。また，食物アレルギーがあるなど，保育する上で配慮しなければならない問題などの情報を早く知っておかなければならないことが増えてきており，確認は不可欠である。

6　まとめ

3歳児の指導計画を立てるときは，完成したものを求めるのではなく，4・5歳児の発達の基盤となる，人への信頼感や自己充実感や有能感などを，時間をかけてしっかりと身に付けていくことを大事にしている。そして，皆で生活していく楽しさを感じ，思うようにならないことにぶつかっても，我慢したり待ったりすることができて欲しいと願っている。そのようなねらいをもち，計画を立て，子どもの姿と照らし合わせて修正していく。

（永田陽子）

◆　参考文献

1）高杉自子・森上史朗　『教育課程・保育計画論』光生館　1999
2）森上史朗・阿部明子　『幼児教育課程・保育計画総論（第3版）』　建帛社　2005
3）柴崎正行・戸田雅美　『教育課程・保育計画総論』　ミネルヴァ書房　2001
4）加藤繁美監修『子どもとつくる3歳児保育』（株）ひとなる書房　2016
5）文部科学省『幼稚園教育要領』平成29年3月
6）厚生労働省『保育所保育指針』平成29年3月
7）内閣府・文部科学省・厚生労働省『幼保連携型認定こども園教育・保育要領』平成29年3月

第８章　４歳児のカリキュラムの実際

Ⅰ　４歳児の保育

１　４歳児の生活

４歳児クラスでは，新しい１年のスタートの様子が園の種別によっても様々であろう。

保育所の４歳児は同じ園で進級する子どもがほとんどであるだろうし，幼稚園や認定こども園における４歳児は，進級児以外に他の園から転入してくる子どもや集団生活に入ることが初めてという子どももいるかもしれない。また，クラス編成や担任保育者の変更など生活環境の変化が大きいところもあろう。

それぞれの園における新年度始まりの時期，進級し大きくなった嬉しさや新たな環境へ少しの不安を感じていた子どもたちは，４歳児１年間の保育者や友達との集団生活の中でともに豊かに育ち合う仲間となる。

園では，子どもたちが周囲の環境のいろいろなものや出来事に出会い，興味・関心の幅を広げ，ものや人とのかかわりに心を揺らして感じたり考えたりすることを十分に味わえる生活を保障したい。

このことを保育構想の根幹に据え，４歳児保育の計画について考えていこう。

２　４歳児の発達の特徴

４歳児は，園生活の中で多様なものや人とかかわり，さまざまな経験を通して，興味・関心の経験の幅を広げたり，いろいろな感情体験を深めたりする時期である。

４歳児の育ちの特徴は，以下のようにまとめられる。保育計画作成の基本は，子どもの発達に即した生活を構想することである。４歳児の発達特性をおさえた計画を立案することが重要である。

⑴好奇心や想像力の広がり

周囲のものや人に視野を広げ，好奇心旺盛に環境にじっくりとかかわりながら，ものの特性や遊び方を自分なりに思考し理解していく。また，現実世界での経験を積み重ねるとともに想像力が広がっていく。何かになりきったり，ごっこ遊びを友達と展開したりしてイメージの世界で遊ぶ楽しさを味わう。

⑵体の動きの高まり

全身のバランスをとる力が発達し，より活発に体を動かそうとする。また，片足けんけん跳びやはさみの連続切りなど，ふたつの動きを同時に組み合わせてコントロールする協応動作や手指の操作性も高まることから，いろいろな遊具や遊びに挑戦する気持ちがふくらむ。

⑶人とのかかわりの深まり

人への関心がふくらみ，友達とのつながりを求めるようになる。一緒に楽しく遊びたいという思いをもってかかわるなかで，自分と他者の違いに気づき，葛藤したり，自分の気持ちを調整したりする。また，相手の思いを感じ取ったり聞いたりすることや，思いを自分なりに言葉にして伝えようとするなど，生活の中で会話を楽しむ姿が多くなる。

⑷生活行動の自立へ

日々の生活の流れや生活に必要な行動の意味を理解し，見通しをもちながら行動できるようになる。基本的な生活習慣が一通り身に付き，自分の

資料８－１ 全体的な計画（保育所）

保育理念

- 子ども一人一人の育ちを大切にし，保護者や地域と共に手を結び，保育の向上に努める

保育方針

- 地域社会との連携を深め，地域の力を借りて豊かな保育をしていく。
- 一人一人の個性を生かした感性豊かな保育をしていく。

保育目標

- 笑顔あふれる元気な子ども。
- 友達と仲良く，力いっぱい遊べる子ども。
- しっかり聞いてはっきり話せる子ども。
- 紫波町を愛せる子ども。

園の特色

少子化や核家族化により育児の伝習機能や相互扶助力が低下しているため，婦人会や老人クラブ等と，地域ぐるみの行事を率先して取り入れている。

地域の特性

- 昔からのこの地域の住人と，開発により転入して来た住人が共存している。
- 地域活性化のため，お仕事を退職された方々を中心に公民館単位，諸団体の活動が活発に行われている。
- 通勤の利便性から，子ども連れの若い世代の家庭転入が多い。

		0歳児	1歳児	2歳児	3歳児	4歳児	5歳児
保育目標		発達の過程や実態に合わせた生活習慣の見直しや遊びを提供をしてもらいながら，様々なことに興味を持つ。	安心出来る環境の中で，人や物と関わろうとし，自分でしようとする気持ちを持ち始める。	保育者の見守りの中，様々な体験をし自分なりにやってみようとする。	保育者や友達と関わる中で，自分のしたい事や言いたい事を言葉や行動で表現する。	集団生活の中で，できることの範囲を広げたり，友達とのかかわりを深めたりする。	生活や遊びの中で，ひとつの目標に向かい，力を合わせて活動し達成感や充実感をみんなで味わう。
養護	生命の保持	• 人への基本的信頼感が芽生える。 • 一人一人の生活リズムが整うよう配慮する。 • 一人一人の健康状態を把握し異常のある場合は適切に対応する。	• 安心出来る環境の中で，人や物と関わろうとし，自分でしようとする気持ちを持ち始める。	• 保育者の見守りの中，様々な体験をし自分なりにやってみようとする。	• 保育者や友達と関わる中で，自分のしたい事や言いたい事を言葉や行動で表現する。	• 集団生活の中で，できることの範囲を広げたり，友達とのかかわりを深める。	• 健康に関心を持ち，生活に必要な習慣を身につけられるようにする。
	情緒の安定	• 一人一人の生理的・精神的欲求を的確に把握し，心地よく生活できるように接する。	• スキンシップにより，保育者とのかかわりの心地良さや安心感を得られるように接する。	• 子どもの気持ちを受容し共感しながら信頼関係を築いていく。	• 子どもの自発性や探索意欲が高められるよう見守り，適切に働きかける。	• 保育者との信頼関係の基で，意欲的に活動し自分への自信を持てるようにする。	• 一人一人の生理的・精神的欲求を的確に把握し，心地よく生活できるように接する。
教育	健康	• オムツ替えや着替え，手，顔を拭いてもらい，清潔になることのここちよさを感じる。 • 発達に合わせた運動を楽しむ。	• 一人一人の生活リズムが徐々に確立していく。 • 身の回りの簡単な事を自分でしようとする。 • 様々な遊びを通して十分に体を動かす。	• 生活の中で，援助してもらいながら自分でできた事に喜びを感じる。 • 走る，跳ぶ，ぶら下がるなど，全身を使った遊びを楽しむ。	• 身の回りを清潔にし，衣服の着脱，食事，排泄など生活に必要な活動を自分でしようとする。 • 身体機能の発達に合わせ，様々な運動を楽しむ。	• 衛生習慣が身につき行う。 • 全身を使い，のびのびと運動遊びを楽しむ。	• 室内外の危険な物や場所，危険な行動を知り，気をつけて活動する。
	人間関係	• 一人一人の生理的な欲求を十分に満たし，愛情豊かに受け入れてもらうことにより，気持ち良く生活する。	• 保育士や友達に関心を持ち，自分から関わろうとしたり信頼関係を深める。	• 友達と一緒に遊ぶ楽しさを知る。 • 生活や遊びの中で，決まりがあることを知る。	• 生活や遊びの中で，決まりの大切さに気付き守ろうとする。	• 決まりを作ったり相手の気持ちを受け入れたりしながら，遊びを発展させる。	• 遊びや行事を通して友達を励ましたり，力を合わせる事の大切さを知る。
	環境	• 生活や遊びの中で，保育者がすることに興味を持ったり，模倣したりすることを楽しむ。	• 好きな玩具や遊具に興味を持ってかかわり，様々な遊びを楽しむ。	• 様々な遊具，素材，自然などに触れ，物や事象に関心を持つ。	• 身近な物とかかわり，愛着を深め大切にしようとする。	• 身近にあるものに関心を示し遊びに取り入れたり，不思議さ等に気付く。	• 自然現象に親しみその美しさ，不思議さなどに気づく。
	言葉	• 喃語や片言を優しく受け止めてもらい，発語や保育士とのやりとりを楽しむ。 • 保育者の話しかけを喜んだり，自分から片言をしゃべることを楽しむ。	• 保育者の話しかけややり取りの中で，簡単な言葉を使って自分の気持ちを表わそうとしたり気持ちを通わせたりする。	• 生活や遊びの中で，簡単な言葉でのやりとりを楽しむ。	• 保育者や友達の言葉や話に興味や関心をもち，聞いたり一緒に話したりする。	• 考えた事を分かるように伝えたり，相手の話を注意して聞き会話を楽しむ。	• 人の話を聞いたり，身近な文字に触れたりして言葉への興味を広げる。
	表現	保育者の歌を喜んで聞いたり，歌やリズムに合わせて手足や体を動かして楽しむ。	• 保育者と一緒に歌ったり手遊びをしたりして，リズムに合わせて体を動かして遊ぶ。	• 保育者や友達と遊ぶ中で，自分なりのイメージを膨らませ楽しんで遊ぶ。	• いろいろな素材や用具に親しみ，工夫しながら遊ぶ。	• 様々な材料で描いたり作ったりすることを楽しんだり，歌やリズム遊びの楽しさを味わう。	• 自分のイメージを動きや言葉などで表現したり，演じて遊ぶ楽しさを味わう。
食育		• お腹が空き，ミルクを飲み離乳食を喜んで食べる。 • いろいろな食べものに興味を持つ。	• いろいろな食べものに興味を持つ。 • 自分から意欲的に食べようとする。	• いろいろな食べものを進んで食べようとする。 • スプーン，フォーク，箸などを使って自分で食べようとする。	• 保育所で栽培している野菜を，興味を持ってみる。 • 身近な人と一緒に食べる楽しさを味わう	• 自分たちで野菜を育てる。 • 身近な食材を使って調理を楽しむ。	• 伝統の食文化を体験する。 • 健康と食べものの関係について関心を持ち，必要な食品を進んでとろうとする。

資料提供協力：岩手県 紫波町立古館保育所（筆者が一部改変）

ことは自分で行い，集団生活に進んで取り組むようになる。

Ⅱ　4歳児のカリキュラム

1　「教育課程・全体的な計画」と「指導計画」

各園の保育の骨格となる計画を，「教育課程」あるいは「全体的な計画」，「教育及び保育の内容並びに子育ての支援等に関する全体的な計画」と称する（以降は3種合わせて「教育課程等」と表記する）。その教育課程等を骨組みとして，具体的内容を肉付けしたものが「指導計画」である。

入園から修了までの保育の計画である教育課程等に，4歳児の保育はどのように位置づくのだろうか。教育課程等から指導計画までのつながりを，連続的に捉えてみよう。

2　4歳児の指導計画

⑴教育課程等における4歳児保育（資料8-1「全体的な計画（保育所）」参照）

教育課程等には地域の特性や園の特色等をふまえて，園の保育目標が掲げられている。その目標の達成に向けて，全在園期間を通した視点から，各年齢における保育のねらい・内容をおさえるものである。

4歳児では『集団生活の中でできることの範囲を広げたり，友達とのかかわりを深めたりする』とあるように，3歳児までの育ちをふまえて4歳児保育の目標が設定され，最終学年である5歳児につながるよう計画されている。

保育目標に向かう中に4歳児としての1年間を位置づけ，園としての保育の一貫性や発達の連続性を意識できるものとなる。

⑵4歳児の年間指導計画（資料8-2「4歳児年間指導計画（保育所）」・資料8-3（「4歳児年間指導計画（幼稚園）」参照）

教育課程等に基づいて4歳児1年間の保育を構想するものが，年間指導計画である。指導計画は，その年の実際の子どもたちの1年間の生活を計画するものである。

1）期の捉え方

指導計画では，1年間を発達の節目でいくつかの「期」として区切り，4歳児の保育目標に向けて期ごとにねらいを設定する。

4歳児1年間の発達の道筋は，おおよそ4つの節目で捉えられる。

(Ⅰ) 新しい環境に不安や期待を抱いて動く
(Ⅱ) 自分なりの遊びや環境の探究を楽しむ
(Ⅲ) 遊びの幅や経験を広げたり，友達とのつながりを求めて遊んだりする
(Ⅳ) 友達とのつながりを感じながら，いろいろな遊びや活動を楽しむ

各期の捉え方は，ゆるやかで連続的である。例えば(Ⅰ)では，子どもたちは新しい環境に対し，自分なりにかかわることを通して徐々になじんでいく。環境に慣れ気持ちが安定することによって，自分から遊ぶようになる。自分の使いたい遊具を出したり，面白そうな場へ行ったりするなど，遊びや行動範囲を広げていく(Ⅱ)…というように，その時期の発達に必要な経験が十分になされると，次の節目へと重なるようにつながっていく。

年間指導計画では，このような子どもの育ちに合わせて，園行事（運動会や誕生会等）や，季節の行事や活動（七夕やプール遊び，遠足等），また地域のイベント（祭りや小学校との交流等）等関連行事を含めて計画を作成する。

したがって，節目の区切りは4つの期になるとは限らない。あくまでも育ちのめやすである。資料8－3の園ではⅠ～Ⅲ期となっているように，各園の子どもの実態や地域や園の実情によって，期の捉え方，区切り方はさまざまである。

資料８－２　４歳児年間指導計画（保育所）

【4歳児　ゆり組】

年　間　指　導　計　画

所長	主査	担当

保育目標		集団生活の中でできることの範囲を広げたり，友達とのかかわりを深めたりする			
年間区分		Ⅰ期（4月～6月）	Ⅱ期（7月～9月）	Ⅲ期（10月～12月）	Ⅳ期（1月～3月）
ねらい		・新しい環境に慣れ，生活の仕方が分かり身の回りのことを自分でしようとする。 ・友達や保育者と，好きな遊びを楽しむ。	・友達とかかわりながら，体を十分に動かしたり，季節ならではの遊びを楽しむ。 ・生活の決まりを知り，見通しをもって過ごす。	・友達とのかかわりを広げ，共通の目的を持って集団で活動することを楽しむ。 ・身近な自然に触れて遊ぶことを楽しむ。	・生活や遊びのルールを守り，生活習慣を身につけ集団生活の大切さに気づく。 ・年長になることに期待を持ち，意欲的に生活する。
養護	生命	・一人一人の健康状態や発達状態を把握し，適切に対応し，快適な生活ができるようにする。	・健康や安全の大切さを知らせ，安全な環境を作る。	・体調の変化に気づき，自分で伝えられるようにする。	・子どもの発達を見通し，全身を使う運動を取り入れ，個々にあった活動ができるようにする。
	情緒	・日々の生活に安心感を持ち，伸び伸びと友達と関わって行けるようにする。	・子ども同士の遊びを豊かにし，友達との関係の中で徐々に自分を発揮できるようにする。	・友達とのかかわりの中で，お互いのよさを認めあえるようにする。	・与えられた役割を責任を持ってはたす事で，達成感を味わえるようにする。
教育	健康	・戸外で体を十分に使って遊ぶことを楽しむ。 ・保育者が声をかけることなどにより午睡や休息をする。 ・遊具や用具の安全な使い方を知る。	・思い切り体を動かしながら，水遊び等夏の遊びを楽しむ。 ・自分で鼻をかんだり顔や手を洗うなど，健康に過ごすために必要な生活の仕方を知る。	・全身を使い伸び伸びと運動遊びを楽しむ。 ・危険なものや場所について分かり，遊具，用具などの使い方に気をつけて遊ぶ。	・寒さに負けず，戸外で活発に体を動かして楽しむ。 ・遊具，用具や自然物を使い，様々な動きを組み合わせて積極的に遊ぶ。
	人間関係	・保育者や友達と安定した関係を作り，一緒に遊ぶ楽しさを味わう。 ・年下の子に親しみを持ったり，年上の子どもと積極的に遊ぶ。	・友達の良さに気づき，一緒に活動する楽しさを知る ・身の回りの人に，いたわりや思いやりの気持ちを持つ。	・友達と共通の目的に向かって協力する大切さを知る ・地域のお年寄りなど身近な人の話を聞いたり，話しかけたりする。 ・自分のしたいと思うこと，してほしいことをはっきり言うようになる。	・生活や遊びの中でルールの大切さに気づき守ろうとする。 ・共同のものを大切にし，譲り合って使う。 ・保育者の言うことを理解したり，相手の気持ちに気付いたりして行動する。
	環境	・身近な自然や動植物に興味を持ち，見たり触れたりして親しみを持つ。	・身の回りの物，自然に興味を持ち関わって遊ぶ。 ・保育所内外の行事に楽しんで参加する。 ・身近にある用具，器具などに関心を持ち，いじったり試したりする。	・季節の変化に気づき，不思議さや面白さを感じる。 ・自分の物，人の物を知り，共同の物の区別に気づき大切にする。	・生活の中で，数，量，形，文字等に関心を持つ。 ・身の回りの物の色，形などに興味を持ち，分けたり集めたりして遊ぶ。
	言葉	・日常生活に必要なあいさつや言葉を交わす。 ・身の回りの出来事に関する話に興味を持つ。	・友達と思った事を言葉で伝え合う楽しさを味わう。 ・話しかけたり，問いかけられたりしたら，自分なりに言葉で返事をする。	・絵本や紙芝居の内容が分かり，イメージを広げたり文字に興味を持つ。 ・見たことや聞いたことを話したり，疑問に思ったことを尋ねる。	・友達や保育者の話を良く聞き，会話を楽しむ。 ・保育者の話を親しみを持って聞いたり，保育者と話したりして，様々な言葉に興味を持つ。
	表現	・身近な素材を使って自分なりに描いたり作ったりして楽しむ。 ・様々なものの音，色，形，手触り，動きなどに気づき，驚いたり感動したりする。	・音楽に親しみ歌ったり，リズムに合わせて体を動かしたりすることを楽しむ。 ・水，砂，泥など自然の素材に触れて，友達と一緒に作ったり，工夫して楽しむ。	・作ったものを用いて遊んだり，保育者や友達と一緒に身の回りを思い思いに飾ったりして楽しむ。 ・絵本や紙芝居を見たり，聞いたりし，イメージしたことを言葉や，いろいろな方法で表現して楽しむ。	・感じた事，考えた事を体，言葉，製作等で表現して楽しむ。 ・身近な生活経験を，ごっこ遊びに取り入れて遊ぶ楽しさを味わう。
食育		・食事のマナーを知り，友達と楽しく食事をする。 ・身近な野菜の栽培をする。	・野菜の収穫を通し，食材への関心を高める ・様々な食材があることを知り，苦手なものも少しは味わってみる。	・食事の用意や後始末ができるようにする。 ・体と食べ物の栄養との関係を知る。	・命と食事の関係に興味を持ち，偏りのない食事を心がける。 ・正しい姿勢を心がけながら，食べ方のマナーを身に着ける。

資料提供協力：岩手県 紫波町立古館保育所（筆者が一部改変）

資料８－３　４歳児年間指導計画（幼稚園）

	Ⅰ期（4月～5月）	Ⅱ期（6月～11月）	Ⅲ期　12月～3月
発達の過程	先生や友達との触れ合いを通して，園生活に安心感をもつようになる時期	友達とのかかわりの中で，自分なりの遊びを見出したり，一緒に遊んだりする楽しさを味わう時期	自分なりの力を発揮しながら，友達と遊びを進めていくようになる時期
ねらい	○進級・入園の喜びを感じながら新しい環境に慣れ，安心して過ごす。 ○好きな遊びを見つけたり，友達と触れ合ったりする楽しさを知る。	○自分なりに考えたり，試したりして遊ぶ楽しさや満足感を味わう。 ○自分の思いやイメージを出しながら友達との遊びを楽しむ。	○気の合った友達と自分の思いやイメージを伝え合いながら遊びを楽しむ。 ○学級のみんなとのつながりを感じながら共通の目的に向かって活動する楽しさを味わう。
人とのかかわりの体験 ・自立心 ・協同性 ・道徳性・規範意識の芽生え ・社会生活とのかかわり	・自分の気持ちを受け止めてもらうことで安心や心地よさを感じる。 ・保育室や園庭の遊具にかかわったりしながら自分なりに安定できる場を見つけて過ごす。 ・自分のしたいことやおもしろそうなことを見つけて自分なりに動く。 ・先生と一緒に過ごしたり，遊んだりすることで親しみをもったり，つながりを感じたりする。 ・年長児と触れ合ったり，年長児が教えてくれたりしたことに興味や関心をもち，やってみようとする。 ・同じ場にいる友達に関心をもって遊んだり，同じ動きを楽しんだりする。	・友達と誘い合い，一緒に遊ぶ楽しさを味わう。 ・友達とイメージや考えを出し合いながら，遊びをつくっていくことの楽しさを味わう。 ・友達のしていることに興味をもち，同じようにやってみようとしたり，教えたり励ましたりして，できるようになったことを一緒に喜んだりする。 ・友達と思いがぶつかり合ったり，考えが食い違ったりする中で，心を揺らしながらも，友達の思いに気付いていく。 ・鬼ごっこや集団遊びなどでいろいろな友達とかかわったり，大勢の友達と遊んだりすることを楽しむ。 ・共有の場やものに気付き，大切に使おうとする。 ・してよいことや悪いことがあることに気付き，考えながら行動しようとする。 ・保育参加や教育実習などでいろいろな人に出会い，親しみをもつ。	・自分なりのめあてをもって挑戦し，やりとげた喜びを感じて，自分に自信をもつ。 ・大きくなったことやできるようになったことを喜び，有能感を感じる。 ・年長組になることへの期待感をもつ。 ・気の合う友達とのかかわりを深め，思いを伝え合ったり，共感し合ったりする。 ・学級のみんなで一つのことに取り組み，やり遂げた満足感を味わう。 ・学級の一人一人のよさに気づいたり，つながりを深めたりしていく。 ・年長児や中学生との交流などから刺激を受けて，遊びを広げていく。 ・季節の行事や地域の伝統文化に触れ，親しむ。
ものとのかかわりの体験 ・健康な心と体 ・自然とのかかわり・生命尊重 ・思考力の芽生え ・数量・図形，文字等への関心・感覚 ・言葉による伝え合い ・豊かな感性と表現	・幼稚園での生活の仕方や流れを知る。 ・所持品の始末，手洗い，排泄，着脱など自分の身の回りのことを自分でしようとする。 ・興味のある遊具にかかわったり，なりたいものになったりして遊ぶことを楽しむ。 ・園庭の自然に触れて開放感や楽しさを味わう。 ・草花や身近な小動物などを見たり，触れたりして興味や親しみをもつ。 ・したいこと，してほしいことなどを言葉で伝えようとする。 ・先生の周りに集まって絵本や紙芝居を見ることを楽しむ。 ・みんなと一緒に歌ったり動いたりする中で，友達と触れ合う楽しさを感じる。	・戸外で体を動かして遊ぶことを楽しむ。 ・いろいろな動きに挑戦し，できるようになったことを喜ぶ。 ・簡単なルールのあるゲームを大勢の友達と一緒にする楽しさを味わう。 ・生活に必要な行動に気付き，自分からしようとする。 ・草花や生き物などに興味をもったり，自分なりの発見をしたりする。 ・季節の変化を感じ取り，自然物を取り入れて遊ぶ。 ・興味をもったものやことにかかわり，考えたり，試したり，比べたり，関連付けたりしながら工夫して遊ぶ。 ・いろいろな材料や素材に触れ，感触を楽しんだり，自分なりのイメージを表現したりする。 ・先生や友達の話に興味関心をもち，親しみをもって聞いたり，話したりする。 ・自分なりに思いを巡らし，友達と思いを共有して絵本を見る楽しさを味わう。 ・自分の思いやイメージを言葉や動きで表したり，作ったり描いたりしながら友達との遊びを楽しむ。 ・歌や楽器やリズム遊びなどの楽しさを感じて自分なりにやってみようとする。	・相手の動きに呼応して動く楽しさを味わう。 ・緊急時や災害時の行動の仕方が分かり，気をつけて行動しようとする。 ・季節の変化や自然現象に気づき，自分なりのかかわりを楽しむ。 ・自分のイメージに合うような場や遊具，用具などを使って，工夫したり，考えたりしながら遊びを楽しむ。 ・思ったことや感じたことを自分なりに表現する楽しさを味わう。 ・友達に自分の思いやイメージを言葉で伝えたり，会話を交わしたりして，イメージの中で遊ぶことを楽しむ。 ・想像する楽しさを味わったり，続きのお話を楽しみにしたりして，絵本や物語の世界に親しむ。 ・友達のすることに刺激を受け，真似たり，少し変えたりして，友達との遊びの中で自分なりの表現をすることを楽しむ。 ・関心のあるものを自分達の生活や遊びに取り入れて，生活や遊びを豊かにしていく。

資料提供協力：岩手大学教育学部附属幼稚園（筆者が一部改変）

2）期のねらいと保育内容の構想

子どもの実態をふまえ，各期では4歳児の保育目標に向けて具体的にどのような姿を目指す保育を行うか。これが，期のねらいに向けた計画となる。

資料8－2では，4歳児1年間の保育目標「集団生活の中でできることの範囲を広げたり，友達とのかかわりを深めたりする」へ向け，まずⅠ期では「新しい環境に慣れ，生活の仕方が分かり身の回りのことを自分でしようとする」というねらいを設定している。新年度はじめの子どもたちの実態に即して，新しい生活になじんでいくことが期のねらいとなっている。

このねらいで挙げた姿の実現に向かうには，どのような経験内容が必要か。これが，期の保育内容となる。4歳児Ⅰ期を見てみると，子どもが自分の気持ちや動きを保育者に丁寧に受け止めて認められることや，園生活の流れが分かり自分でできることを自分で行うこと等の経験（＝保育内容）を通して，次第に安心して遊んだり友達と触れ合ったりする（＝ねらいの姿）ように保育が計画されている。

その際資料8－2では，保育内容を「養護と教育」や「領域」，「食育」等の側面から構想している。また資料8－3では，「人とのかかわりの体験」「ものとのかかわりの体験」という2つの大きな視点で内容を捉えながら，「幼児期の終わりまでに育ってほしい10の姿」も意識して構成されている。

このように保育内容を捉える観点の設定は園によって異なるが，これはそれぞれ園の保育内容を考える観点として，4歳児の1年間を通じて，また4歳児から5歳児へ縦につなぐ視点として用いられるものである。

⑶ 4歳児の月の指導計画（月案）（資料8－4「4歳児6月月案（幼稚園）」参照）

年間指導計画をもとに，より詳しい実践計画として月の指導計画（月案）が立案される。期のねらいと前月の学級の子どもたちの姿をふまえて，当月のねらいを設定する。資料8－4では，Ⅱ期のねらいと，前月5月の子どもたちの実態を「人とのかかわり」「ものとのかかわり」の面から捉えたうえで，6月のねらいを立てている。

Ⅰ期で新しい環境に慣れ，安心して自分なりの動きを楽しむようになってきた子どもたちが，Ⅱ期では自分なりに考えたり試したりし，思いやイメージを友達に出しながら遊びを楽しむことを，期のねらいとしている（資料8－3）。月案は，この園のⅡ期のはじめに位置づく6月として，子どもたちの1か月の生活を具体的にどのように構想するのかという計画である。

資料8－4では6月のねらいの一つに「先生や友達の動きに誘われて，いろいろな遊びの面白さを知る」（網掛け部）と設定されている。その「いろいろな遊び」とは何かというと，「様々な遊具や素材に触れたり，それを取り入れたりして遊ぶ」ことであったり，「はさみやのり」「水遊び」等の内容に関連付けられている（下線部）。

さらに「資料」項目のなかでより具体的に，「中型箱積み木」「ゲームボックス」等の遊びの拠点を作るための遊具や「ジョウゴ」「ペットボトル」等の水遊びに用いる道具や容器，色水遊びに活用する「パンジー」「桜の実」等の自然物等が，物的環境として挙げられている（□囲み部）。また，歌や絵本，ゲーム等の活動名も記されており，6月の保育内容が明確に考えられていることが分かる。

これらのものを用いた環境構成の内容や活動，そこでの保育者の援助や配慮を構想することによって，6月の保育計画を組み立てていく。

資料８－４　４歳児６月指導計画 抜粋（幼稚園）

<table>
<tr><th colspan="2">幼児の姿</th></tr>
<tr><td>人とのかかわり</td><td>○園生活が自分のものとなり，園での遊びの楽しさや友達との生活に期待して登園してくる。
○気に入った友達ができてきて，その友達とのかかわりを楽しんだり，場を共有して遊ぶうちに偶然ながらもかかわりが生まれたりして，友達との遊びを楽しむような姿が見られるようになってくる。同じものを身につけたり，同じものを持ったりすることで，つながりを感じて，同じような動きを楽しむようになる。反面，同じ遊びをしている仲間同士でも，遊びのイメージの食い違いやものや場，順番などを巡って，トラブルが起きる。自分の思い通りにならないと，自分の気持ちをストレートに言葉や行動で相手にぶつけてしまう。</td></tr>
<tr><td>ものとのかかわり</td><td>○暑くなってきて，水を使った遊びを好むようになってくる。また，桜の実やダンゴムシ探しなど，自然とかかわって，自分なりの発見を楽しむようになってくる。
○教師や友達の面白そうな動きに興味関心を示し，真似てやろうとしたり，アレンジして自分の遊びに取り入れようとしたり，新たな刺激を求めてくる。
○水を使う遊びが多くなってくるために，片付けや着替えに時間を要するが，生活の流れが分かり，流れに沿った生活行動を取れるようになってくる。</td></tr>
</table>

ねらい	内容
○好きな遊びに取り組んだり，友達とのかかわりを楽しんだりする。 ○先生や友達の動きに誘われて，いろいろな遊びの面白さを知る。	◆自分なりに遊びを見つけて，繰り返し楽しむ。 ◆先生や友達とかかわって遊ぶ楽しさを知る。 ◆遊びに必要なものや場を作って，友達との遊びを楽しむ。 ◆様々な遊具や素材に触れたり，それを取り入れたりして遊ぶ。 ◆周りの自然に親しみをもち，関心を向けたり，自然を取り入れたりして遊ぶ。 ◆はさみやのりなどを使って，作る楽しさを味わう。 ◆身近な素材を使って自分なりの表現を楽しむ。 ◆身近なものをよく見て描く面白さを味わう。
○園生活の仕方を感じ取り，自分なりにやってみようとする。	◆水遊びに適した生活の仕方を感じ取る。 ◆雨の日に合わせた生活の仕方を知り，安全に気を付けようとする。

<table>
<tr><th>資料</th></tr>
<tr><td>遊びの拠点を作る環境
（室内）中型箱積み木，ゲームボックス，牛乳パックの衝立など。
（園庭）発泡スチロール製ブロック，園庭用イス，園庭用テーブル，ラティスなど。

水遊びの環境
タライ，タープ，樋，樋スタンドなど。
透明な容器，乳酸飲料やプリンなどの空き容器，ジョウゴ，ペットボトル，ビニール袋など。
パンジー，アヤメ，ツユクサ，桜の実など。</td></tr>
<tr><td>＜　歌　＞………「ともだちなかよし」「おんまはみんな」「はをみがきましょ」「パパとぼく」「かたつむり」「すすめロケット」
＜手遊び＞………「だしてひっこめて」「さあ，みんなで」「ゆびさんパンポロリン」「くいしんぼうゴリラのうた」
＜楽器遊び＞……「おんまはみんな」
＜ゲーム＞………「イチゴミルク」「ザリガニとカエル」「子どもの王様」
＜リズム＞………「かえるのうた」「おたまじゃくし」「カエルのフェスティバル」「ロンドンばし」「まほうのことば」
＜絵　本＞………「999 ひきのかえる」「おたまじゃくしの 101 ちゃん」「おしゃれなおたまじゃくし」「10 ぴきのかえる」「はらぺこあおむし」「ブタヤマさんたらブタヤマさん」「キャベツくん」「ブタヤマさんとキャベツくん」</td></tr>
</table>

資料提供協力：岩手大学教育学部附属幼稚園（筆者が一部改変）

この月案には，保育者が子どもたちの６月の生活をどのようにイメージしているかが表れている。子どもたちが多様なものと出会い，取り入れ，試したり考えたりしながら遊びの経験をふくらませる姿や，同じような楽しさを感じる友達とのかかわりを体験することや，様々なものを介して他の友達へもかかわりが広がっていく姿が，保育者の期待としてイメージできる。この姿の実現のためにどのようなものや活動を提示し，どんな環境構成や援助を行うのかを構想することが重要である。

月の指導計画立案は，１年間の流れの中での子どもたちの１か月間の生活の姿を，おおよそのイメージとして思い描く意味をもつものである。

⑷４歳児の週・日の指導計画（週日案）

月案でイメージした１か月の生活を，さらに具体化し詳細に計画するものが，週日案である。週日案は学級ごとに立案されるもので，保育者はクラスの子どもたち一人一人の様子を思い浮かべながら計画を立てる。

週日案は，前週や前日の現在進行形の遊びや生活について，少し先への見通しをもつ計画である。「立案－実践－次の立案」のサイクルが短いため，実践後の評価内容がすぐに次の計画にフィードバックできる。したがって週日案を考えることは，実際の子どもたちの姿に，より即した実践を行うことにつながるといえる。

１）週の指導計画（資料８－５「４歳児週案（幼稚園）」参照）

資料８－５は６月の最終週の計画である。前週の子どもの姿を見てみると，カエルになって動くごっこ遊びや，お弁当や流しそうめんを作る遊び等，子どもたちがそれぞれ自分たちの遊びを楽しんでいる様子が分かる。そこでは，お弁当を売ったり流しそうめんの場を作ったりして，遊びの中に友達とのやりとりが生まれている様子も捉えられている。

また生活場面においては，片付けを自分でしようとするようになってきたことや，学級全体の一斉活動の中で友達と一緒にすることを喜ぶ姿等，生活の様々な場面から子どもたちの実態をおさえている。

これら実態の捉えに即して，週のねらいと内容を設定する。資料８－５は最終週の計画であるので，週のねらいは６月のねらい（資料８－４）と同じものとなっている。ねらいに向かうための内容は前週の遊びの姿に合わせた具体的経験内容が設定され，その経験のできるような環境構成や援助のポイントが構想されている（点線囲み部分）。

ここではそれぞれの好きな遊びのなかで，「一人一人が自分なりの楽しみを見出して遊びの満足感が得られるように，それぞれの興味関心や気持ちに寄り添いながら，ふさわしい環境を構成していく」としている。自分なりの遊びの楽しみを味わう姿を大切にし，子どもの興味関心の方向や必要感に応じて新たな環境を提示していこうとする計画である。

そしてさらに，予想される各遊びに対してそれぞれ援助の見通しが立てられる（実線囲み部分）。例を挙げると，カエルのごっこ遊びに対しては，「よりつもりになって遊ぶ楽しさが味わえる」（網掛け部）ものとして，「カエルの輪郭を描いた色紙」や「青いマット」等（□囲み部）。料理作りに対しては身近な植物を遊びに取り入れられるために，「自分たち遊びの拠点を定め，落ち着いて料理する」（網掛け部）ことができる場としての「机やいす」や，「桜の花殻や草花」等の自然物等（□囲み部）。流しそうめん作りに対しては，子どもたちに出会わせたい「様々な素材」（網掛け部）として「小さなはしご」「樋」等（□囲み部）を，子どもたちのイメージ実現に向けて提示することが準備されている。

このような子どもたちの展開する好きな遊びに対してだけでなく，学級全体の活動についての計画も当然必要である。ここでは，「のりやはさみの使い方を知り…（中略）…遊びの幅を広げていけるようにする」（下線 a）「カエルなどの身近な小動物になりきって動きたくなるような話をしたり…（略）」（下線 b）等と示されている。

このように保育においては，子どもたちそれぞれが楽しんでいる好きな遊びと学級全体の活動とを連動させて捉えることが重要である。単発的活動に終わらせたり，意味なく分断されたりすることなく，子どもの体験が連続しながら広がっていくように生活全体を総合的な視点からデザインすることが必要である。

特に４歳児は，自分の体験や知識等から動きやものをイメージすることのできるような遊びのテーマのもとでそれぞれ自分なりに遊ぶことを楽しみ，そこでの思いや考えの重なり合いや異なりから生まれる友達とのやりとりを，十分に味わってほしい時期である。

学級全体の活動が，遊びのイメージをふくらませたり刺激したりして，より面白くするきっかけとなるようにしたい。また反対に，遊びの中での経験を学級の一斉活動のなかで十分に発揮して，いろいろな友達とかかわることのできる機会となるように機能させたい。好きな遊びと学級全体の活動を相互に関連付けながら，一週間の生活を計画することが大切であろう。

２）一日の指導計画（資料８－６「４歳児日案展開（幼稚園）」参照）

①予想される遊び

資料８－６は，６月最終週の最終日の計画の一部である。前日の子どもたちの姿を捉えたうえでねらいを設定し，次の一日の展開が計画されている。

ここでは，園内の環境図（保育室と園庭）を中心に配置して子どもの動きを空間的に把握し，そこで展開される遊びの様子を予想している。

週案（資料８－５）で予想されていた遊びは，この日までに継続したり変化したりしているものもあれば，新たに表れたものもある。例えばカエルのごっこ遊びや園庭での料理作り（◎印）は，おおよそ保育者のイメージした方向に展開しており，計画した環境や働きかけを修正しながら継続している。

一方，「プリンセスごっこ」（◇印）は週案の時点で記載はなく，前週の姿からは予想していなかった遊びである。しかし，子どもの経験内容としては，カエルごっこの姿と共通していることが分かる。「カエル」と「プリンセス」でテーマは異なるが，どちらの子どもも楽しんでいるところは，自分のイメージでなりきって動くことや，興味を同じくする好きな友達と一緒に遊ぼうとすることである。

つまりは週案で見通したように生活が展開しているといえる。これは，保育者の子ども理解と環境や援助が的確で，日々の生活が子どもと共に形作られているものであることを示している。

②環境構成と援助のポイント

日案では，前日の遊びの様子から当日の子どもの姿を予測し，それに対する環境や援助のポイントをおさえる。

プリンセスごっこでは「互いにイメージを出し合い…（略）」（下線 c）「お化粧ごっこを…（略）」（下線 d）等の具体的な予想される姿に対して，保育者は，これまでの経験（「ドア」や「鍵」の製作）を活かして遊べるように働きかけることや，つもりの動きが楽しめるような製作の材料（「スポンジ」「タンポ」等）を提示しようと計画している（□囲み部）。

発達の特徴として示したように，４歳児は自分の体験をもとに想像をふくらませてなりきって動くごっこ遊びを活発に行う。そこで必要なものにみたてられる材料や，自分で手を加えて作ったものを取り入れて遊ぶ経験を積み重ねることが重要

資料８－５　４歳児週案（幼稚園）　　さくら組週案　６月２５日（月）～６月３０日（土）

前週の幼児の姿	評価（□：人　△：もの）・反省（※）
○カエルのお面を作ったり，それを頭に付けたりして，鬼ごっこやカエルのつもりになった遊びを楽しもうとする姿が見られる。鬼ごっこでは，教師がザリガニ役になると，ザリガニに捕まらないように，園庭を走り回り，追いかけられることを楽しんでいる。また，テラスの箱積み木で囲いをつくり池に見立てると，カエルのお面をつけた子どもたちがカエルになりきって，跳んだり，言葉を発したりしながらごっこ遊びを始めた。Ａ児らは，森の奥にテーブルや椅子を用意し，遊びの拠点を作り，そこで，葉をすりつぶし，お茶を作ることを楽しんでいる。「お茶は緑だから，これを飲むとカエルになれるの」「この葉っぱの方がもっと緑色になるよ」などと話しながら，互いにカエルになったつもりで，色水作りを楽しんでいる。 ○Ｂ児らは，色紙を好きな形に切って容器に入れたり，細かく切った折り紙をドーナツ型のダンボールにのりで貼ったりしている。それらを使って，お弁当やドーナツを作ったり，友達に売ったりすることを楽しんでいる。 ○樋を使って，水を流すことを楽しんでいたＣ児たち。そこにほかの幼児が加わり，流しそうめんをすることになった。細長い草をそうめんに見立て，流している。水だけでなく，ものが流れる様子を楽しんでいたが，なかなかスムーズに流れないことを気にする姿がある。 ○「あじさい」の製作活動では，ピザ作りの経験をいかしながら，折り紙を細かく切り，のりで貼り付けてものを作る楽しさを味わうことができた。ゲーム「子どもの王様」では，王様になって，みんなの中で自分なりの表現をすることを楽しんでいる子が多いが，王様にならず，様子を見ている子もいる。 ○片付けに進んで取り組む子どもが増えてきた。小さなゴミまで拾う姿も見られる。泥遊びをした容器をきれいに洗って片付けることも定着してきた。一方で，水遊び等で着替えを必要とすることが多くなり，着替えに時間がかかる子どももいる。	□やりたいと思うことに取り組み，自分なりのやり方で楽しんだり，じっくりと取り組むようになってきている。 □友達のしていることに興味をもち，同じようにやってみようとしている。 □友達と一緒に遊ぶ楽しさを味わうようになってきている。 □みんなでの一緒の活動を楽しみ，偶然近くにいた友達との触れ合いを喜ぶ姿が見られる。 △イメージをもって，自分なりに考えて動いたり，表現したりして遊びを楽しむようになってきている。 △鬼ごっこのような簡単なルールのあるゲームを友達と一緒にする楽しさを味わうようになってきている。 △園庭の自然物に触れ，それらを取り入れて遊んでいる。 △興味をもったものにかかわり，考えたり，試したり，比べたりしながら，工夫して遊ぶようになってきている。 △片付けなど生活に必要な行動に気づき，自分からやろうとするようになってきている。一方で，汚れた衣服の着替えなどでは，教師の促しや援助を必要とする子もいる ※子どもたちが見立てたりつもりになったりして表現しようとしているイメージを大切にして，環境を構成していく。 ※鬼ごっこなどの遊びが出てきているため，学級の活動の中で，みんなでルールを確認しながら楽しむ場を設定していく。

ねらい	内容
○好きな遊びに取り組んだり，友達とのかかわりを楽しんだりする。 ○先生や友達の動きに誘われて，様々な遊びの面白さを知る。 ○園生活の仕方を感じ取り，自分なりにやってみようとする。	◆自分なりに興味のある遊びを見つけて，繰り返し楽しむ。 ◆友達と同じ動きをしたり，同じものをもったりして遊ぶ。 ◆戸外に出て，体を動かしたり，園庭の自然にかかわったりして遊ぶ。 ◆遊びに必要なものや場を作って，友達との遊びを楽しむ。 ◆草花や虫などとかかわるなどして，身近な自然に親しみをもつ。 ◆はさみやのりなどを使って作る楽しさを味わう。 ◆学級みんなで，歌ったり，絵本を見たり，簡単なゲームをしたりすることを楽しむ。 ◆七夕の日を楽しみにして過ごす。 ◆水遊びに適した生活の仕方を感じ取る。 ◆雨の日に合わせた生活の仕方を知り，安全に気をつけて過ごす。

6/25（月）	6/26（火）	6/27（水）	6/28（木）	6/29（金）	6/30（土）公開研
8：45　登園・所持品始末 遊ぶ 10：50　片付け ゲーム「子どもの王様」 絵本「10ぴきのかえるのたなばたまつり」 歌「おほしさま」 降園準備 リズム「すすめロケット」 11：45　降園	8：45　登園・所持品始末 遊ぶ 10：50　片付け 歌「おたまじゃくし」 リズム「カエルのフェスティバル」 製作「カエルのお面」 12：00お弁当 絵本「にんじゃあまがえる」 お面をかぶり，戸外でお散歩（カエル忍者の修行のイメージで） 降園準備 13：45　降園	8：45　登園・所持品始末 遊ぶ 10：50　片付け 歌「かえるのうた」 リズム「カエルのフェスティバル」 ゲーム「カエルとザリガニ」 12：00　お弁当 歌「おほしさま」 絵本「たなばたウキウキねがいごとの日」 降園準備 13：45　降園	8：45　登園・所持品始末 遊ぶ 10：50　片付け 歌「おほしさま」 製作「三角つなぎ」 12：00　お弁当 ゲーム「カエルとザリガニ」 リズム「すすめロケット」 絵本「わんぱくだんのはしれ！いちばんぼし」 降園準備 13：45　降園	8：45　登園・所持品始末 遊ぶ 10：50　片付け リズム「すすめロケット」 絵本「あめふりくまのこ」 降園準備 歌「おほしさま」 10：55降園	8：45　登園・所持品始末 遊ぶ 10：50　片付け リズム「すすめロケット」 絵本「たなばたセブン」 降園準備 歌「おほしさま」 10：55降園

資料提供協力：岩手大学教育学部附属幼稚園（筆者が一部改変）

資料８－５　４歳児週案（幼稚園）　さくら組週案　6月25日（月）～6月30日（土）

環境の構成と援助のポイント

○一人一人が自分なりの楽しみを見出して遊びの満足感が得られるように，それぞれの興味関心や気持ちに寄り添いながら，ふさわしい環境を構成していく。
○友達のやっていることに刺激されて，友達と同じようにやってみたいという気持ちを支え，友達と関わって遊ぶ楽しさや友達とのつながりが感じられるような援助をする。

カエルのイメージで体を動かして遊ぶ
- 巧技台や平均台などを用いて，カエルの忍者になったつもりで，体を動かせる場を設けたり，コースの組み立てを援助したりしていく。
- 跳ねることを楽しんでいるため，必要に応じて跳び縄やケンステップを取り入れていく。
- 子どもたちのイメージを受け止めながら，教師も仲間の一人になって，イメージの中で動く楽しさを伝えていく。

カエルになりきって遊ぶ
- よりつもりになって遊ぶ楽しさが味わえるよう，お面を作れるような材料（カエルの輪郭を描いた色紙やお面バンド）や池をイメージできるような青いマットなどを用意する。
- 必要に応じて音楽を用意する。

お弁当やドーナツなどの料理を作る
- 四角や丸，輪のように切った箱やダンボールを用意し，子どもたちが描くお弁当箱やドーナツのイメージを大切にする。
- お弁当の具材やドーナッツのトッピングのイメージを引き出したり，広げたりできるよう，大小様々な大きさの色画用紙やあらかじめ細かく刻んだ画用紙などを用意する。

園庭にあるもので料理を作る
- ペットボトルやじょうご，汲み置きの水などを用意する。また，机やいす，ラティスなどを用いて，自分たちの遊びの拠点を定め，落ち着いて料理することができるようにする。
- 砂と土の感触の違いなど，子どもの様々な気づきを大切にしながら，援助していく。
- 桜の花殻や草花などに関心をもたせ，それらを集め，料理に混ぜたりジュースを作ったりするなど，身近な植物とかかわりながら，楽しめるようにしていく。

砂場で遊ぶ
- 小さなはしごや大きめのたらい，樋，樋スタンド，発砲ブロックなどを用意しておく。
- 「流しそうめん」など子どもたちのイメージに共感し，様々な素材を遊びに取り入れていく。

○自分なりのイメージを表現することやみんなと一緒にゲームをすることの楽しさを味わえるようにしていく。
- のりやはさみの使い方を知り，それを使うことで，様々な表現や活動ができる面白さを感じて，遊びの幅を広げていけるようにする a。（ドーナツやお弁当づくり，製作「三角つなぎ」など。）
- リズム「カエルのフェスティバル」「すすめロケット」などの活動を通して，みんなと一緒に活動する嬉しさやみんなの中で自分なりの動きをする楽しさが味わえるようにするとともに，その子なりの表現を認めていく。
- カエルなどの身近な小動物になりきって動きたくなるような話をしたり，絵本を読んだり，ゲームをしたりする b などして，イメージの世界を体全体で表現する楽しさが味わえるようにする。

○暑い日や雨の日の子どもたちの動きを予想して，場の設定を考えたり，環境を柔軟に変化させたりして，一人一人が気持ちを解放させたり，満足感を味わったりすることができるようにしていく。
- 水遊びをするときは，腕まくりをするなど，なるべく衣服が濡れないようにしたり，濡れたときは着替えたりするなど，状況に応じた行動ができるように働きかけていく。
- 雨の日には，室内にも巧技台等を用意し，体を動かして気持ちを発散できるような環境を用意する。

資料提供協力：岩手大学教育学部附属幼稚園（筆者が一部改変）

資料８－６　４歳児日案 展開（幼稚園）

時間	予想される幼児の姿（●）
8:45	○登園する。 ○挨拶，所持品の始末をする。 ○好きな遊びに取り組んだり，友達とのかかわりを楽しんだりする。 ○教師や友達の動きに誘われて，いろいろな遊びの面白さを知る。 **◎カエルやねこになって遊ぶ　（予想する子どもの氏名の表記はここでは省略する）** ●カエルやねこのお面やおうちを作って遊ぶ。 ●「ゲコゲコ」「ニャーニャー」などとなりきって動いたり，カエルやねこに関する歌を歌ったり，ダンスを踊ったりする。 ●「カエル鬼ごっこ」をして走ったり，カエル忍者のイメージをもって運動したりする。 ●ねこのえさは魚だということから，釣りをしたり，船に乗ったりする。 ・お面が作れるよう，カエルやねこの輪郭を描いた色紙やお面バンドを用意する。 ・青いマットなど池や海をイメージする環境を整える。 ・必要に応じて音楽も使えるよう準備をしておく。 （「カエルのフェスティバル」「かえるのうた」「おどるこねこ」等） ・巧技台や平均台などを用いて，カエル忍者のイメージをもって，体を動かせる場を設けたり，コースの組み立てを援助したりしていく。 ・跳ねることを楽しんでいるため，必要に応じて跳び縄やケンステップを取り入れていく。 ・釣り竿や船を作るための材料として，新聞紙やモール，大きめの段ボール等を用意しておく。 **自然のものを集めて遊ぶ** ●スグリの実などをたくさん集める。 ●ダンゴムシを集め，オスやメスを見分けたり，えさを探したりする。 ・スグリの実は，何かに使うというわけではなく，たくさん集めることを楽しんでいるため，その楽しさに寄り添いながら，一緒に集めていく。 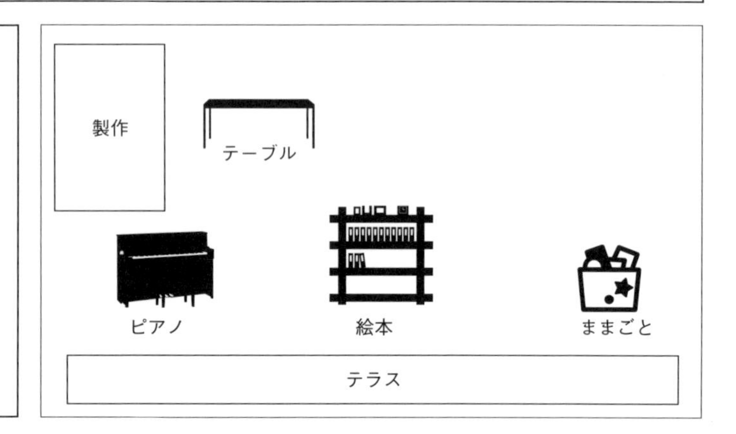
10:15	○片付けをする。 ○手洗い，うがい，用便をする **固定遊具で遊ぶ** ●鉄棒で「ぶたの丸焼き」をしたり，風車やジャングルジムにのぼったり，カラー滑り台で遊んだりする。 ・怖がらずに挑戦する姿が見られる反面，自分の力以上のことをしようとするところもあるため，安全面に配慮して見ていく。風車にのぼるときは，必要に応じて，踏み台を用意する。 ・「のぼれた」など，できたことを一緒に喜び，一人一人の頑張りをみんなに伝えていく。
10:30	○みんなでの活動をする。 ・リズム「すすめロケット」 ・絵　本「たなばたセブン」 ○降園準備をする。 ・歌　「おほしさま」
10:55	○降園する。  ジャングルジム  アスレチック  ブランコの支柱・ロープ  カラー滑り台  白い滑り台

環境の構成と援助のポイント（・）

◇プリンセスごっこをする
●互いにイメージを出し合い，お城作りをする c。
●お化粧ごっこをし，可愛いプリンセスになる d。
・「ドア」や「鍵」などをおうちごっこで作った経験をいかしながら，子どもたちのイメージに沿ったお城になるよう援助していく。
・お化粧道具を製作する際には，つもりの動きが楽しめるよう，必要に応じて，口紅には赤やピンクのネジロンを，パフにはスポンジやタンポを用意するなど，思い思いに製作できるようにする。
・ティアラやドレッサーを作り，同じものを身につけたり，拠点を作ったりして，安心して遊びが展開できるようにしていく。
・お化粧は，さんさ踊りの遊びともつながるようにしていく。

さんさ踊りをする
●衣装を身につけ，さんさ踊りの音楽に合わせて踊る。
●さんさ踊りのイメージをもって，楽器を鳴らして遊ぶ。
・お祭りの雰囲気が出るように，半纏や豆しぼりなどの衣装を用意する。
・さんさ踊りの音楽をかけ，楽しい雰囲気で踊れるようにする。
・経験したことのあるカスタネットやすずを鳴らすだけでなく，子どもたちのお祭りの音のイメージを大切にする。必要に応じて，桶を二つ合わせた手作り太鼓やダンボールを使った太鼓などを一緒につくっていく。
・遊びの状況によっては，踊りだけでなく，屋台などのお祭りのイメージも取り入れていく。

おうちごっこをする
●互いにイメージを出し合い，自分達なりのおうち作りをする。
●ござや牛乳パックの衝立，積み木を使って場づくりをしていく。
●粘土を使って，クッキーなどを作ったり，ごちそうしたりする。
・食器や布団などを必要以上に持ち出してしまうことがあるため，教師も仲間に入り，一人一人のイメージを受け止めながら，一緒に場づくりや用具の準備をしていく。
・遊びの場が乱雑になっているようなときは，「ここは○○するところ？」など子どものイメージを聞きながら，動きやすいように場を整理したりしていく。

◎園庭にあるもので料理を作る
●園庭の草花，スグリの実，砂や黒土を使って，たこ焼きやスープ，サラダ，ケーキなどを作る。
●園庭のパンジーや草を使って，ジュースを作る。
●自分たちの気に入ったところ（黒土の隣やお山の側など）に場を作り，家や店のイメージをもちながら料理をする。
・イメージするものが作れるようペットボトルやじょうご，ビニール袋，透明なカップなどを用意する。
・机やいす，ラティスなどを用いて，自分たちの場をつくり，落ち着いて料理することができるようにする。
・砂と土の感触の違いなど，子どもたちの様々な気づきを大切にしながら，援助していく。
・草花や実などに関心をもち，それらを集め，料理に混ぜたりジュースを作ったりするなど，身近な植物とかかわりながら，楽しめるようにしていく。

砂場で遊ぶ
●工事現場で働くイメージで，山や川，海などをつくって遊ぶ。
●樋を使って草などを流して「流しそうめんごっこ」をする。
・一人一人のやりたいことや作りたいもののイメージが異なっていることが多くあるため，子どもたちの発する言葉や動きに共感し，無理のないところでイメージをつないでいく。
・小さなはしごや大きめのたらい，樋，樋スタンド，発砲ブロックなどを用意しておく。
・「流しそうめんごっこ」では，草だけでなく，茎も流してみるなど，子どもたちのイメージに共感しながら援助する。

花壇

砂場

資料提供協力：岩手大学教育学部附属幼稚園（筆者が一部改変）

である。

また，４歳児の発達の節目でいうⅡ期からⅢ期につながるこの時期は，友達との間でさまざまな体験をする姿が多くなっていく。そこで保育者は，砂場遊びの子どもたちに対して，「一人一人のやりたいことや作りたいもののイメージが異なっていることが多くあるため，子どもたちの発する言葉や動きに共感し，無理のないところでイメージをつないでいく」（波線部）という援助を考えている。以上のようにこの時期の援助としては，子どもが興味のある遊びを友達と一緒に楽しむ中で，自分の思いや考えを表そうとする姿を認め，相手との違いに気づく体験を大切にしながら，間をゆるやかにつないでいくことが必要である。

Ⅲ　まとめ

４歳児の生活の中で子どもたちに十分に経験してもらいたいことは2つある。

１つ目は，子どもが自分のしたいことをしながら，好きな友達とつながるうれしさや遊びがもっと面白くなっていくという実感を得ることである。また２つ目は，一緒に遊びたい相手と思いや考えが異なることにぶつかって，遊びの中で揺れる葛藤体験である。

言い換えると，子どもが生活の中で，興味の幅を広げたりイメージを実現する方法に出会ったりしながら，より自立的に遊びを楽しむようになる「動」の面と，人との多様なかかわりの中で自分と友達を意識し見つめる「静」の面の両面を味わうことといえる。

そのため４歳児保育においてはまず，子どもの遊びが面白くなるような教材の研究が必要である。イメージをふくらませたり，必要なものを思いついたり作ったり使ったりすることで，子どもの興味や意欲は持続し，遊びが継続する。遊びが継続することで「主体的・対話的で深い学び」が可能となる。

保育者は，子どもの体験や発達に即した多様なものや活動，情報等を準備し，それらを適切なタイミングで提示するための遊びへの理解力が求められる。

また保育者は，子どもが友達と遊ぶ中で，楽しさを共感する場面や，思うようにうまくいかずにもどかしさを感じる場面それぞれにおいて，個々が味わう多様な思いを意識できるようにかかわることが重要である。子どもが感情を表現できるよう促したり，言語化して確かめたり，一緒に考えたり共感したりする等，子どもが自分を見つめ相手と向き合う体験を大切に支える援助が必要となる。このような体験が個別に、そして集団として積み重なって，５歳児の保育へとつながっていくのである。

保育における計画は，教育課程等から長期の指導計画へ，そして短期の指導計画へと，より詳しく具体的な内容を予想して，子どもの育ちのために準備するものである。

先を予想するためには，まずは目の前の子どもの姿から，楽しんでいることや経験内容，育ちつつある点等を的確に捉えることが重要である。子どもを理解しようとすることが，保育を構想する出発点でなければならない。

指導計画は，望ましい発達の方向を見据えながら，子どもたちの「今」の生活をつくり出すことである。子どもの実態に合わせて細かく修正したり思いきって変更したりすることを長期・短期の視点で考え続けることが，子どもたち一人一人が健やかに育つ保育の実践につながるであろう。

（岸千夏）

◆　参考文献

1）加藤繁美監修『子どもとつくる４歳児保育』ひとなる書房　2016

2）岩﨑淳子他『教育・保育課程論』萌文書林　2015

第９章　５歳児のカリキュラムの実際

Ⅰ　５歳児の保育

１　園生活の集大成として期待される育ち

５歳児の発達の姿を一言で表すと，集団の中で自己の力を十分に発揮する姿であるといえる。入園からの園生活を積み重ねることで，子どもは大きく成長する。３児では，園の中で安定して自分を表現し，興味や関心をもった遊びに取り組むようになる。４歳児では，友達とのつながりをつくり，周囲のものや場所などの環境から刺激を受け，遊びを広げていく。こうした育ちを基盤として，次第に友達と一緒の目的や目標をもつようになり，その目的や目標に向けて試行錯誤を続けたり，粘り強く取り組んだりする姿となっていく。これが５歳児の育ちとして期待されている。

幼稚園生活が入園前の家庭生活と最も異なるのは，同年齢の幼児集団があるという点である。ここで，子どもは自己を発揮することと共に，自己を抑制することも身につけていく。友達と遊んで楽しかったり嬉しかったりする体験や，友達と思いが違い，困ったり悲しかったりする体験など，様々な感情を遊びの中で体験していく。いざこざやぶつかり合いの中から，自分の思いをどうやって表したらよいかを知り，関係性の中で自己調整することを学んでいく。友達同士で思いや考えを出し合い，受け止め合い，互いに支え合うといった人間関係が形成されていく。園生活は，集団の中で個が育つ場であり，それぞれの個の育ちが集団の育ちへつながるのである。５歳児の保育では，こうした人との関わりを十分に広げたり深めたりしていくことや，様々な関係性をもてるような機会をつくることが大切となる。

また，生活する姿についても３年間の育ちは大きい。教師に依存した生活から，次第に自分のことが自分でできるように自立する。自分のことで精一杯だったところから，飼育物や栽培物の世話，食事の準備や片付けなど，園生活に必要なことに見通しをもって進めることができるようになるのが，５歳児である。

２　幼児期の終わりまでに育ってほしい姿

また５歳児後半は「接続期」とよばれ，幼小連携の視点からもこの時期の育ちは重視されている。幼稚園教育要領等では，「幼児期の終わりまでに育ってほしい姿」として具体的な姿が10項目示された。これは，幼児期に育みたい資質・能力(「知識及び技能の基礎」「思考力，判断力，表現力等の基礎」「学びに向かう力，人間性等」)が含まれた，幼稚園修了時に見られる具体的な子どもの姿である。この姿は急に育つものではなく，園生活全体を通して育つ姿である（P.116 図９－３参照）。

実際の保育の計画としては，各領域に示された「ねらい」及び「内容」に基づく遊びや生活全体を通して実践をすすめていくが，５歳児後半の子どもの育ちを捉える際にこの10の姿を照らし合わせるなど，評価の視点として用いることができる。10の姿は，遊びや生活が充実していった結果として育つ姿であり，これを保育のねらいにするものではない。また，「幼児期の終わりまでに育ってほしい姿」は，小学校入学後のスタートカリキュラムを考える際のよりどころの姿として，小学校学習指導要領にも記されている。子どもの育ちや学びが連続していくよう，５歳児の保育においてもしっかりと参照していきたい。

3　5歳児の発達的課題

5歳児になると，入園当初は目新しく魅力的だった遊具や場所にも慣れて，人間関係も安定してくる。それとともに，居心地のよい場所で，慣れ親しんだ仲間と何となく過ごしている姿や，仲間と一緒に何かやりたいのに，何をしたらいいか目的がもてず，自分の力を十分に出せない姿など，人間関係の固定化や遊びの停滞がみられるようにもなる。こうした姿は，5歳児の育ちに必要な発達的な課題ともいえる。

これを乗り越えるには，社会生活との関わりの中から興味や関心のあることを遊びに取り入れたり，身近な環境からの気付きや発見を丁寧につないでいったりして，子ども自身の思いや願いを追究できるようにすることである。時には一人でじっくりとものと関わり，試したり工夫したりすることを支えることも必要である。もちろん，仲間や学級で共通の目的をもってそれに必要な自分の役割を果たしていくように育てたい。こうした周囲の環境との関わりをさらに広げたり深めたりしていくには，指導計画の果たす役割が大きい。

Ⅱ　5歳児の指導計画
—遊びや生活を広げたり深めたりする—

5歳児の保育の特徴を踏まえて，具体的にどのような計画で保育を進めていくのか，東京学芸大学附属幼稚園（小金井園舎）の指導計画から，その実際を見ていこう。

1　教育課程に基づく

幼稚園では，入園から修了までの教育について，教育課程で全体像を示している。この園では，「人や身近な環境にかかわる中で，主体性と協同性をもち，明るく伸び伸びと自己発揮する子どもを育てる」ことをかかげ，「感動する子ども」「考える子ども」「行動する子ども」を教育の目標としている。また，障害のある子どもを受け入れ，一人一人の個性を生かし互いに育ちあう教育を，家庭・地域社会と共に進める特色をもっている。

教育課程編成の特徴としては，子どもの「自己の発達」をとらえ，それを軸としていることである。3歳児では「安定する・自己主張する」，4歳児では「つながる・自他の違いを知る」，5歳児では「支えあう・自己調整する」とした。こうして編成した5歳児の教育課程が，資料9－1である。教育課程のねらいから，5歳児が一年間でどのように育つのかをイメージしてほしい。

2　長期の指導計画を立案する

教育課程で，発達の流れと大きな見通しをもった。これを羅針盤としてイメージしながら，例年のおよその子どもの姿をとらえて長期の指導計画（期の計画）を立案する。3歳児入園から5歳児修了までの3年間を大きくⅠ期～Ⅸ期に分けて発達の流れを考えている。そのため5歳児学年は，Ⅶ期，Ⅷ期，Ⅸ期という3つの区切りである。もちろん，園によっては，さらに細かく期を分けて，1年間を5～6の期でとらえる園や，反対にもっと大きな区切り方をして，入園から修了までを5期くらいにして，発達をとらえている園もある。

⑴Ⅶ期（5歳児4月上旬～）

進級して生活の場が新しくなったり，園全体の生活を進めるために必要な仕事を任されたりして，張り切って活動する時期である。以前の年長児がしていたことに憧れをもって，今度は自分たちがそれをやろうと意欲的に動く。保育者は，年長児になった喜びや自信をもって生活を進めてほしいと願う。また，新しい環境になっても，今までに自分たちが楽しんできた遊びを続ける姿や，これまでの友達関係を生かして，一緒に遊びを続けることを期待している。

⑵Ⅷ期（5歳児6月上旬～）

新しい場所や生活にも慣れて落ち着いてくると，

資料９－１ 教育課程【５歳児学年】　（○印は遊び，△印は人間関係，□印は生活に関するねらい）

	期	ねらい	内　容
〈自己の発達〉 支えあう・自己調整する	Ⅶ（4月上旬～）	○興味をもったことに自分から働きかけ，探求して遊ぶ。 △友達を意識しながら，自分の行動を調整する。 □園生活に必要なことからめあてを共有し，自分たちで取り組む。	•今まで慣れ親しんでいた遊具や材料，方法を拠り所にして自分から遊ぶ。 •新しい場所や遊具の使い方を知り，興味をもったことをくり返す。 •遊びの場所や遊具を選び，自分のしたいことを実現していこうとする。 •前年度の年長児がしていたことを真似たり，遊びに取り入れようとしたりする。 •遊具を使ったり，ルールのある遊びをしたりする中で，思い切り体を動かす。 •言葉のリズムや体の動きなど，様々な表現があることを知り，楽しむ。 •自分の気持ちや考えを言葉で伝えたり，相手の気持ちや考えを聞いたりして，遊びを続けようとする。 •興味のある遊びを通して，いろいろな友達と関わる。 •４～５人のグループで作業したり，活動したりする。 •２～３人の友達と相談しながら遊びや活動を進める。 •学級や学年での遊びや活動に自分から取り組む。 •生活に必要な約束事や取り組み方を出し合い，行動しようとする。 •身近な動植物に興味をもち，触れたり，自分たちで世話をしたりする。 •田んぼや畑を取り巻く活動を通して様々な人やものに出会い，興味をもつ。
	Ⅷ（6月上旬～）	○試行錯誤しながら，めあてをもって遊びを続ける。 △めあてを共有しながら相談し合う。 □見通しをもち，必要なことに気付いて，自分たちで園生活を進める。	•水遊びや運動遊びなど，体を十分に動かし，友達の中で自分の力を発揮していく喜びを味わう。 •友達や教師から情報を取り入れ，自分なりのめあてをもつ。 •身近な材料や道具を使って，試したり，工夫したりしながら，遊びを続ける。 •様々な表現方法を自分なりに使ってくり返し取り組む。 •すぐにあきらめようとせず，少し難しいことにも挑戦しようとする。 •学級や学年全体のめあてが分かって，４～５人のグループで情報を伝え合いながら，一緒に活動しようとする。 •様々な友達に目を向けたり，友達の良さを認めたりする。 •いざこざの場面で，自分の考えを相手に伝えたり，相手の考えを聞いたりして自分たちで解決しようとする。 •友達と思いや考えを伝え合いながらめあてに向かって行動する。 •ルールを考えたり守ったりするとともに，チームの仲間や相手を意識しながら遊ぶ楽しさを味わう。 •身近な動植物の特徴に気付いたり，変化に驚いたりする。 •１，２週間先の予定に期待をもち，必要なことを考えたり，役割を果たしたりして協力して取り組む。 •生活を進める中で必要なことに気付いて，自分たちで準備をしたり整えたりする。
	Ⅸ（10月中旬～）	○自分たちのめあての中で，自己課題を見出し，力を発揮する。 △互いを認め合いながら，友達と協力し，一体感を味わう。 □見通しをもち，自分たちで園生活をつくる。	•めあてに向かって，自分から考えたり試したり，工夫したりしながら実現していく。 •様々な人と関わりながら，新しい見方をもったり，考えたりする。 •遊びや生活の中で，数や文字に関心をもち，遊びに取り入れる。 •学級の中で，互いの考えを伝え合いながら仲間意識をもつ。 •友達の特徴や良さが分かり，認め合ったり，支え合ったりする。 •今までの経験をもとに，自分で選んだり決めたりしながら，取り組みを続ける。 •ルールを共有したり，気持ちや動きを調整したりしながら遊ぶ。 •園全体や学年のめあてに向かって友達と協力し，取り組む。 •自分たちの生活や楽しんでいることを他学年にも伝えようとする。 •自然や季節の変化に気付き，自分たちの生活に取り入れようとする。 •一日の流れや修了までの見通しをもち，必要なことを話し合いながら生活を進める。 •成長の喜びを味わい，進学に期待をもって，協力しながら生活する。

遊びや人間関係が難しくなってくる時期である。自分のめあてをもって取り組みを進められるよう，手ごたえのある環境やグループで取り組む活動など，保育の工夫が必要になってくる。様々な友達に目を向け，考えを出したり受け入れたりしながら，一緒に遊びを進めていく姿を期待する。さらに，見通しをもち，必要なことに気付いて自分たちで生活を進めていくようなねらいも立てている。

(3)Ⅸ期（5歳児10月中旬～）

園生活の集大成の時期である。これまでの経験をもとに，自分のめあてに向けて粘り強く取り組む姿，友達とめあてを共有して遊びを進める姿を十分に育てたい。学級や学年での仲間意識を感じ，遊びや生活を自分たちの力で進めていくことをねらっている。修了までの見通しをもち，進学への期待や自信をもって生活を進めてほしいと願っている。

(4)期の計画を見通す

長期計画の具体例として，Ⅸ期の計画（資料9－2）を示しておく。教育課程では，このⅨ期を，10月中旬から3月修了までという長い見通しでくくっている。そのため，保育を具体化する際には，行事を見すえながら1か月半から2か月程度のまとまりにして，保育を見通しやすいようにしている。

Ⅸ期の計画では，10月初旬の【運動会】に向かう取り組みの様子から，グループや学級・学年を意識した取り組みの姿や，友達と一緒に挑戦すること，めあてを共有して活動する姿などをとらえて作成した。その育ちを，さらに友だちとのつながりのなかで自分の力を発揮するようつなげながら，12月中旬の【子ども会】までを見通す。最後は，自分たちの園生活を振り返り，学級や学年でそれをまとめた表現活動を創り上げるなかで，成長の喜びや進学に期待がもてるよう【修了式】までの保育を構築していく。

3　短期の指導計画を立案する

(1)子どもの姿をとらえることから

実際に保育を進めていく際には，図9－1のような週案や日案などの短期の指導計画を立案する。その時には，今日の子どもの姿から明日の保育をどうするか考えたり，今週の保育記録をまとめ，来週の保育を考えたりしていく。

例えば，「ダイバーごっこでは，積み木で大きな船を作ることにこだわりをみせていた。もし，船の装置や操縦に興味をもつようなら，操縦桿やレーザーの画面が作れるように材料を整えておこう。作ることから互いの考えを伝え合って遊びを進められるようにしよう」など，反省評価から次の子どもの活動を予想し，必要なものや場所，具体的な援助行為を考える。そのため，短期の指導計画は，個人名や遊び，使うものや場所など具体的に詳細に記述される。

つまり，長期の指導計画から短期の指導計画に，ねらいや内容をおろしてくるわけではない。あくまでも長期計画で発達の見通しをもちながら（a：以下，文中括弧内のアルファベットは図9－1のものと同一），実際には今日または今週の子どもの姿をとらえることから，次のねらいや内容を立ち上げ，その実現に向けた環境構成や援助を考えるというめぐり（b）が基本となる。

(2)保育を構想する視点

子どもの姿から保育を考えることを基本に，経験を広げたり時季を生かしたりして保育を展開できるよう，他にも次のような視点をもって構想する。

- 教育課程に位置付く行事への見通しをもち，必要な経験や遊びを積み重ねられるようにする（c）。
- 栽培計画，当番活動，表現活動など，日々の継続した流れの中で実態に応じて積み上げられるよう，活動や環境構成を計画する（d）。
- 個，グループ，学級など，それぞれの関わりで遊びや生活を展開できるよう，ねらいや具体的活動，環境構成を考える（e）。
- 専門的な力を生かして豊かな体験をつくるよう，家庭や地域と連携する（f）。
- 子どもの活動を支えるために適した材料や道具を考える。季節や行事，遊びのテーマと関連する音楽，絵本，自然など，教材研究を十分する（g）。
- 特別な配慮を必要とする子どもがいれば，実態をまとめ，今週の指導の方向を明確化する（h）。

Ⅲ　5歳児の特徴的な活動 —協同する経験—*

5歳児の特徴的な活動としては，
- 自分の課題をもち，様々に試したり工夫したりする取り組み
- 継続してかかわることで，対象との関わりを深める取り組み
- グループや学級で共通の目標をもち，実現に向けた取り組み
- ルールや決まりを共有し，人との関わりを広げる取り組み

などがある。

特に，グループや学級で共通の目標をもち，その実現に向けて取り組むことは協同的な学びになるとして，5歳児の保育において重視されている。そこで，子どもはどのようにして共通の目標をもつようになり，それに向けた取り組みを進めていくのか，事例から見ていこう。この事例は，フープを使って動く遊びが，次第に「海の泡の踊り」というイメージでまとまり，学年全体でのミュージカル「スイミー」へとつながっていくものである。

1　遊びの中で子どもが目標をつくり出す姿

図9－2は，フープを使った遊びが「海の泡の踊り」として子ども会に位置付いていく経過を，保育者の計画との関連でまとめたものである。これを見ると分かるように，グループや学級での共通の目標といっても，初めに決まった形があってそれに向かって練習するのではなく，遊びが充実するよう保育者が援助していくなかで，子どもが目標をつくり出していくことが分かる。

図9－2の「子どもの遊び」をたどっていってみよう。フープを使った動きの面白さを体験していく初期は，動きのバリエーションを楽しんでいる。次第に腰で回すことに興味が一致していく時期は，何回まで続けて回せるかという遊びの目標が読み取れた。友達と動きが揃う楽しさを感じるようになってくると，踊りをつくりたいという気持ちが高まり，踊りを試行錯誤してつくる頃には，他者に自分たちの踊りを見せたいという目標が出てきた。この流れから，少しずつ遊びの目標が深まり，遊びも一人の動きから互いの動きを意識して合わせていくよう取り組みが深まっていく様子が表れている。次の目標がもてると遊びは継続し，目標があることで意欲的になり，フープとの関わりも友達との関わりも深まっていく。子どもが感じている遊びの面白さを保育者が理解し，次の計画につなげていくことが大切であるといえる。

2　計画の流れを関連させて事例を読む

同じように，図9－2の「保育者の計画」をみていこう。

◆　注

*次の論文の中から一部の事例と内容をまとめなおしたものである。
田代幸代「子どもの遊びにおける協同性とは何か－遊びの中で子どもが目標を作り出す姿－」立教女学院短期大学紀要　第39号　2007　pp. 75-88

資料９－２　５歳児学年　Ⅸ期の計画　（10月中旬～）

幼児の実態　○遊びに関すること（個）　△人間関係に関すること（集団）　□生活に関すること	
○気の合う友達５～　６名で場をつくり，必要なものをつくったり動きを合わせたりしながら思いや考えを出し合って遊ぶようになってきた。遊びながら役割や順番を決める姿が見られるようになってきた。またゴムや磁石，フープ等，試したり工夫したりしながら対象物の面白さを感じ探求している姿も見られる。さらに水遊びや運動会など水やルールといった規制のある中で，自分の体を動かしながら挑戦したり，勝負を楽しんだりしている。それぞれの遊びで，めあてをつくり，実現しようとする姿を支えていく。 △リレーなどルールのある遊びの中で，自分たちで仲間を集めたり準備をしたり，勝つための作戦を考えたりしながら進めるようになってきた。運動会では学級や学年の友達と動きや気持ちがそろう一体感や充実感を味わっていた。また一緒に遊んだり，生活したりする友達のよさに気付き，自分も取り入れたり，自分なりに工夫したりする姿も見られるようになってきた。大勢の友達と関わる機会を取り入れながら友達の特徴に気付き，その中で力を合わせて物事に取り組んだり，一体感を味わったりできるように援助していく。 □当番の仕事や動物の世話など，生活に必要なことを友達と協力しながら手順を追って行うようになってきている。運動会に向けて生活の流れが不規則になることもあったが，予定を知らせると自分たちで取り組む姿が見られた。また稲の実りに気付き収穫を楽しみにしたり，雀よけの案山子を作ったりするなどの姿も見られた。見通しをもちながら準備したり，気持ちよく取り組めるルールを話し合ったりしながら，自分たちで生活をつくっていく経験にしていく。	
ねらい	内容
○自分たちのめあての中で，自己課題を見出し，力を発揮する	• めあてに向かって，自分から考えたり試したり，工夫したりしながら実現していく。 • 様々な表明方法の中から選択し，自分たちなりに表現して楽しむ。 • 様々な人と関わりながら，新しい見方をもったり，考えたりする。 • 数や文字に関心をもち，遊びに取り入れる。 • 今までの経験をもとに，　自分で選んだり決めたりしながら，取り組みを続ける。
△互いを認め合いながら，友達と協力し，一体感を味わう	• 学級の中で，互いの考えを伝え合いながら仲間意識をもつ。 • 友達の特徴や良さが分かり，認め合ったり，支え合ったりする。 • ルールを共有したり，気持ちや動きを調整したりしながら自分たちで進める。 • 園全体や学年のめあてに向かって友達と協力し，取り組む。 • 自分たちの生活や楽しんでいることを他学年にも伝えようとする。
□見通しをもち，自分たちで園生活をつくる	• 自然や季節の変化に気付き，自分たちの生活に取り入れようとする。 • 一日の流れや修了までの見通しをもち，必要なことを話し合いながら生活を進める。 • 成長の喜びを味わい，進学に期待をもって，協力しながら生活する。

生活（季節や行事など）
園生活 • 運動会（勝敗のあるリレーに取り組む，みんなで動きや気持ちをそろえて踊る，ルールの中で思い切り体を動かす，司会） • 教育実習生との生活　• 子ども会　• 修了式 自然 • 動物当番　• 稲刈り　• 脱穀　• 籾殻むき　• 餅つき会 • 畑の作物の種まき，収穫（大根等）　• 池の様子の変化に気付く • 大学構内の自然の変化に気付く（落ち葉，ドングリなど） • 餅つきの薪ひろい　• 誕生会で収穫物を食べる（みかん，餅米，キウイ等） 家庭・地域との連携 • 保護者と運動会に参加　• 保護者の保育参加　• 親子観劇会　• 学校獣医師の問診 • 稲作に関する地域の大人との連携

環境の構成（人）	環境の構成（もの・こと・場所・時間など）
〈自己課題を見出し，力が発揮できるように〉 • めあてが共有されていくように，関係性や人数に配慮した場づくりを提案する。自分の課題を見つけたり，相手のしていることが分かるように，幼児と一緒に場を意味づけたり，必要なものを設定したりする。 • 自分たちで遊びに必要なものをつくったり，役割分担したりする方法を投げかけ，取り組む姿を見守ったり，提案したりする。 • いざこざになる姿を受け止め，自分の意見を友達に伝える姿を見守り，解決方法を考えようとする姿を支える。 • 一緒に活動を進める中で，それぞれの幼児の持ち味を発揮できるように関わっていく。 • 頑張っている姿や工夫している姿を具体的に認め，達成感や充実感を味わいながら遊びに取り組めるようにする。 • 文字等を通して意味が伝わる楽しさが味わえるように，話したい伝えたい気持ちを受け止め，方法を知らせる。	〈自分たちのめあてをもち，共有できるように〉 • 他の幼児の出入りが少ないところを提案したり，壊れにくい遊具で場をつくったりする。（巧技台等） • めあての実現にむけて，粘り強く取り組み，教え合えるような教材を取り入れる。（こま等） • 物語やイメージが共有されやすい，象徴的なものをつくる材料や方法（段ボール，絵の具等）を提案したり，共通の歌を取り入れたりする。 • 幼児の興味を追求できるように，十分に試すことのできる時間や場所を保証する。 • 文字や数字等の表を目に付きやすいところに掲示する。
〈互いを認め合いながら，友達と協力できるように〉 • 教師自ら率先して， めあての中で工夫したり頑張ったりしている姿を友達に知らせ，相手のことを知っていく機会を取り入れる。学級や学年にも知らせていく。 • 仲間意識を深めていけるように，めあてを意識しながら，友達の意見を聞き，認め合う姿を支える。 • 遊び方の違いや力関係から遊びがうまくいかない時は，自分の意見を言ったり，相手の主張を聞いたりできるように支える。 • 友達のアイデアに気付いたり試したりできるよう声をかける。 • 他学年の幼児と交流する機会をつくったり（子ども会で演じたものを見せるなど，）地域の小学生と交流をしたりするなど， 人との関わりを広げていく。	〈友達と一体感を味わえるように〉 • 他の幼児の動きなどを意識しながら自分の動きを発揮できるゲームやルールの中で競い合える遊びを取り入れる。（ケイドロ，カルタ等） • イメージを共有することを楽しめるように，園生活での出来事に関係した内容を取り入れる。 • 大勢の友達と一体感を味わえるように，声や音がそろうよう教材を取り入れる。（太鼓，手拍子やパートに分かれる歌等）
〈充実感を味わいながら園生活を過ごせるように〉 • 生活に必要なことと自分のしたいことを調整しながら，生活を進めるために，他の幼児の様子を紹介したり，期限を知らせたりする。 • 不便なことや問題が生じた場合には，自分たちの問題として取り上げ，話し合い，ルールをつくっていくようにする。 • 稲作への取り組みを振り返りながら，食物に関心をもったり，お世話になった人への感謝の気持ちをもったりする機会を取り入れる。 • 自分たちがしていることを年中児へ引き継ぎながら，伝え合う関係を育てる。（動物当番引き継ぎ） • 園生活を振り返り，大きくなった喜びに共感する。進学に期待がもてるように学校生活の一部を知らせる。	〈生活への見通しをもって取り組めるように〉 • 時間の流れが自分のこととして身近に感じ取れるものを用意する。（時計，当番表，週の予定表等）また，長い期間のものは，カレンダーに記入し，教師が提案しながら，必要なものなどを自分たちで準備できるように遊具等を設定する。 • 個で探求したり，一人では味わえない気持ちを集団で感じたりできるように，個人，グループ，学級，学年で行う活動を吟味する。 • 寒くなる季節に応じたものを取り入れ，生活の仕方を変えて過ごせるようにする。（コートかけ，温飯器）

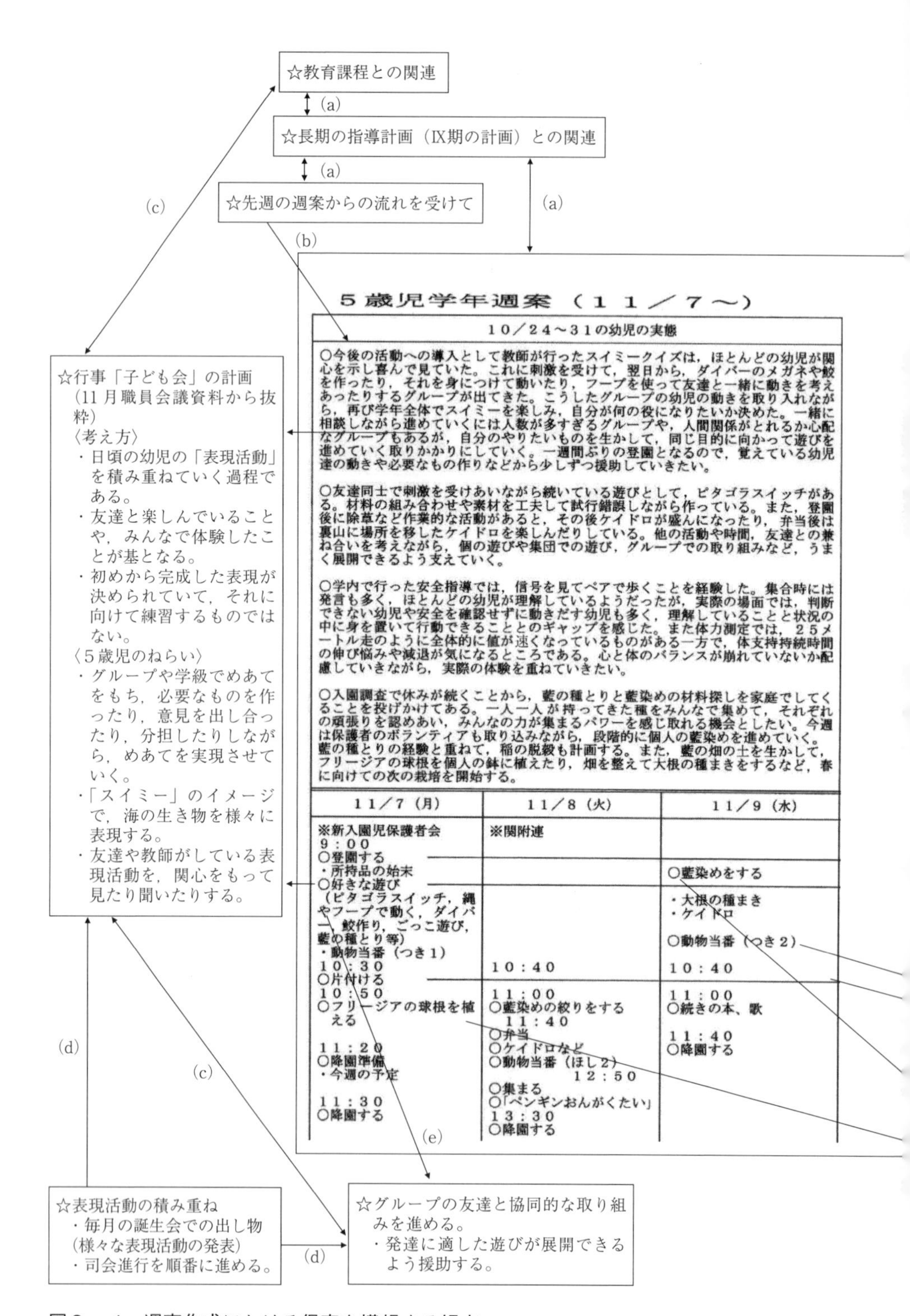

５歳児学年週案（１１／７〜）

１０／２４〜３１の幼児の実態

○今後の活動への導入として教師が行ったスイミークイズは，ほとんどの幼児が関心を示し喜んで見ていた。これに刺激を受けて，翌日から，ダイバーのメガネや鮫を作ったり，それを身につけて動いたり，フープを使って友達と一緒に動きを考えあったりするグループが出てきた。こうしたグループの幼児の動きを取り入れながら，再び学年全体でスイミーを楽しみ，自分が何の役になりたいか決めた。一緒に相談しながら進めていくには人数が多すぎるグループや，人間関係がとれるか心配なグループもあるが，自分のやりたいものを生かして，同じ目的に向かって遊びを進めていく取りかかりにしていく。一週間ぶりの登園となるので，覚えている幼児達の動きや必要なもの作りなどから少しずつ援助していきたい。

○友達同士で刺激を受けあいながら続いている遊びとして，ピタゴラスイッチがある。材料の組み合わせや素材を工夫して試行錯誤しながら作っている。また，登園後に除草など作業的な活動があると，その後ケイドロが盛んになったり，弁当後は裏山に場所を移したケイドロを楽しんだりしている。他の活動や時間，友達との兼ね合いを考えながら，個の遊びや集団での遊び，グループでの取り組みなど，うまく展開できるよう支えていく。

○学内で行った安全指導では，信号を見てペアで歩くことを経験した。集合時には発言も多く，ほとんどの幼児が理解しているようだったが，実際の場面では，判断できない幼児や安全を確認せずに動きだす幼児も多く，理解していることと状況の中に身を置いて行動できることとのギャップを感じた。また体力測定では，２５メートル走のように全体的に値が速くなっているものがある一方で，体支持持続時間の伸び悩みや減退が気になるところである。心と体のバランスが崩れていないか配慮していきながら，実際の体験を重ねていきたい。

○入園調査で休みが続くことから，藍の種とりと藍染めの材料探しを家庭でしてくることを投げかけてある。一人一人が持ってきた種をみんなで集めて，それぞれの頑張りを認めあい，みんなの力が集まるパワーを感じ取れる機会としたい。今週は保護者のボランティアも取り込みながら，段階的に個人の藍染めを進めていく。藍の種とりの経験と重ねて，稲の脱穀も計画する。また，藍の畑の土を生かして，フリージアの球根を個人の鉢に植えたり，畑を整えて大根の種まきをするなど，春に向けての次の栽培を開始する。

１１／７（月）	１１／８（火）	１１／９（水）
※新入園児保護者会 ９：００ ○登園する	※関附連	
・所持品の始末 ○好きな遊び		○藍染めをする
（ピタゴラスイッチ，縄やフープで動く，ダイバー，鮫作り，ごっこ遊び，藍の種とり等） ・動物当番（つき１） １０：３０ ○片付ける	１０：４０	・大根の種まき ・ケイドロ ○動物当番（つき２） １０：４０
１０：５０ ○フリージアの球根を植える １１：２０ ○降園準備 ・今週の予定 １１：３０ ○降園する	１１：００ ○藍染めの絞りをする １１：４０ ○弁当 ○ケイドロなど ○動物当番（ほし２） １２：５０ ○集まる ○「ペンギンおんがくたい」 １３：３０ ○降園する	１１：００ ○続きの本、歌 １１：４０ ○降園する

図９－１　週案作成における保育を構想する視点

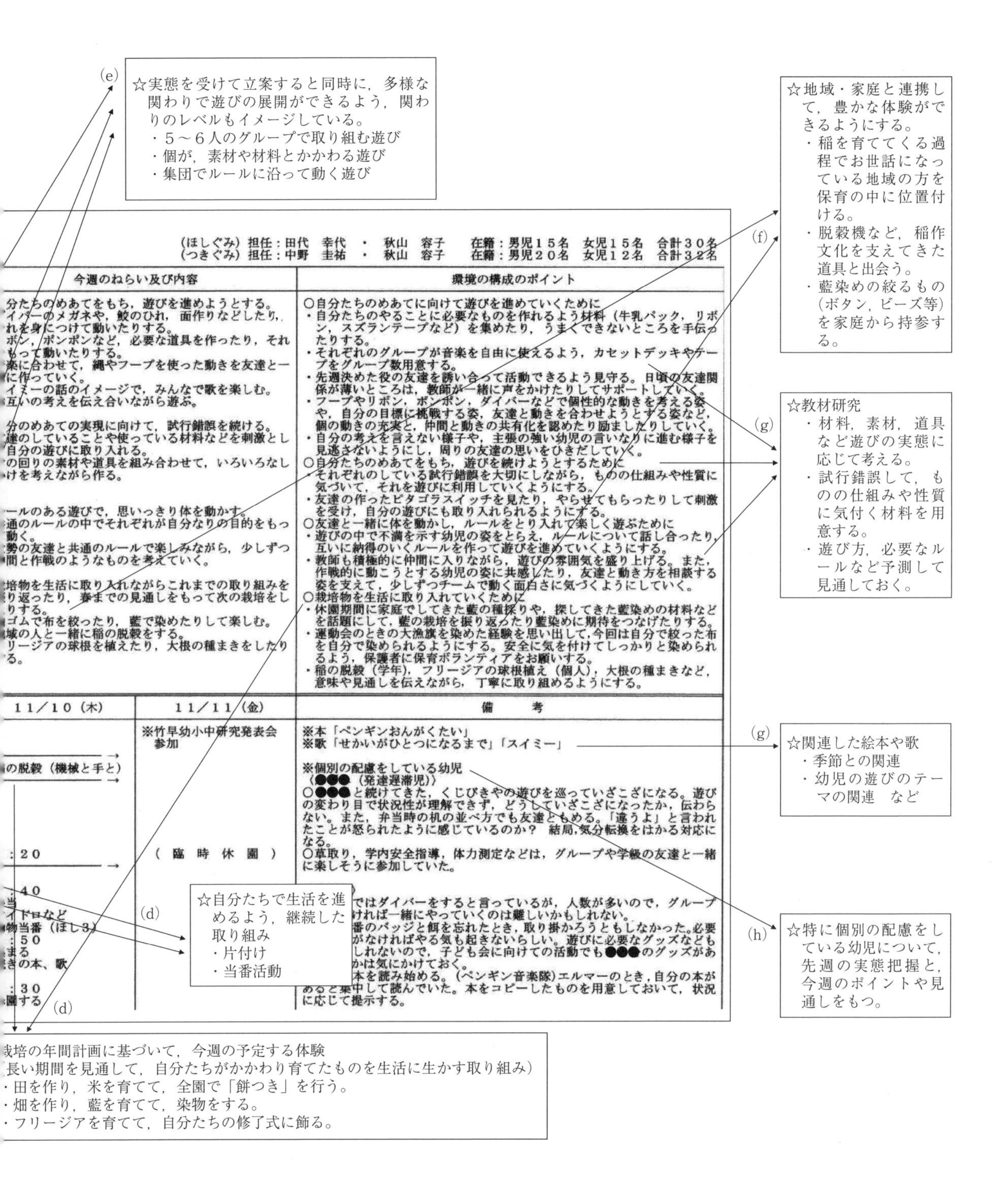

(e)

☆実態を受けて立案すると同時に，多様な関わりで遊びの展開ができるよう，関わりのレベルもイメージしている。
・５～６人のグループで取り組む遊び
・個が，素材や材料とかかわる遊び
・集団でルールに沿って動く遊び

(ほしぐみ) 担任：田代　幸代　・　秋山　容子　　在籍：男児１５名　女児１５名　合計３０名
(つきぐみ) 担任：中野　圭祐　・　秋山　容子　　在籍：男児２０名　女児１２名　合計３２名

今週のねらい及び内容	環境の構成のポイント
分たちのめあてをもち，遊びを進めようとする。 イバーのメガネや，鮫のひれ，面作りなどしたり，れを身につけて動いたりする。 ボン，ポンポンなど，必要な道具を作ったり，それもって動いたりする。 楽に合わせて，縄やフープを使った動きを友達と一に作っていく。 イミーの話のイメージで，みんなで歌を楽しむ。 互いの考えを伝え合いながら遊ぶ。 分のめあての実現に向けて，試行錯誤を続ける。 達のしていることや使っている材料などを刺激とし自分の遊びに取り入れる。 の回りの素材や道具を組み合わせて，いろいろなしけを考えながら作る。 ールのある遊びで，思いっきり体を動かす。 通のルールの中でそれぞれが自分なりの目的をもっ動く。 勢の友達と共通のルールで楽しみながら，少しずつ間と作戦のようなものを考えていく。 培物を生活に取り入れながらこれまでの取り組みを り返ったり，春までの見通しをもって次の栽培をしりする。 ゴムで布を絞ったり，藍で染めたりして楽しむ。 域の人と一緒に稲の脱穀をする。 リージアの球根を植えたり，大根の種まきをしたりる。	○自分たちのめあてに向けて遊びを進めていくために ・自分たちのやることに必要なものを作れるよう材料（牛乳パック，リボン，スズランテープなど）を集めたり，うまくできないところを手伝ったりする。 ・それぞれのグループが音楽を自由に使えるよう，カセットデッキやテープをグループ数用意する。 ・先週決めた役の友達を誘い合って活動できるよう見守る。日頃の友達関係が薄いところは，教師が一緒に声をかけたりしてサポートしていく。 ・フープやリボン，ポンポン，ダイバーなどで個性的な動きを考える姿や，自分の目標に挑戦する姿，友達と動きを合わせようとする姿など，個の動きの充実と，仲間と動きの共有化を認めたり励ましたりしていく。 ・自分の考えを言えない様子や，主張の強い幼児の言いなりに進む様子を見逃さないようにし，周りの友達の思いをひきだしていく。 ○自分たちのめあてをもち，遊びを続けようとするために ・それぞれのしている試行錯誤を大切にしながら，ものの仕組みや性質に気づいて，それを遊びに利用していくようにする。 ・友達の作ったピタゴラスイッチを見たり，やらせてもらったりして刺激を受け，自分の遊びにも取り入れられるようにする。 ○友達と一緒に体を動かし，ルールをとり入れて楽しく遊ぶために ・遊びの中で不満を示す幼児の姿をとらえ，ルールについて話し合ったり，互いに納得のいくルールを作って遊びを進めていくようにする。 ・教師も積極的に仲間に入りながら，遊びの雰囲気を盛り上げる。また，作戦的に動こうとする幼児の姿に共感したり，友達と動き方を相談する姿を支えて，少しずつチームで動く面白さに気づくようにしていく。 ○栽培物を生活に取り入れていくために ・休園期間に家庭でしてきた藍の種採りや，探してきた藍染めの材料などを話題にして，藍の栽培を振り返ったり藍染めに期待をつなげたりする。 ・運動会のときの大漁旗を染めた経験を思い出して，今回は自分で絞った布を自分で染められるようにする。安全に気を付けてしっかりと染められるよう，保護者に保育ボランティアをお願いする。 ・稲の脱穀（学年），フリージアの球根植え（個人），大根の種まきなど，意味や見通しを伝えながら，丁寧に取り組めるようにする。

11／10（木）	11／11（金）	備　　考
の脱穀（機械と手と） ：20 ：40 当 イドロなど 物当番（ほし３） ：50 まる きの本，歌 ：30 園する	※竹早幼小中研究発表会参加 （臨　時　休　園）	※本「ペンギンおんがくたい」 ※歌「せかいがひとつになるまで」「スイミー」 ※個別の配慮をしている幼児 〈●●●（発達遅滞児）〉 ○●●●と続けてきた，くじびきやの遊びを巡っていざこざになる。遊びの変わり目で状況性が理解できず，どうしていざこざになったか，伝わらない。また，弁当時の机の並べ方でも友達ともめる。「違うよ」と言われたことが怒られたように感じているのか？　結局，気分転換をはかる対応になる。 ○草取り，学内安全指導，体力測定などは，グループや学級の友達と一緒に楽しそうに参加していた。 ではダイバーをすると言っているが，人数が多いので，グループければ一緒にやっていくのは難しいかもしれない。 番のバッジと餌を忘れたとき，取り掛かろうともしなかった。必要がなければやる気も起きないらしい。遊びに必要なグッズなどもしれないので，子ども会に向けての活動でも●●●のグッズがあかは気にかけておく。 本を読み始める。（ペンギン音楽隊）エルマーのとき，自分の本があると集中して読んでいた。本をコピーしたものを用意しておいて，状況に応じて提示する。

(f)

☆地域・家庭と連携して，豊かな体験ができるようにする。
・稲を育ててくる過程でお世話になっている地域の方を保育の中に位置付ける。
・脱穀機など，稲作文化を支えてきた道具と出会う。
・藍染めの絞るもの（ボタン，ビーズ等）を家庭から持参する。

(g)

☆教材研究
・材料，素材，道具など遊びの実態に応じて考える。
・試行錯誤して，ものの仕組みや性質に気付く材料を用意する。
・遊び方，必要なルールなど予測して見通しておく。

(g)

☆関連した絵本や歌
・季節との関連
・幼児の遊びのテーマの関連　など

(h)

☆特に個別の配慮をしている幼児について，先週の実態把握と，今週のポイントや見通しをもつ。

(d)

☆自分たちで生活を進めるよう，継続した取り組み
・片付け
・当番活動

(d)

栽培の年間計画に基づいて，今週の予定する体験
（長い期間を見通して，自分たちがかかわり育てたものを生活に生かす取り組み）
・田を作り，米を育てて，全園で「餅つき」を行う。
・畑を作り，藍を育てて，染物をする。
・フリージアを育てて，自分たちの修了式に飾る。

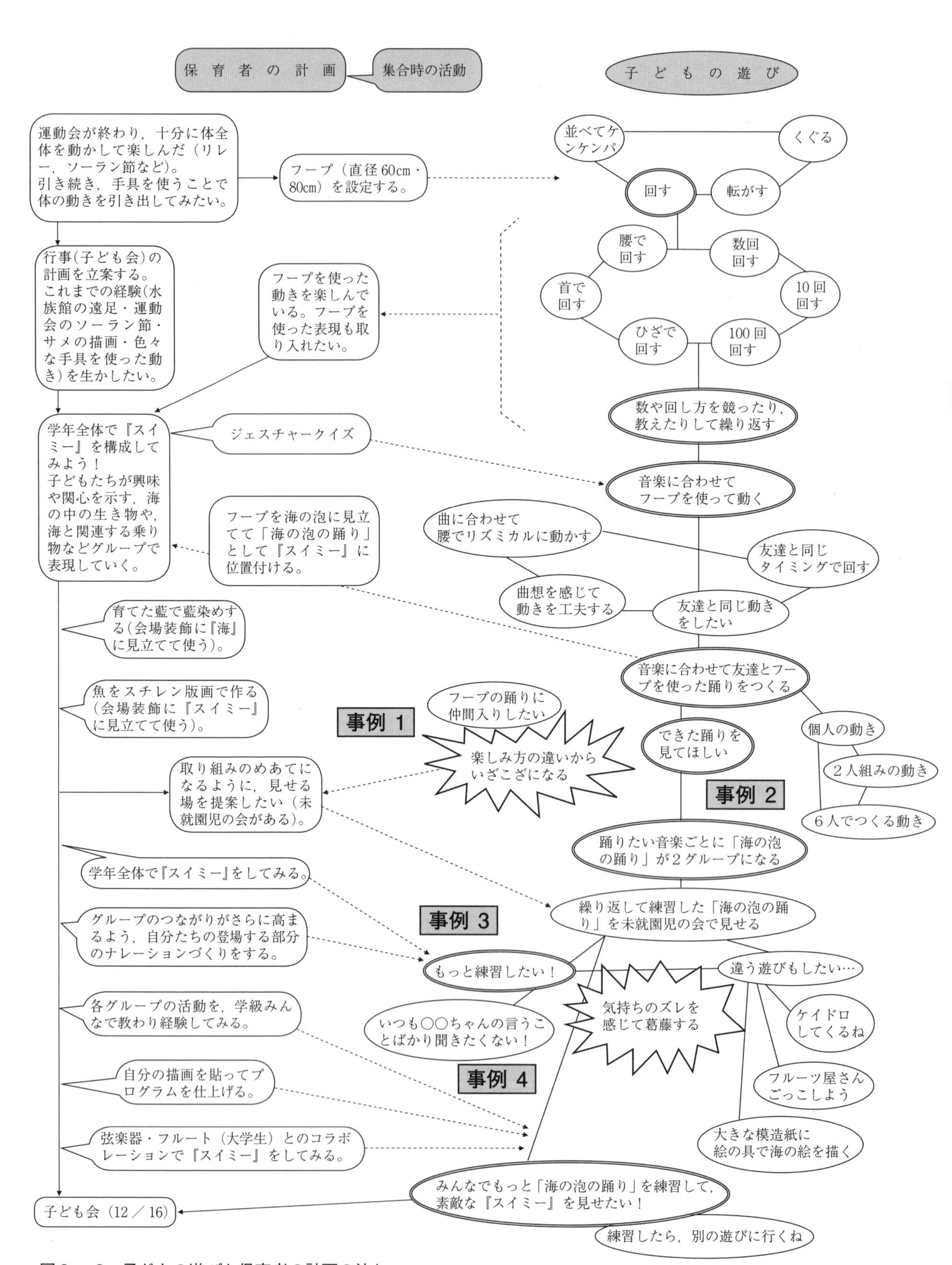

図９－２　子どもの遊びと保育者の計画の流れ

(1)フープを環境に設定する―子ども会の計画に位置付ける（10月中旬～）

運動会で十分にからだ全体を動かして遊んできた子どもたちの様子から，引き続きからだを使った動きを楽しめる環境を考えた。手具を使うことで，新たな動きを楽しめればと考え，以前に経験のあるフープを設定することにした。

フープを使って遊ぶ姿が盛んになり，互いに数や回し方を競ったり教え合ったりする姿から，この動きをさらに高めたいと考えた。保育者は音楽を用意して，子どもが遊びの中で使っている縄やフープなどを使い，動きをジェスチャークイズにして楽しむ機会をつくった。すると，それに刺激を受け，自分たちも気に入った音楽に合わせて，思い思いにフープを回す動きを楽しむようになった。その姿から，保育者は，12月中旬に予定されている子ども会の内容として位置付けたいと考えるようになっていた。

音楽が加わることで，リズミカルに動かすこと，曲想を感じて動きを工夫すること，友達と同じ動きや同じタイミングで回すことなど楽しめるようになってきた。そこで，保育者がフープを使った踊りを子ども会に位置付けることを実際に提案すると，子どもたちは喜び，この活動への参加希望者が増えた。フープの円形から海の泡を連想し，「海の泡の踊り」という名称も相談して決め，仲間意識をもてるようにした。

(2)互いの気持ちをやりとりできるグループの編成にする（11月当初）

ところが，先の行事へとつながる遊びとして位置付けたことで，いざこざが生まれはじめた。「海の泡の踊り」が音楽に合わせてできてくると，嬉しくて張り切って「練習しよう」とくり返したり，その姿に刺激を受けて仲間入りしてくる子どもが増えたりする。大勢の子どもが同じ場所に集まり，同じ遊具を使って動く状況は，わくわくして楽しい。しかし，そこに集う一人一人の楽しみ方を丁寧に見ていくと，それぞれの動機も志向性も一致するまでには至っていない。仲良しの友達と一緒にいたいという理由で集っていた子どももいれば，フープの魅力で取り組んでいる子どももいたからである。

〈事例1〉

フープを回す練習を楽しんでいたが，練習に来ないで別の遊びをしているレイナたちに対してミサは一人で怒っている。一緒に怒ってくれるのがチヒロだけということも，さらにミサの気持ちを苛立たせていたようだった。一部の子どもが互いに言い合う様子が続き，解決しそうもない。保育者が声をかけると，ミサは「子ども会っていつ？」と尋ねてくる。一緒にカレンダーをめくり数える。「26だ。わかった」とまだまだ日数があることが分かると，少し落ち着いてくる。

ミサとチヒロはみんなで一緒に練習したかったので，レイナに対して強い口調で責めていた。他児は，好きな友達がいてフープを回すだけで楽しかったから，口げんかには参加しないで困っている様子だった。（11月7日）

互いの思いを十分にやりとりできる状況をつくる必要を感じた。いざこざが，自分たちの目標に向けての試行錯誤になるようにしたいと考え，5～6人程度の編成で進めていくことが望ましいと考えた。そこで，やりたい音楽を2曲にし，選曲に応じて「海の泡の踊り」グループを2つにした。

(3)つくった踊りを見てもらえる場を設定する（11月上旬～）

〈事例2〉

「踊りができたから，見に来て」と誘われたので，座る場所を用意し，他の人も観客になれるようにする。

踊りは，自分たちの得意な，腰で連続して回す技を中心にしながら，途中でフープを円形に並べ順に移動する技や，それぞれの技を見せる場面など，曲想に合わせて工夫している様子があった。互いに見合いながら，「次，やって」「座るんだよね？」など，小声で確認し合ったり眼で合図をかわしたりして，生き生きと自分たちでつくっている踊りを見せてくれる。

前よりも工夫したところやできるようになったところを一人ずつ認めると，とても満足そうな表情をしていた。(11月9日)

6人のメンバーに決まったことで，互いの動きが見合えるようになった。真似したり，自分の動きをアピールしたり，2人組みで動きをつくったりして，動きと動きを交わしつつ，パターンができてきた。曲と動きの組み合わせが一定になってくると，自分たちの踊りが仕上がってきた実感をもつようだった。この頃には，100回以上は続けて腰で回せるようになるなど個人の技が上達し，

写真9－1　6人で同じ動きをそろえて踊る
（事例関連写真）

写真9－2　個人の技と3人組の技を組み合わせるフレーズ（事例関連写真）

力加減やコツもつかみ，動きもスムーズでリズミカルになる。仲間と考えた踊りを見てもらい，満足感をもつ様子から，保育者は集合場面で紹介したり，舞台で見てもらう機会（未就園児の会での発表）を提案したりした。見せる機会を得て，さらに意欲的に取り組みを続けていた。

(4)全体のめあてに向かうよう，集合時の活動を計画する（11月中旬～）

見てもらうことで満足感を味わい，さらに練習して踊りをもっとよくしていきたいという子どもと，もう十分に楽しかったから次は別の遊びもしたいという子どもが出てきて，練習をするかしないかでもめるなど，葛藤する姿が出てきた。

周囲では，スイミーに関連した遊びが様々に展開している。大きな模造紙をつなげて思い思いの魚を絵の具で描いたり，積み木で船を作り「ダイバーごっこ」をしたり，リボンで「ワカメ」の踊りをしたりしている。そこで，皆の遊びをつなげて学年全体で「スイミー」を通してみることや，本当の絵本で出てくるナレーションを，自分たちの取り組みに合うよう同じグループのメンバーで考えてみたりする活動を集合時に取り入れていった。

〈事例3〉

集合時（学年集会）に，「スイミー」の原作を再び読み，自分たちの役が登場する時のナレーションをグループごとに相談することにした。海の泡グループの様子を見ると，さっきのいざこざは忘れたかのように，教師から提案されたこの課題に取り組んでいる。「きれいで　かわいい　海の泡の楽しい踊り」というナレーションに相談が決まり，自主的に6人で声をそろえて言う練習を楽しそうにしていた。(11月24日)

学年全体で「スイミー」を通してやってみる。自分たちの踊りが位置付いている嬉しさが感じられたからか，「もっと練習しないと」「そうだね」「やっぱり，もっとやりたい！」と6人で

集まり，意欲的にくり返し踊って楽しむ姿が見られた。（12月2日）

自分たちのグループが登場する場面のナレーションを考える活動は，教師から投げかけた課題である。からだの動きで「海の泡の踊り」として作品化してきたものを言語表現でまとめることで，自分たちのしてきた遊びへの認識を新たにする機会になったと考える。また，自分たちの踊りが，他のグループの取り組みとつながっていくことで，「スイミー」全体の起承転結を楽しむ機会になった。全体の中の一部分としての自分たちの位置を感じ，みんなで一緒に向かう目標がはっきりすることで，再び「海の泡の踊り」に気持ちが高まっていく姿があった。

(5)互いのよさを認め合い，自信をもって行事に向かうようにする（12月上旬）

〈事例4〉

それぞれのグループの取り組みが深まってきていることを受けて，学級みんなで互いの内容を真似してやってみる機会を設ける。今日はフープの番。6人のメンバーに先生役をお願いし，全員でフープを回してみる。初めてフープを手にする子もいて，意外に続けるのが難しく，「どうやるの？」という声も出ていた。「前，後ろ，前，後ろってやるといいよ」「大きいフープのほうが回しやすいから」「勢いよく始めてみて」等，自分たちが遊びの中で掴んできたコツを伝える姿があった。曲に合わせて自由にフープを回してみた後，最後に全員のフープを円にして並べ，「いっせーのせっ」と，かけ声で一つずつジャンプして，順に移動していく技を真似てやってみる。1周できると，「やったね」と学級全体で喜んだ。これが刺激となり，その後は，フープを回して遊ぶ子どもが増えた。（12月6日）

グループの取り組みと全体の関係がもてるようになったことから，それぞれのしていることを学級全体でも共有したいと考えた。この日は，フープを使った動きをみんなで体験する。

「海の泡の踊り」グループの子どもたちにとって，友達に伝えたり教えたりする経験は，これまで獲得してきたからだの感覚を言葉にして表す機会ともなった。からだで学んできたことを友達に伝えることで，自分たちでも再認識したり，自分たちの取り組んできたことを友達に自信をもって伝える場面となった。くり返しフープを使ってきたことで，「海の泡の踊り」メンバーがフープを使った動きの熟達者となり，この熟達者をモデルとして所属集団が同じ経験を学んでいくことになった。

その後も，取り組みは熱心に続く日もあれば，「○回やる」と決めてメンバーが集まり，後は，自主的に練習する子どもや，別の遊びに参加する子どもに分かれることもあり，それを互いに認めつつ自分の取り組みをする姿が見られた。

資料9－4は，この頃の日案である。このように，グループや学級で目標をもち，それに向けて取り組みを継続させることで，フープとの関わりも友達との関わりも深めながら，子ども会へと続いていった。

3「幼児期の終わりまでに育ってほしい姿」へのつながりを事例から読み取る

事例全体を，「幼児期の終わりまでに育ってほしい姿」の10項目の視点から読み取ったものが図9－3である。実際の実践の中ではもっと多様な姿が含まれているが，これは一例としてみてほしい。遊びのプロセス全体を通して，10項目の姿につながっていく育ちが確かにとらえられることがわかる。このように，子どもの姿の育ちを確認したり，保育の中での子どもの体験に偏りがないかを見直したりして，よりよい実践につながる日々の保育を計画していきたい。

資料9－4　日案 12 月 10 日

5歳児学年 12 月 10 日（土）指導計画

（ほしぐみ）担任：田代幸代　秋山容子
在籍：男児 15 名　女児 15 名　計 30 名
（つきぐみ）担任：中野圭祐　秋山容子
在籍：男児 20 名　女児 12 名　計 32 名

1．最近の幼児の実態

○子ども会（12／16）への見通しがもてるようになり，学年全体での「スイミー」の表現活動を共通のめあてとして，それぞれのグループでの取り組みが進み始めている。音楽に合わせて，手具（フープ，リボン，縄，ポンポン）を使った動きや，必要なもの（鮫の面やヒレ，ダイバーのメガネ）を作りそれを身につけた動きなどを，友達と一緒に考えたり合わせたりしている。自分たちで誘い合い舞台で練習をくり返し，友達同士で考え合うグループもある。他方，人数が多かったり，別の遊びに関心があったりするグループは，教師がきっかけをつくることで動きのストーリーや順番などを決め始めたところである。

裏山や農場（大学内）でのケイドロを楽しんできている。茂みに隠れる，山の上から一気に宝をねらう，挟み撃ちにするなど，周囲の環境を生かして遊びを面白くする動きを出している。相手の動きを見て考えながら自分の動きを出すなど，さらにケイドロを楽しみ大勢で遊ぶ雰囲気を盛り上げたい。

○子ども会に向けて決めたメンバーでの取り組みと，別の遊びとの関連でいざこざになる姿が見られる。意見の強い者に従うだけではなく，互いの思いを出し合うようになってきた。折り合いをつけて遊びの方向を決めていく様子を見守ったり，いろいろな解決策を提案したりして，関係性を支えていく。

○手作りの温室も完成し，フリージアの芽も出始めている。芽が出たことや数などを話題にしながら，登園後の水やりをしている。また，稲に関する活動にも関心をもって取り組んできている。11 月中旬に地域の方と稲の脱穀をし，下旬には保護者と一緒にしめ縄作りを行った。籾殻むきは少しずつでも来月の餅つき会に使えるよう進めていく。

2．ねらい及び内容

○子ども会の「スイミー」に向けて，自分たちのグループの取り組みを進める。
・個の動きに，ペアや仲間を意識する動きなどを組み合わせて，いろいろな海の生き物の動きをつくる。
・仲間と一緒に必要な道具をつくったり，修理したり，それを使ったりする。
・友達のしている表現に関心を向けたり，刺激を受けて自分の遊びに取り入れたりする。
・スイミーの話のイメージを広げ，みんなで歌を楽しむ。
・お互いの考えを伝え合いながら遊ぶ。
○ルールのある遊びで思いきり体を動かす。
・大勢の友達と共通のルールで楽しみながら，仲間と作戦を考えたり，動きを合わせたりする。
・周囲の環境を生かした動きや，相手を見て考えた動きなどを出し，ケイドロを楽しむ。
○生活の中で必要なことに気付いて自分たちで進めていこうとする。
・フリージアの水やりや当番活動などをする。
・すり鉢やざるを使い，工夫しながら籾殻むきを進める。

３．本日の流れ

時間	幼児の活動
9：00	○登園する ・挨拶 ・所持品の始末 ・フリージアの水やり ○好きな遊びに取り組む 〈中央テラス・遊戯室〉 ・ダイバーごっこ ・鮫 ・イルカショー ・海の泡の踊り（フープ） ・ワカメの踊り（リボン） ・ペンギンダンス（縄） ・イソギンチャク（ポンポン） ・音楽隊（楽器） 〈裏山〉 ・ケイドロ 〈保育室〉 ・籾殻むき
10：10	○動物当番（ほし６Ｇ） ○片付ける
10：30	〈遊戯室〉 ○スイミーの表現活動 （学年） ・弦や管楽器の音色を聞いて歌う
11：10	○降園準備をする ・身支度をする
11：20	○降園する

（自分たちのめあての実現に向けて粘り強く活動する）

（友達とイメージを共有して遊ぶ）

・ダイバー，鮫，イルカなどのイメージで，なりきって遊びながら体を動かす。
・フープやリボン，縄などの手具を使って，友達と動きを揃えたり，自分の技を極めたりする。
・音やリズムを合わせて合奏を楽しむ。
・一緒に遊ぶ友達と考えを伝え合って遊ぶ。

（チームを意識し，ルールに沿って遊ぶ）

・同じチームの友達と作戦を考えたり，役割を分担したりして，チーム意識をもって動く。
・周りの友達の動きを見ながら，考えて自分の動きを出す。

（動物当番をする・籾殻むきをする）

・生活グループの友達と考えを伝え合って掃除をしようとする。
・餅つき会に向けて，籾殻むきを進める。

（子ども会に向けて，学年で活動する）

・音楽科学生の演奏に合わせて，雄大なイメージでスイミーの歌をみんなで歌う（※）。
・グループごとの表現活動を見せ合い，友達のしている遊びとつながりを感じたり互いに刺激を受けたりする。

（実線の楕円）『探求的・協同的取り組みを促すための連携』のねらい
下線（※）　本日の連携活動

（東京学芸大学附属幼稚園研究協議会「心が動く　体が動く（第３年次）—多様な連携を通して—」５歳児学年本日の指導計画より　2005）

4．予想される遊びの姿（○）と環境の構成（☆）

〈裏山〉ケイドロ

○ケイ（警察・青帽子），ドロ（泥棒・白帽子）に分かれたり，宝や牢屋（すのこ）を用意したりして自分たちで遊びを始めようとする。

○山の上に集まって一気に宝を取りに攻めたり，挟み撃ちにして泥棒を捕まえたりする。

☆遊び始めに人数が少ない時には，呼び集めるなどしてやりたい遊びが成立するようにする。

☆仲間と作戦を立てたり，動きを合わせたりする姿に共感して，遊びを面白くする動きを盛り上げる。

☆日頃に比べて遊べる時間が短いので，満足感を得られるよう教師も積極的に関わる。

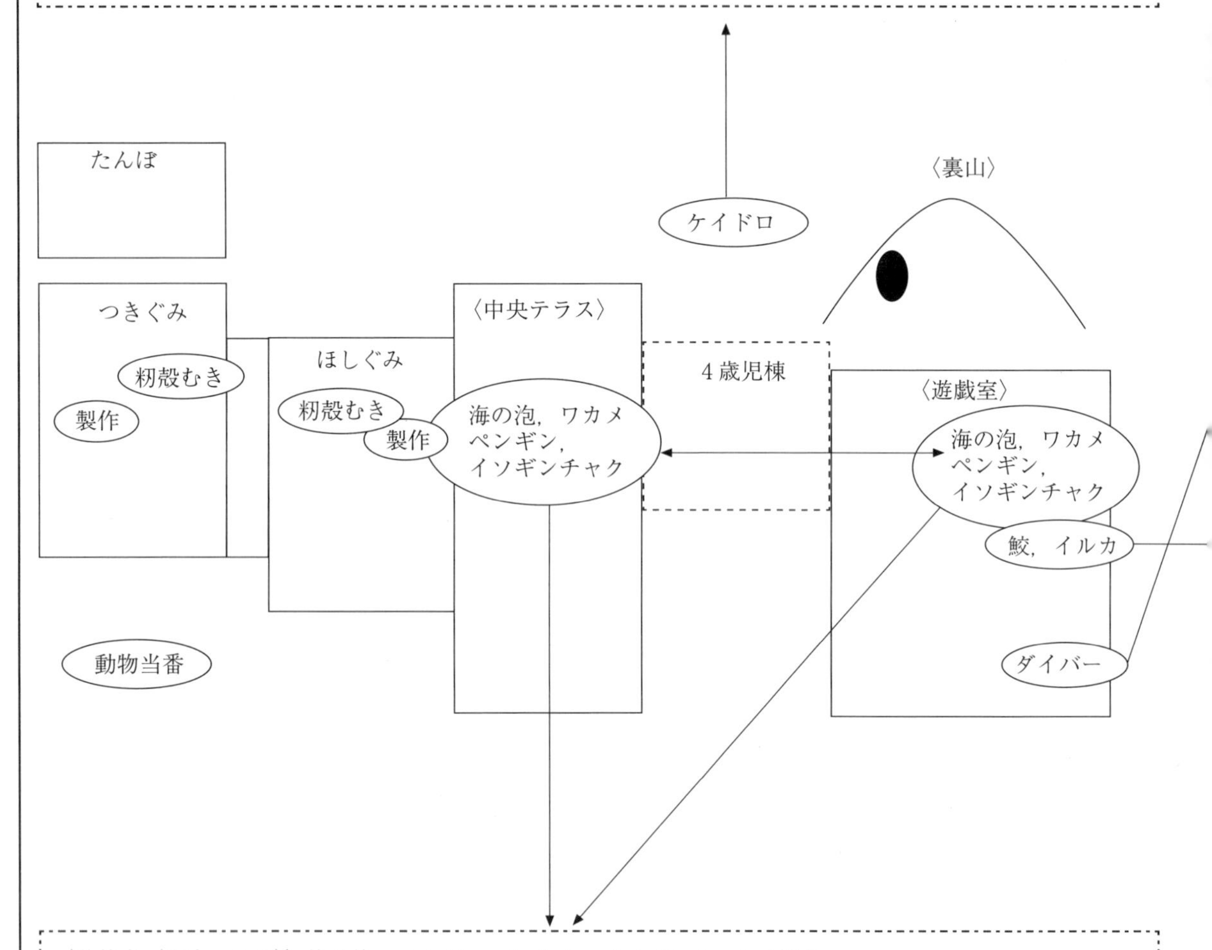

〈遊戯室（中央テラス）〉海の泡，ペンギン，ワカメ，イソギンチャクの踊り

○フープ，縄，リボン，ポンポンを使って音楽に合わせ，自分たちの考えた踊りを踊ったり，友達のしている表現を見たりする。

☆動きのそろっているところや工夫したところ，以前に比べて上達したところなどを認め，励ましていく。

☆友達のよさに気付いている幼児の発言を大切にし，相手に伝わるようにすることでさらに自信をもって取り組めるようにする。

〈遊戯室〉ダイバーごっこ

○積み木や巧技台を使って船をつくったり，コンピューターをつくったり，小船で出かけたりしながら海のイメージで遊ぶ。人数が多いので１つの船の中でそれぞれのイメージで場をつくったり，動きをつくったりする。

☆それぞれの幼児が思い思いの動きや考えで遊んでいる姿を十分に認める。

☆それぞれが船のコンピューターづくりをしてきているので，機会があればコンピュータールームなど提案してみて，少しずつ仲間とつながりを感じていくよう関わりたい。

☆「スイミー」の表現活動に向けて，これまで考えてきた動きなども，遊びの中に取り入れながら楽しめるようにきっかけをつくりたい。

〈遊戯室〉鮫，イルカショー

○鮫は，群れになって泳ぐイメージを動きにしてきた。同じ動きだけでは面白くないことから相談が始まり，「ジャンプもしたい」「速い動きやゆっくりのところをつくりたい」と考えが出てきている。人数が多く，全員で，考えたことを動きとして試すのが難しい場面がある。

○イルカショーは，輪くぐりやジャンプ，回転など，自分の考えた技をするのが楽しい。吹くと墨の出るタコの面を工夫してつくるなどもしている。動きの順番や内容を決めることには「つまらなくなる」と否定的で，毎回違う楽しみを見いだしている。

☆前日の降園時に，「明日は○○をしてみよう」など，出てきた考えの中からめあてになることを共有して本日につながるようにする。

☆思ったことや感じたことがあるのに仲間に表しにくい様子が見られたら，仲介して互いの意見を伝え合って遊べるようにする。短時間でも，「今日は○○ができた」という部分を大切にして，別の遊び（ケイドロなど）に向かえるようにする。

スイミーの表現活動（学年集会）

○学年全体で集まり教師の話を聞いたり，楽器の紹介に期待をもったり，「スイミー」の歌を楽しんだりする。

☆音楽科学生による楽器（バイオリン，チェロ，コントラバス，フルート）の演奏を取り入れることで，これまで歌ってきた「スイミー」の世界をさらに楽しみ，広げられるようにする。

☆歌や音楽を感じながらからだを動かしている姿に共感して，それぞれの幼児が自分の感じ方を少しずつ出せるようにしていく。

☆前日の学年集会でできなかった，後半グループの表現活動を互いに見合う場面をつくり，友達のしている表現に関心を向けたり刺激を取り入れたりできるようにする。

☆全体の進行（田代），個別の配慮が必要な幼児への援助（中野），ピアノ（秋山）で，分担して進める。

（東京学芸大学附属幼稚園研究協議会「心が動く　体が動く（第３年次）—多様な連携を通して—」５歳児学年本日の指導計画より　2005）

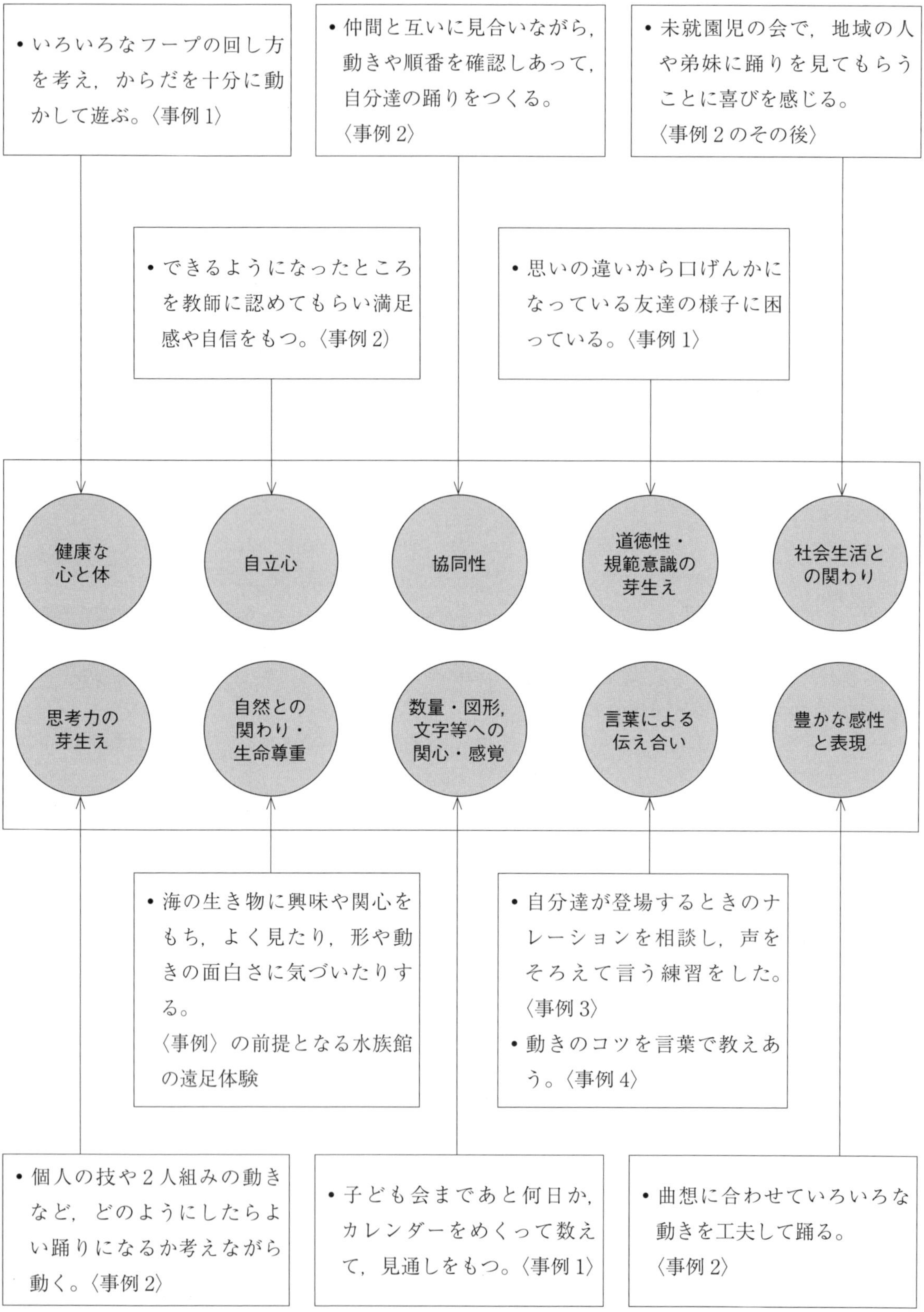

- いろいろなフープの回し方を考え，からだを十分に動かして遊ぶ。〈事例1〉

- 仲間と互いに見合いながら，動きや順番を確認しあって，自分達の踊りをつくる。〈事例2〉

- 未就園児の会で，地域の人や弟妹に踊りを見てもらうことに喜びを感じる。〈事例2のその後〉

- できるようになったところを教師に認めてもらい満足感や自信をもつ。〈事例2〉

- 思いの違いから口げんかになっている友達の様子に困っている。〈事例1〉

健康な心と体

自立心

協同性

道徳性・規範意識の芽生え

社会生活との関わり

思考力の芽生え

自然との関わり・生命尊重

数量・図形，文字等への関心・感覚

言葉による伝え合い

豊かな感性と表現

- 海の生き物に興味や関心をもち，よく見たり，形や動きの面白さに気づいたりする。〈事例〉の前提となる水族館の遠足体験

- 自分達が登場するときのナレーションを相談し，声をそろえて言う練習をした。〈事例3〉
- 動きのコツを言葉で教えあう。〈事例4〉

- 個人の技や2人組みの動きなど，どのようにしたらよい踊りになるか考えながら動く。〈事例2〉

- 子ども会まであと何日か，カレンダーをめくって数えて，見通しをもつ。〈事例1〉

- 曲想に合わせていろいろな動きを工夫して踊る。〈事例2〉

図9－3 「幼児期の終わりまでに育ってほしい姿」へつながる子どもの姿

Ⅳ　まとめ

５歳児の指導計画を作成する際には，その発達や特徴を踏まえ，次のようなことに留意していきたい。

まず，目的や目標のある生活，見通しのもてる生活をつくるようにすることである。目的や目標は，子どもが遊びの中で見出し，次第に友達と共有していくものであるが，それは，保育者の計画や援助との相互作用によってつくり出されていく。子どもの楽しんでいることを読み取りながら，それと関連した活動を学級全体で取り上げたり，ふさわしい環境構成を考えたりしていくことが重要になる。保育者からの一方的な目標の押し付けにならないよう，保育者の提案や投げかけた課題を子どもがどのように受け止めたか，それによって活動が広がったり深まったりしているかを常にとらえて，保育を構想していくことが必要である。

次に，手ごたえのある環境を構成することである。遊びは，ものと人，空間の結びつきによってダイナミックに展開する。ものでは，様々な素材，材料，遊具，用具など，遊びのイメージにふさわしいものを用意したり，作り方，使い方など技能やコツを伝えたりして，考えたことが実現できるように選んで用意したい。特に，固定化した人間関係を崩していく時には，一人でじっくりとものと向き合うような経験も大切になる。人との関係を崩すとともに新たな関係を構築するためにも，ルールのある遊びも積極的に活用したい。大勢で動く楽しさを存分に味わうことと，個の充実を図ることから，目的に応じた仲間関係での取り組みを継続する力を高めていきたい。身のまわりの環境も十分にとらえられるようになるので，園内，園外，社会体験など，多様な場を取り入れる機会を大切にしていく。こうした手ごたえのある環境をつくるために，保育者の教材研究は欠かせない。

最後に，体験の連続や広がりを大切にすることである。遊びや生活の中からつながることに丁寧に取り組む。遊びの楽しさから生まれた目標が，次第に共有され，学級や学年全体の目標に位置付いていくまで，ゆっくりと試行錯誤する。こうした保育が展開するよう，子どもの姿と保育者の援助が連動しているか評価しつつ，立案する計画の意義は大きい。

（田代幸代）

コラム
特別な配慮を必要とする子どもの指導計画

幼児期は，月齢による発達や，家庭生活の仕方による経験の差が大きい。そのため，全体指示で自分から動くことが苦手，リズムやペースがゆっくりなど，集団で生活を進める時や学級全体で活動する場面になると，保育の中で個別の対応が必要な状況も出てくる。また，入園時点で，発達相談を受けたり，専門機関で診断を受けたりしている子どももいる。発達相談や診断はないものの，人との関わり方や遊び方において，衝動的であったりこだわりが強かったりして，特徴的な姿を見せる子どももいる。さらに，外国籍の子どもや海外から帰国した子どもなどへの対応も求められている。それぞれの子どもにふさわしい援助をするためには，全体の指導計画だけでは不十分なこともある。状況に応じて，個別の教育支援計画を作成したり，週日案の中で配慮が必要な子どもについて記述をしたりして，保育者の意図や関わり方を明確にしたい。

1　子どもの理解を基本に

学級で集まると，座っているのが苦手でウロウロしてしまう。友達が楽しそうに遊んでいる場を突然壊してニコニコしている。大人とは親しくかかわるのに友達と遊びを見つけにくい。このような子どもの姿があると気になり，何とかしたいという思いから，保育者の願いを押しつけてしまったり，否定的な場面でかかわることが多かったりすることに気付く。

どうしてそのような行動になるのか，その子どもの理解を基本にすることから保育は始まる。単なるわがままなのか，生活の仕方がわからないだけなのか，特徴的な理解の仕方があるのか。どのように理解するかによって，援助の方向性が変わる。子どもの姿を肯定的に受け止め，保育者の援助を様々に試してみることから始めよう。

2　具体的な保育の工夫を

〈具体例１〉 人工内耳を装着していたＡ児

Ａ児は聴覚障害があり，人工内耳を装着する手術を受けていた。常に装置をポシェットに入れ，携帯しながら生活をしていた。また，週に３回は園以外に「聞こえの教室」で指導を受けていた。

Ａ児の聞こえに関して，集合時は保育者の近くに座るようにしたり，話す口元をＡ児に向けるようにしたりして配慮していた。

ある時，学級対抗のゲームをすることになり，それを子どもたちに伝えたところ，「わー」と歓声を上げて喜び，先を争って園庭に出て行くことになった。Ａ児も，他児と同じように歓声を上げ，小躍りして喜んでいたにもかかわらず，「これから何をするの？」と副園長が尋ねると答えられず，わかっていない様子があった。

〈具体例１〉のＡ児では，聞こえについて配慮していたつもりでも，どれだけ伝わっているかを確認する眼差しが不足していたと反省した。ゲームの名前を黒板に書くことや，使う道具の絵を描いて示すことなど，理解の手がかりを増やすこともできる。個別の配慮で遊びや生活がしやすくなることは，その子どものためだけではなく，他児にとってもわかりやすい保育になる。

また，子どもの特徴やこだわり，得意なことなどを生かす場面をつくるように工夫することで，学級の中に位置付くようにすることも大切と考える。多様な人との出会いを生かし，配慮が必要な子どもも集団の中で伸び，周りもそこでの関わりから学ぶことをしっかりとらえていく。

3　園全体のティームティーチングで

子どもの遊びは，園内の様々な場所で展開する。担任が学級全員を常に把握できるとは限らないし，別の学級の子どもでも近くにいれば，当然，援助する。特別な配慮が必要な子どもについて，定期的に校（園）内委員会を開き職員間で報告する，援助の方針を話し合うなど，個別の指導計画で情報を共有していることが望ましい。

〈具体例２〉 衝動的に動くＢ児

Ｂ児は，積み木で構成した場を突然全部倒したり，アスレチック遊具の上から友達を突き落とそうとしたりするなど，トラブルが多かった。危ないことはその都度，真剣に伝えるものの，伝わる実感がもてなかった。

そこで，耳から聞いて理解することよりも，目で見て理解するほうが伝わるかもしれないと考え，絵と文字のカードを作成した。危ない場面や友達が嫌がっている場面で，カードを提示して話すと「はい。わかりました」と答え，自分でも「バツ」と手を交差させて納得する。次第に周囲の子どもも，何かあると「それはバツ」とジェスチャーで伝えるようになり，関わりが成立するようになっていった。また，Ｂ児は，数量や時間に対する感覚が強く，収穫物の数を数える場面や，製作材料をグループ数に分けることなど得意で，それを保育に生かすことで次第に落ち着いていった。

〈具体例２〉のＢ児の場合，特にアスレチック遊具の上で衝動的な行動になると，周囲の子どもに対して危険が予想された。戸外に出て遊ぶことが中心となる時間帯には，あらかじめ人員配置(養護教諭やフリー職員）をし，すぐに対応できる体制をつくるなど，ティームティーチングで援助することも大切である。

4　家庭と連携して

〈具体例3〉発達遅滞のC児

C児は，ごっこ遊びを好み，友達との簡単なやりとりを楽しんでいた。ある時，C児の口からよだれが出ていることが話題になり，「C君，汚いから遊びたくない」という言葉が他児から出てきた。担任は困りながらも，「汚いのはC君ではなくて，よだれ。拭けば大丈夫」と口元をテッシュペーパーで拭った。保護者とも相談し，名札と一緒にガーゼのハンカチを留めてもらうようにしたところ，C児は自分で口を拭うようになり，周囲の子どもも「C君，すごい。自分でできるんだ」と認める場面になった。

保護者にとって一番嬉しいことは，子どもの成長の姿を聞くことである。園での姿をできるだけ具体的に伝え，それについてどのように援助しているのか，育ってきているところはどこなのか，知らせるようにしたい。援助がうまくいかないことがあれば，家庭での姿を教えてもらい，園生活でも生かしてみる，園のやり方を家庭でも試してもらうなど，互いの連携が不可欠である。〈具体例3〉のC児も，保護者の協力が保育に好影響となった。

5　専門家との連絡，相談を生かして

私たちは保育についてはプロであるが，障がいや持病への配慮などの専門知識は十分にはもっていない。また，園という集団の中で見せる姿，家庭で見せる姿，専門家による個別指導の場面で見せる姿が，それぞれに違うこともある。専門機関の個別指導の様子を参観したり，情報を交換したりすることで，それぞれの立場でできること，役割を分担することなどで質の高い取り組みや支援体制が考えられる。こうした連携を強化するために，特別支援コーディネーターが各学校・園にいる。5歳児学年では，就学に向けて個別に配慮が必要な状況を関係機関と相談できるように支えたい。

子ども一人一人に応じたきめ細かい指導が行えるよう，具体的な指導目標や方法を記した個別の指導計画の作成と，家庭や地域，各機関と連携し長期的に育ちを支える個別の教育支援計画（資料9－5）の活用が重要となる。

（田代幸代）

写真9－1提供：幼児写真家　天野行造

◆　引用・参考文献

1）国立教育政策研究所教育課程研究センター『幼児期から児童期への教育』ひかりのくに　2005
2）お茶の水女子大学子ども発達教育研究センター『幼児教育と小学校教育をつなぐ－幼小連携の現状と課題－』2005
3）宇都宮大学教育学部附属幼稚園「協同的な活動の模索」宇都宮大学教育学部教育実践総合センター紀要第28号　2005
4）東京学芸大学附属幼稚園「今日から明日へつながる保育－協同性に着目した指導計画の作成―」平成21・22・23年度研究起用・別冊
5）無藤隆編著『幼児期の終わりまでに育ってほしい10の姿』東洋館出版　2018
6）河邉貴子・赤石元子監修『今日から明日へつながる保育』萌文書林　2009
7）文部科学省（「個別の指導計画」と「個別の教育支援計画」について）平成27年11月19日　教育課程部会特別支援教育部会資料

資料９－５　個別の教育支援計画（福岡県の例）

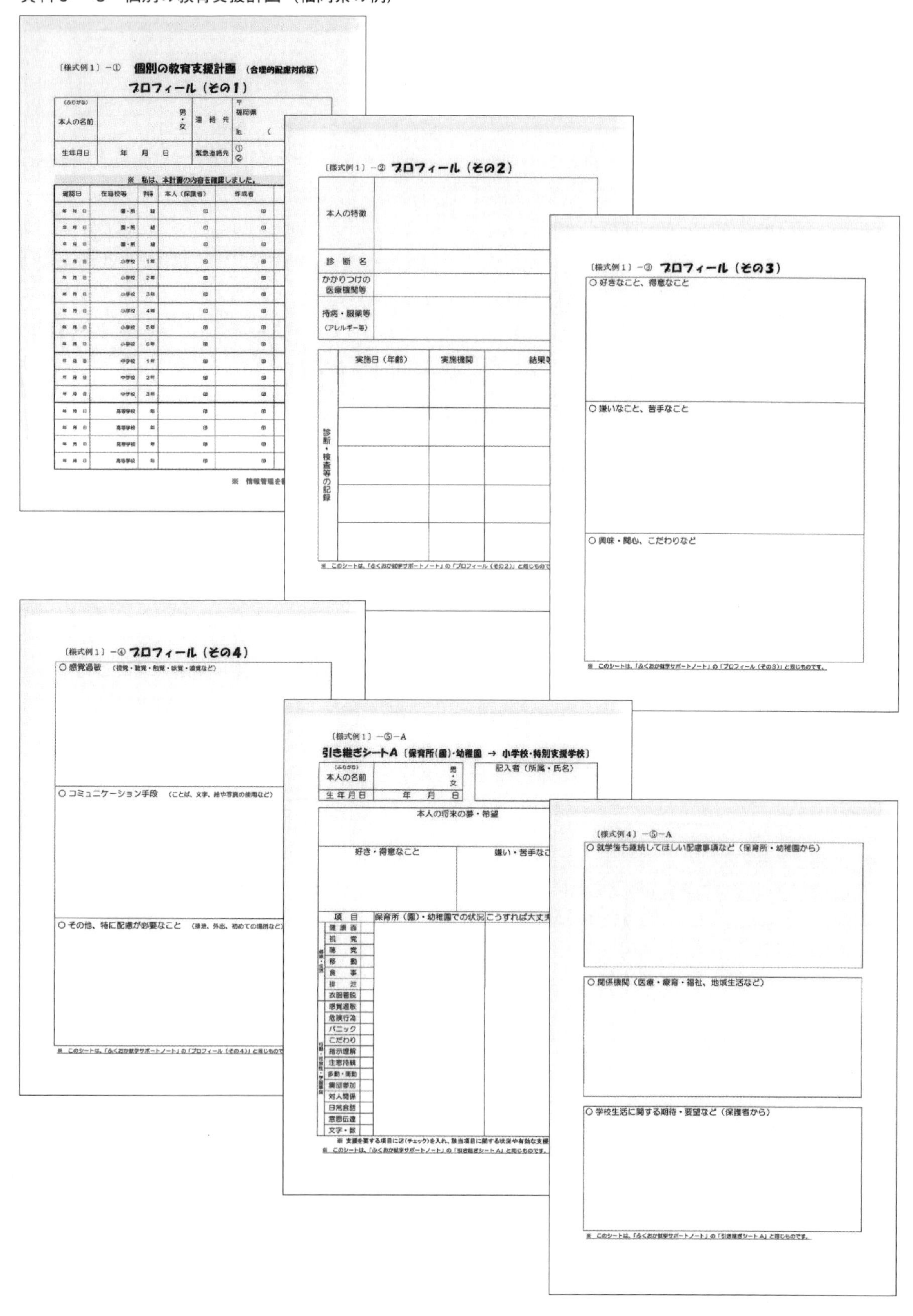

〔様式例１〕－①　**個別の教育支援計画**（合理的配慮対応版）

プロフィール（その１）

（ふりがな） 本人の名前	男・女	連絡先	〒 福岡県 ℡　（
生年月日	年　月　日	緊急連絡先	① ②

※　私は、本計画の内容を確認しました。

確認日	在籍校等	学年	本人（保護者）	作成者
年　月　日	園・所	組	印	印
年　月　日	園・所	組	印	印
年　月　日	園・所	組	印	印
年　月　日	小学校	1年	印	印
年　月　日	小学校	2年	印	印
年　月　日	小学校	3年	印	印
年　月　日	小学校	4年	印	印
年　月　日	小学校	5年	印	印
年　月　日	小学校	6年	印	印
年　月　日	中学校	1年	印	印
年　月　日	中学校	2年	印	印
年　月　日	中学校	3年	印	印
年　月　日	高等学校	年	印	印
年　月　日	高等学校	年	印	印
年　月　日	高等学校	年	印	印
年　月　日	高等学校	年	印	印

※　情報管理を

〔様式例１〕－②　**プロフィール（その２）**

本人の特徴	
診断名	
かかりつけの医療機関等	
持病・服薬等（アレルギー等）	

	実施日（年齢）	実施機関	結果
診断・検査等の記録			

※　このシートは、「ふくおか就学サポートノート」の「プロフィール（その２）」と同じもので

〔様式例１〕－③　**プロフィール（その３）**

○ 好きなこと、得意なこと

○ 嫌いなこと、苦手なこと

○ 興味・関心、こだわりなど

※　このシートは、「ふくおか就学サポートノート」の「プロフィール（その３）」と同じものです。

〔様式例１〕－④　**プロフィール（その４）**

○ 感覚過敏　（視覚・聴覚・触覚・味覚・嗅覚など）

○ コミュニケーション手段　（ことば、文字、絵や写真の使用など）

○ その他、特に配慮が必要なこと　（排泄、外出、初めての場所など）

※　このシートは、「ふくおか就学サポートノート」の「プロフィール（その４）」と同じもので

〔様式例１〕－⑤－Ａ

引き継ぎシートＡ〔保育所(園)・幼稚園　→　小学校・特別支援学校〕

（ふりがな） 本人の名前	男・女	記入者（所属・氏名）
生年月日	年　月　日	

本人の将来の夢・希望

好き・得意なこと	嫌い・苦手なこ

	項目	保育所（園）・幼稚園での状況	こうすれば大丈夫
健康・生活	健康面		
	視覚		
	聴覚		
	移動		
	食事		
	排泄		
	衣服着脱		
行動・社会性・学習面	感覚過敏		
	危険行為		
	パニック		
	こだわり		
	指示理解		
	注意持続		
	多動・衝動		
	集団参加		
	対人関係		
	日常会話		
	意思伝達		
	文字・数		

※　支援を要する項目に☑（チェック）を入れ、該当項目に関する状況や有効な支援

※　このシートは、「ふくおか就学サポートノート」の「引き継ぎシートＡ」と同じものです。

〔様式例４〕－⑤－Ａ

○ 就学後も継続してほしい配慮事項など（保育所・幼稚園から）

○ 関係機関（医療・療育・福祉、地域生活など）

○ 学校生活に関する期待・要望など（保護者から）

※　このシートは、「ふくおか就学サポートノート」の「引き継ぎシートＡ」と同じものです。

資料1

幼稚園教育要領　2017年（平成29年）3月　文部科学省告示

第1章　総則

第1　幼稚園教育の基本

幼児期の教育は，生涯にわたる人格形成の基礎を培う重要なものであり，幼稚園教育は，学校教育法に規定する目的及び目標を達成するため，幼児期の特性を踏まえ，環境を通して行うものであることを基本とする。

このため教師は，幼児との信頼関係を十分に築き，幼児が身近な環境に主体的に関わり，環境との関わり方や意味に気付き，これらを取り込もうとして，試行錯誤したり，考えたりするようになる幼児期の教育における見方・考え方を生かし，幼児と共によりよい教育環境を創造するように努めるものとする。これらを踏まえ，次に示す事項を重視して教育を行わなければならない。

1　幼児は安定した情緒の下で自己を十分に発揮することにより発達に必要な体験を得ていくものであることを考慮して，幼児の主体的な活動を促し，幼児期にふさわしい生活が展開されるようにすること。

2　幼児の自発的な活動としての遊びは，心身の調和のとれた発達の基礎を培う重要な学習であることを考慮して，遊びを通しての指導を中心として第2章に示すねらいが総合的に達成されるようにすること。

3　幼児の発達は，心身の諸側面が相互に関連し合い，多様な経過をたどって成し遂げられていくものであること，また，幼児の生活経験がそれぞれ異なることなどを考慮して，幼児一人一人の特性に応じ，発達の課題に即した指導を行うようにすること。

その際，教師は，幼児の主体的な活動が確保されるよう幼児一人一人の行動の理解と予想に基づき，計画的に環境を構成しなければならない。この場合において，教師は，幼児と人やものとの関わりが重要であることを踏まえ，教材を工夫し，物的・空間的環境を構成しなければならない。また，幼児一人一人の活動の場面に応じて，様々な役割を果たし，その活動を豊かにしなければならない。

第2　幼稚園教育において育みたい資質・能力及び「幼児期の終わりまでに育ってほしい姿」

1　幼稚園においては，生きる力の基礎を育むため，この章の第1に示す幼稚園教育の基本を踏まえ，次に掲げる資質・能力を一体的に育むよう努めるものとする。

(1)　豊かな体験を通じて，感じたり，気付いたり，分かったり，できるようになったりする「知識及び技能の基礎」

(2)　気付いたことや，できるようになったことなどを使い，考えたり，試したり，工夫したり，表現したりする「思考力，判断力，表現力等の基礎」

(3)　心情，意欲，態度が育つ中で，よりよい生活を営もうとする「学びに向かう力，人間性等」

2　1に示す資質・能力は，第2章に示すねらい及び内容に基づく活動全体によって育むものである。

3　次に示す「幼児期の終わりまでに育ってほしい姿」は，第2章に示すねらい及び内容に基づく活動全体を通して資質・能力が育まれている幼児の幼稚園修了時の具体的な姿であり，教師が指導を行う際に考慮するものである。

(1)　健康な心と体

幼稚園生活の中で，充実感をもって自分のやりたいことに向かって心と体を十分に働かせ，見通しをもって行動し，自ら健康で安全な生活をつくり出すようになる。

(2)　自立心

身近な環境に主体的に関わり様々な活動を楽しむ中で，しなければならないことを自覚し，自分の力で行うために考えたり，工夫したりしながら，諦めずにやり遂げることで達成感を味わい，自信をもって行動するようになる。

(3)　協同性

友達と関わる中で，互いの思いや考えなどを共有し，共通の目的の実現に向けて，考えたり，工夫したり，協力したりし，充実感をもってやり遂げるようになる。

(4)　道徳性・規範意識の芽生え

友達と様々な体験を重ねる中で，してよいことや悪いことが分かり，自分の行動を振り返ったり，友達の気持ちに共感したりし，相手の立場に立って行動するようになる。また，きまりを守る必要性が分かり，自分の気持ちを調整し，友達と折り合いを付けながら，きまりをつくったり，守ったりするようになる。

(5)　社会生活との関わり

家族を大切にしようとする気持ちをもつとともに，地域の身近な人と触れ合う中で，人との様々な関わり方に気付き，相手の気持ちを考えて関わり，自分が役に立つ喜びを感じ，地域に親しみをもつようになる。また，幼稚園内外の様々な環境に関わる中で，遊びや生活に必要な情報を取り入れ，情報に基づき判断したり，情報を伝え合ったり，活用したりするなど，情報を役立てながら活動するようになるとともに，公共の施設を大切に利用するなどして，社会とのつながりなどを意識するようになる。

(6) 思考力の芽生え

身近な事象に積極的に関わる中で，物の性質や仕組みなどを感じ取ったり，気付いたりし，考えたり，予想したり，工夫したりするなど，多様な関わりを楽しむようになる。また，友達の様々な考えに触れる中で，自分と異なる考えがあることに気付き，自ら判断したり，考え直したりするなど，新しい考えを生み出す喜びを味わいながら，自分の考えをよりよいものにするようになる。

(7) 自然との関わり・生命尊重

自然に触れて感動する体験を通して，自然の変化などを感じ取り，好奇心や探究心をもって考え言葉などで表現しながら，身近な事象への関心が高まるとともに，自然への愛情や畏敬の念をもつようになる。また，身近な動植物に心を動かされる中で，生命の不思議さや尊さに気付き，身近な動植物への接し方を考え，命あるものとしていたわり，大切にする気持ちをもって関わるようになる。

(8) 数量や図形，標識や文字などへの関心・感覚

遊びや生活の中で，数量や図形，標識や文字などに親しむ体験を重ねたり，標識や文字の役割に気付いたりし，自らの必要感に基づきこれらを活用し，興味や関心，感覚をもつようになる。

(9) 言葉による伝え合い

先生や友達と心を通わせる中で，絵本や物語などに親しみながら，豊かな言葉や表現を身に付け，経験したことや考えたことなどを言葉で伝えたり，相手の話を注意して聞いたりし，言葉による伝え合いを楽しむようになる。

(10) 豊かな感性と表現

心を動かす出来事などに触れ感性を働かせる中で，様々な素材の特徴や表現の仕方などに気付き，感じたことや考えたことを自分で表現したり，友達同士で表現する過程を楽しんだりし，表現する喜びを味わい，意欲をもつようになる。

第3　教育課程の役割と編成等

1　教育課程の役割

各幼稚園においては，教育基本法及び学校教育法その他の法令並びにこの幼稚園教育要領の示すところに従い，創意工夫を生かし，幼児の心身の発達と幼稚園及び地域の実態に即応した適切な教育課程を編成するものとする。

また，各幼稚園においては，6に示す全体的な計画にも留意しながら，「幼児期の終わりまでに育ってほしい姿」を踏まえ教育課程を編成すること，教育課程の実施状況を評価してその改善を図っていくこと，教育課程の実施に必要な人的又は物的な体制を確保するとともにその改善を図っていくことなどを通して，教育課程に基づき組織的かつ計画的に各幼稚園の教育活動の質の向上を図っていくこと（以下「カリキュラム・マネジメント」という。）に努めるものとする。

2　各幼稚園の教育目標と教育課程の編成

教育課程の編成に当たっては，幼稚園教育において育みたい資質・能力を踏まえつつ，各幼稚園の教育目標を明確にするとともに，教育課程の編成についての基本的な方針が家庭や地域とも共有されるよう努めるものとする。

3　教育課程の編成上の基本的事項

(1) 幼稚園生活の全体を通して第2章に示すねらいが総合的に達成されるよう，教育課程に係る教育期間や幼児の生活経験や発達の過程などを考慮して具体的なねらいと内容を組織するものとする。この場合においては，特に，自我が芽生え，他者の存在を意識し，自己を抑制しようとする気持ちが生まれる幼児期の発達の特性を踏まえ，入園から修了に至るまでの長期的な視野をもって充実した生活が展開できるように配慮するものとする。

(2) 幼稚園の毎学年の教育課程に係る教育週数は，特別の事情のある場合を除き，39週を下ってはならない。

(3) 幼稚園の1日の教育課程に係る教育時間は，4時間を標準とする。ただし，幼児の心身の発達の程度や季節などに適切に配慮するものとする。

4　教育課程の編成上の留意事項

教育課程の編成に当たっては，次の事項に留意するものとする。

(1) 幼児の生活は，入園当初の一人一人の遊びや教師との触れ合いを通して幼稚園生活に親しみ，安定していく時期から，他の幼児との関わりの中で幼児の主体的な活動が深まり，幼児が互いに必要な存在であることを認識するようになり，やがて幼児同士や学級全体で目的をもって協同して幼稚園生活を展開し，深めていく時期などに至るまでの過程を様々に経ながら広げられていくものであることを考慮し，活動がそれぞれの時期にふさわしく展開されるようにすること。

(2) 入園当初，特に，3歳児の入園については，家庭との連携を緊密にし，生活のリズムや安全面に十分配慮すること。また，満3歳児については，学年の途中から入園することを考慮し，幼児が安心して幼稚園生活を過ごすことができるよう配慮すること。

(3) 幼稚園生活が幼児にとって安全なものとなるよう，教職員による協力体制の下，幼児の主体的な活動を大切にしつつ，園庭や園舎などの環境の配慮や指導の工夫を行うこと。

5　小学校教育との接続に当たっての留意事項

(1) 幼稚園においては，幼稚園教育が，小学校以降の生活や学習の基盤の育成につながることに配慮し，幼児期にふさわしい生活を通して，創造的な思考や主体的な生活態度などの基礎を培うようにするものとする。

(2) 幼稚園教育において育まれた資質・能力を踏まえ，

小学校教育が円滑に行われるよう，小学校の教師との意見交換や合同の研究の機会などを設け，「幼児期の終わりまでに育ってほしい姿」を共有するなど連携を図り，幼稚園教育と小学校教育との円滑な接続を図るよう努めるものとする。

6　全体的な計画の作成

各幼稚園においては，教育課程を中心に，第３章に示す教育課程に係る教育時間の終了後等に行う教育活動の計画，学校保健計画，学校安全計画などとを関連させ，一体的に教育活動が展開されるよう全体的な計画を作成するものとする。

第４　指導計画の作成と幼児理解に基づいた評価

１　指導計画の考え方

幼稚園教育は，幼児が自ら意欲をもって環境と関わることによりつくり出される具体的な活動を通して，その目標の達成を図るものである。

幼稚園においてはこのことを踏まえ，幼児期にふさわしい生活が展開され，適切な指導が行われるよう，それぞれの幼稚園の教育課程に基づき，調和のとれた組織的，発展的な指導計画を作成し，幼児の活動に沿った柔軟な指導を行わなければならない。

２　指導計画の作成上の基本的事項

(1)　指導計画は，幼児の発達に即して一人一人の幼児が幼児期にふさわしい生活を展開し，必要な体験を得られるようにするために，具体的に作成するものとする。

(2)　指導計画の作成に当たっては，次に示すところにより，具体的なねらい及び内容を明確に設定し，適切な環境を構成することなどにより活動が選択・展開されるようにするものとする。

ア　具体的なねらい及び内容は，幼稚園生活における幼児の発達の過程を見通し，幼児の生活の連続性，季節の変化などを考慮して，幼児の興味や関心，発達の実情などに応じて設定すること。

イ　環境は，具体的なねらいを達成するために適切なものとなるように構成し，幼児が自らその環境に関わることにより様々な活動を展開しつつ必要な体験を得られるようにすること。その際，幼児の生活する姿や発想を大切にし，常にその環境が適切なものとなるようにすること。

ウ　幼児の行う具体的な活動は，生活の流れの中で様々に変化するものであることに留意し，幼児が望ましい方向に向かって自ら活動を展開していくことができるよう必要な援助をすること。

その際，幼児の実態及び幼児を取り巻く状況の変化などに即して指導の過程についての評価を適切に行い，常に指導計画の改善を図るものとする。

３　指導計画の作成上の留意事項

指導計画の作成に当たっては，次の事項に留意するものとする。

(1)　長期的に発達を見通した年，学期，月などにわたる長期の指導計画やこれとの関連を保ちながらより具体的な幼児の生活に即した週，日などの短期の指導計画を作成し，適切な指導が行われるようにすること。特に，週，日などの短期の指導計画については，幼児の生活のリズムに配慮し，幼児の意識や興味の連続性のある活動が相互に関連して幼稚園生活の自然な流れの中に組み込まれるようにすること。

(2)　幼児が様々な人やものとの関わりを通して，多様な体験をし，心身の調和のとれた発達を促すようにしていくこと。その際，幼児の発達に即して主体的・対話的で深い学びが実現するようにするとともに，心を動かされる体験が次の活動を生み出すことを考慮し，一つ一つの体験が相互に結び付き，幼稚園生活が充実するようにすること。

(3)　言語に関する能力の発達と思考力等の発達が関連していることを踏まえ，幼稚園生活全体を通して，幼児の発達を踏まえた言語環境を整え，言語活動の充実を図ること。

(4)　幼児が次の活動への期待や意欲をもつことができるよう，幼児の実態を踏まえながら，教師や他の幼児と共に遊びや生活の中で見通しをもったり，振り返ったりするよう工夫すること。

(5)　行事の指導に当たっては，幼稚園生活の自然の流れの中で生活に変化や潤いを与え，幼児が主体的に楽しく活動できるようにすること。なお，それぞれの行事についてはその教育的価値を十分検討し，適切なものを精選し，幼児の負担にならないようにすること。

(6)　幼児期は直接的な体験が重要であることを踏まえ，視聴覚教材やコンピュータなど情報機器を活用する際には，幼稚園生活では得難い体験を補完するなど，幼児の体験との関連を考慮すること。

(7)　幼児の主体的な活動を促すためには，教師が多様な関わりをもつことが重要であることを踏まえ，教師は，理解者，共同作業者など様々な役割を果たし，幼児の発達に必要な豊かな体験が得られるよう，活動の場面に応じて，適切な指導を行うようにすること。

(8)　幼児の行う活動は，個人，グループ，学級全体などで多様に展開されるものであることを踏まえ，幼稚園全体の教師による協力体制を作りながら，一人一人の幼児が興味や欲求を十分に満足させるよう適切な援助を行うようにすること。

４　幼児理解に基づいた評価の実施

幼児一人一人の発達の理解に基づいた評価の実施に当たっては，次の事項に配慮するものとする。

(1)　指導の過程を振り返りながら幼児の理解を進め，幼児一人一人のよさや可能性などを把握し，指導の改善に生かすようにすること。その際，他の幼児との比較や一定の基準に対する達成度についての評定によって捉えるものではないことに留意すること。

(2) 評価の妥当性や信頼性が高められるよう創意工夫を行い，組織的かつ計画的な取組を推進するとともに，次年度又は小学校等にその内容が適切に引き継がれるようにすること。

第5　特別な配慮を必要とする幼児への指導

1　障害のある幼児などへの指導

障害のある幼児などへの指導に当たっては，集団の中で生活することを通して全体的な発達を促していくことに配慮し，特別支援学校などの助言又は援助を活用しつつ，個々の幼児の障害の状態などに応じた指導内容や指導方法の工夫を組織的かつ計画的に行うものとする。また，家庭，地域及び医療や福祉，保健等の業務を行う関係機関との連携を図り，長期的な視点で幼児への教育的支援を行うために，個別の教育支援計画を作成し活用することに努めるとともに，個々の幼児の実態を的確に把握し，個別の指導計画を作成し活用することに努めるものとする。

2　海外から帰国した幼児や生活に必要な日本語の習得に困難のある幼児の幼稚園生活への適応

海外から帰国した幼児や生活に必要な日本語の習得に困難のある幼児については，安心して自己を発揮できるよう配慮するなど個々の幼児の実態に応じ，指導内容や指導方法の工夫を組織的かつ計画的に行うものとする。

第6　幼稚園運営上の留意事項

1　各幼稚園においては，園長の方針の下に，園務分掌に基づき教職員が適切に役割を分担しつつ，相互に連携しながら，教育課程や指導の改善を図るものとする。また，各幼稚園が行う学校評価については，教育課程の編成，実施，改善が教育活動や幼稚園運営の中核となることを踏まえ，カリキュラム・マネジメントと関連付けながら実施するよう留意するものとする。

2　幼児の生活は，家庭を基盤として地域社会を通じて次第に広がりをもつものであることに留意し，家庭との連携を十分に図るなど，幼稚園における生活が家庭や地域社会と連続性を保ちつつ展開されるようにするものとする。その際，地域の自然，高齢者や異年齢の子供などを含む人材，行事や公共施設などの地域の資源を積極的に活用し，幼児が豊かな生活体験を得られるように工夫するものとする。また，家庭との連携に当たっては，保護者との情報交換の機会を設けたり，保護者と幼児との活動の機会を設けたりなどすることを通じて，保護者の幼児期の教育に関する理解が深まるよう配慮するものとする。

3　地域や幼稚園の実態等により，幼稚園間に加え，保育所，幼保連携型認定こども園，小学校，中学校，高等学校及び特別支援学校などとの間の連携や交流を図るものとする。特に，幼稚園教育と小学校教育の円滑な接続のため，幼稚園の幼児と小学校の児童との交流の機会を積極的に設けるようにするものとする。また，障害のある幼児児童生徒との交流及び共同学習の機会を設け，共に尊重し合いながら協働して生活していく態度を育むよう努めるものとする。

第7　教育課程に係る教育時間終了後等に行う教育活動など

幼稚園は，第3章に示す教育課程に係る教育時間の終了後等に行う教育活動について，学校教育法に規定する目的及び目標並びにこの章の第1に示す幼稚園教育の基本を踏まえ実施するものとする。また，幼稚園の目的の達成に資するため，幼児の生活全体が豊かなものとなるよう家庭や地域における幼児期の教育の支援に努めるものとする。

第2章　ねらい及び内容

この章に示すねらいは，幼稚園教育において育みたい資質・能力を幼児の生活する姿から捉えたものであり，内容は，ねらいを達成するために指導する事項である。各領域は，これらを幼児の発達の側面から，心身の健康に関する領域「健康」，人との関わりに関する領域「人間関係」，身近な環境との関わりに関する領域「環境」，言葉の獲得に関する領域「言葉」及び感性と表現に関する領域「表現」としてまとめ，示したものである。内容の取扱いは，幼児の発達を踏まえた指導を行うに当たって留意すべき事項である。

各領域に示すねらいは，幼稚園における生活の全体を通じ，幼児が様々な体験を積み重ねる中で相互に関連をもちながら次第に達成に向かうものであること，内容は，幼児が環境に関わって展開する具体的な活動を通して総合的に指導されるものであることに留意しなければならない。

また，「幼児期の終わりまでに育ってほしい姿」が，ねらい及び内容に基づく活動全体を通して資質・能力が育まれている幼児の幼稚園修了時の具体的な姿であることを踏まえ，指導を行う際に考慮するものとする。

なお，特に必要な場合には，各領域に示すねらいの趣旨に基づいて適切な，具体的な内容を工夫し，それを加えても差し支えないが，その場合には，それが第1章の第1に示す幼稚園教育の基本を逸脱しないよう慎重に配慮する必要がある。

健康

〔健康な心と体を育て，自ら健康で安全な生活をつくり出す力を養う。〕

1　ねらい

(1) 明るく伸び伸びと行動し，充実感を味わう。

(2) 自分の体を十分に動かし，進んで運動しようとする。
(3) 健康，安全な生活に必要な習慣や態度を身に付け，見通しをもって行動する。

2 内容

(1) 先生や友達と触れ合い，安定感をもって行動する。
(2) いろいろな遊びの中で十分に体を動かす。
(3) 進んで戸外で遊ぶ。
(4) 様々な活動に親しみ，楽しんで取り組む。
(5) 先生や友達と食べることを楽しみ，食べ物への興味や関心をもつ。
(6) 健康な生活のリズムを身に付ける。
(7) 身の回りを清潔にし，衣服の着脱，食事，排泄(せつ)などの生活に必要な活動を自分でする。
(8) 幼稚園における生活の仕方を知り，自分たちで生活の場を整えながら見通しをもって行動する。
(9) 自分の健康に関心をもち，病気の予防などに必要な活動を進んで行う。
(10) 危険な場所，危険な遊び方，災害時などの行動の仕方が分かり，安全に気を付けて行動する。

3 内容の取扱い

上記の取扱いに当たっては，次の事項に留意する必要がある。

(1) 心と体の健康は，相互に密接な関連があるものであることを踏まえ，幼児が教師や他の幼児との温かい触れ合いの中で自己の存在感や充実感を味わうことなどを基盤として，しなやかな心と体の発達を促すこと。特に，十分に体を動かす気持ちよさを体験し，自ら体を動かそうとする意欲が育つようにすること。
(2) 様々な遊びの中で，幼児が興味や関心，能力に応じて全身を使って活動することにより，体を動かす楽しさを味わい，自分の体を大切にしようとする気持ちが育つようにすること。その際，多様な動きを経験する中で，体の動きを調整するようにすること。
(3) 自然の中で伸び伸びと体を動かして遊ぶことにより，体の諸機能の発達が促されることに留意し，幼児の興味や関心が戸外にも向くようにすること。その際，幼児の動線に配慮した園庭や遊具の配置などを工夫すること。
(4) 健康な心と体を育てるためには食育を通じた望ましい食習慣の形成が大切であることを踏まえ，幼児の食生活の実情に配慮し，和やかな雰囲気の中で教師や他の幼児と食べる喜びや楽しさを味わったり，様々な食べ物への興味や関心をもったりするなどし，食の大切さに気付き，進んで食べようとする気持ちが育つようにすること。
(5) 基本的な生活習慣の形成に当たっては，家庭での生活経験に配慮し，幼児の自立心を育て，幼児が他の幼児と関わりながら主体的な活動を展開する中で，生活に必要な習慣を身に付け，次第に見通しをもって行動できるようにすること。
(6) 安全に関する指導に当たっては，情緒の安定を図り，遊びを通して安全についての構えを身に付け，危険な場所や事物などが分かり，安全についての理解を深めるようにすること。また，交通安全の習慣を身に付けるようにするとともに，避難訓練などを通して，災害などの緊急時に適切な行動がとれるようにすること。

人間関係

〔他の人々と親しみ，支え合って生活するために，自立心を育て，人と関わる力を養う。〕

1 ねらい

(1) 幼稚園生活を楽しみ，自分の力で行動することの充実感を味わう。
(2) 身近な人と親しみ，関わりを深め，工夫したり，協力したりして一緒に活動する楽しさを味わい，愛情や信頼感をもつ。
(3) 社会生活における望ましい習慣や態度を身に付ける。

2 内容

(1) 先生や友達と共に過ごすことの喜びを味わう。
(2) 自分で考え，自分で行動する。
(3) 自分でできることは自分でする。
(4) いろいろな遊びを楽しみながら物事をやり遂げようとする気持ちをもつ。
(5) 友達と積極的に関わりながら喜びや悲しみを共感し合う。
(6) 自分の思ったことを相手に伝え，相手の思っていることに気付く。
(7) 友達のよさに気付き，一緒に活動する楽しさを味わう。
(8) 友達と楽しく活動する中で，共通の目的を見いだし，工夫したり，協力したりなどする。
(9) よいことや悪いことがあることに気付き，考えながら行動する。
(10) 友達との関わりを深め，思いやりをもつ。
(11) 友達と楽しく生活する中できまりの大切さに気付き，守ろうとする。
(12) 共同の遊具や用具を大切にし，皆で使う。
(13) 高齢者をはじめ地域の人々などの自分の生活に関係の深いいろいろな人に親しみをもつ。

3 内容の取扱い

上記の取扱いに当たっては，次の事項に留意する必要がある。

(1) 教師との信頼関係に支えられて自分自身の生活を確立していくことが人と関わる基盤となることを考慮し，幼児が自ら周囲に働き掛けることにより多様な感情を体験し，試行錯誤しながら諦めずにやり遂げることの達成感や，前向きな見通しをもって自分の力で行うことの充実感を味わうことができるよう，幼児の行動を見守りながら適切な援助を行うようにすること。

(2) 一人一人を生かした集団を形成しながら人と関わる力を育てていくようにすること。その際，集団の生活の中で，幼児が自己を発揮し，教師や他の幼児に認められる体験をし，自分のよさや特徴に気付き，自信をもって行動できるようにすること。
(3) 幼児が互いに関わりを深め，協同して遊ぶようになるため，自ら行動する力を育てるようにするとともに，他の幼児と試行錯誤しながら活動を展開する楽しさや共通の目的が実現する喜びを味わうことができるようにすること。
(4) 道徳性の芽生えを培うに当たっては，基本的な生活習慣の形成を図るとともに，幼児が他の幼児との関わりの中で他人の存在に気付き，相手を尊重する気持ちをもって行動できるようにし，また，自然や身近な動植物に親しむことなどを通して豊かな心情が育つようにすること。特に，人に対する信頼感や思いやりの気持ちは，葛藤やつまずきをも体験し，それらを乗り越えることにより次第に芽生えてくることに配慮すること。
(5) 集団の生活を通して，幼児が人との関わりを深め，規範意識の芽生えが培われることを考慮し，幼児が教師との信頼関係に支えられて自己を発揮する中で，互いに思いを主張し，折り合いを付ける体験をし，きまりの必要性などに気付き，自分の気持ちを調整する力が育つようにすること。
(6) 高齢者をはじめ地域の人々などの自分の生活に関係の深いいろいろな人と触れ合い，自分の感情や意志を表現しながら共に楽しみ，共感し合う体験を通して，これらの人々などに親しみをもち，人と関わることの楽しさや人の役に立つ喜びを味わうことができるようにすること。また，生活を通して親や祖父母などの家族の愛情に気付き，家族を大切にしようとする気持ちが育つようにすること。

環境

〔周囲の様々な環境に好奇心や探究心をもって関わり，それらを生活に取り入れていこうとする力を養う。〕

1 ねらい

(1) 身近な環境に親しみ，自然と触れ合う中で様々な事象に興味や関心をもつ。
(2) 身近な環境に自分から関わり，発見を楽しんだり，考えたりし，それを生活に取り入れようとする。
(3) 身近な事象を見たり，考えたり，扱ったりする中で，物の性質や数量，文字などに対する感覚を豊かにする。

2 内容

(1) 自然に触れて生活し，その大きさ，美しさ，不思議さなどに気付く。
(2) 生活の中で，様々な物に触れ，その性質や仕組みに興味や関心をもつ。
(3) 季節により自然や人間の生活に変化のあることに気付く。
(4) 自然などの身近な事象に関心をもち，取り入れて遊ぶ。
(5) 身近な動植物に親しみをもって接し，生命の尊さに気付き，いたわったり，大切にしたりする。
(6) 日常生活の中で，我が国や地域社会における様々な文化や伝統に親しむ。
(7) 身近な物を大切にする。
(8) 身近な物や遊具に興味をもって関わり，自分なりに比べたり，関連付けたりしながら考えたり，試したりして工夫して遊ぶ。
(9) 日常生活の中で数量や図形などに関心をもつ。
(10) 日常生活の中で簡単な標識や文字などに関心をもつ。
(11) 生活に関係の深い情報や施設などに興味や関心をもつ。
(12) 幼稚園内外の行事において国旗に親しむ。

3 内容の取扱い

上記の取扱いに当たっては，次の事項に留意する必要がある。

(1) 幼児が，遊びの中で周囲の環境と関わり，次第に周囲の世界に好奇心を抱き，その意味や操作の仕方に関心をもち，物事の法則性に気付き，自分なりに考えることができるようになる過程を大切にすること。また，他の幼児の考えなどに触れて新しい考えを生み出す喜びや楽しさを味わい，自分の考えをよりよいものにしようとする気持ちが育つようにすること。
(2) 幼児期において自然のもつ意味は大きく，自然の大きさ，美しさ，不思議さなどに直接触れる体験を通して，幼児の心が安らぎ，豊かな感情，好奇心，思考力，表現力の基礎が培われることを踏まえ，幼児が自然との関わりを深めることができるよう工夫すること。
(3) 身近な事象や動植物に対する感動を伝え合い，共感し合うことなどを通して自分から関わろうとする意欲を育てるとともに，様々な関わり方を通してそれらに対する親しみや畏敬の念，生命を大切にする気持ち，公共心，探究心などが養われるようにすること。
(4) 文化や伝統に親しむ際には，正月や節句など我が国の伝統的な行事，国歌，唱歌，わらべうたや我が国の伝統的な遊びに親しんだり，異なる文化に触れる活動に親しんだりすることを通じて，社会とのつながりの意識や国際理解の意識の芽生えなどが養われるようにすること。
(5) 数量や文字などに関しては，日常生活の中で幼児自身の必要感に基づく体験を大切にし，数量や文字などに関する興味や関心，感覚が養われるようにすること。

言葉

〔経験したことや考えたことなどを自分なりの言葉で表現し，相手の話す言葉を聞こうとする意欲や態度を育て，言葉に対する感覚や言葉で表現する力を養う。〕

1　ねらい

(1)　自分の気持ちを言葉で表現する楽しさを味わう。

(2)　人の言葉や話などをよく聞き，自分の経験したことや考えたことを話し，伝え合う喜びを味わう。

(3)　日常生活に必要な言葉が分かるようになるとともに，絵本や物語などに親しみ，言葉に対する感覚を豊かにし，先生や友達と心を通わせる。

2　内容

(1)　先生や友達の言葉や話に興味や関心をもち，親しみをもって聞いたり，話したりする。

(2)　したり，見たり，聞いたり，感じたり，考えたりなどしたことを自分なりに言葉で表現する。

(3)　したいこと，してほしいことを言葉で表現したり，分からないことを尋ねたりする。

(4)　人の話を注意して聞き，相手に分かるように話す。

(5)　生活の中で必要な言葉が分かり，使う。

(6)　親しみをもって日常の挨拶をする。

(7)　生活の中で言葉の楽しさや美しさに気付く。

(8)　いろいろな体験を通じてイメージや言葉を豊かにする。

(9)　絵本や物語などに親しみ，興味をもって聞き，想像をする楽しさを味わう。

(10)　日常生活の中で，文字などで伝える楽しさを味わう。

3　内容の取扱い

上記の取扱いに当たっては，次の事項に留意する必要がある。

(1)　言葉は，身近な人に親しみをもって接し，自分の感情や意志などを伝え，それに相手が応答し，その言葉を聞くことを通して次第に獲得されていくものであることを考慮して，幼児が教師や他の幼児と関わることにより心を動かされるような体験をし，言葉を交わす喜びを味わえるようにすること。

(2)　幼児が自分の思いを言葉で伝えるとともに，教師や他の幼児などの話を興味をもって注意して聞くことを通して次第に話を理解するようになっていき，言葉による伝え合いができるようにすること。

(3)　絵本や物語などで，その内容と自分の経験とを結び付けたり，想像を巡らせたりするなど，楽しみを十分に味わうことによって，次第に豊かなイメージをもち，言葉に対する感覚が養われるようにすること。

(4)　幼児が生活の中で，言葉の響きやリズム，新しい言葉や表現などに触れ，これらを使う楽しさを味わえるようにすること。その際，絵本や物語に親しんだり，言葉遊びなどをしたりすることを通して，言葉が豊かになるようにすること。

(5)　幼児が日常生活の中で，文字などを使いながら思ったことや考えたことを伝える喜びや楽しさを味わい，文字に対する興味や関心をもつようにすること。

表現

〔感じたことや考えたことを自分なりに表現することを通して，豊かな感性や表現する力を養い，創造性を豊かにする。〕

1　ねらい

(1)　いろいろなものの美しさなどに対する豊かな感性をもつ。

(2)　感じたことや考えたことを自分なりに表現して楽しむ。

(3)　生活の中でイメージを豊かにし，様々な表現を楽しむ。

2　内容

(1)　生活の中で様々な音，形，色，手触り，動きなどに気付いたり，感じたりするなどして楽しむ。

(2)　生活の中で美しいものや心を動かす出来事に触れ，イメージを豊かにする。

(3)　様々な出来事の中で，感動したことを伝え合う楽しさを味わう。

(4)　感じたこと，考えたことなどを音や動きなどで表現したり，自由にかいたり，つくったりなどする。

(5)　いろいろな素材に親しみ，工夫して遊ぶ。

(6)　音楽に親しみ，歌を歌ったり，簡単なリズム楽器を使ったりなどする楽しさを味わう。

(7)　かいたり，つくったりすることを楽しみ，遊びに使ったり，飾ったりなどする。

(8)　自分のイメージを動きや言葉などで表現したり，演じて遊んだりするなどの楽しさを味わう。

3　内容の取扱い

上記の取扱いに当たっては，次の事項に留意する必要がある。

(1)　豊かな感性は，身近な環境と十分に関わる中で美しいもの，優れたもの，心を動かす出来事などに出会い，そこから得た感動を他の幼児や教師と共有し，様々に表現することなどを通して養われるようにすること。その際，風の音や雨の音，身近にある草や花の形や色など自然の中にある音，形，色などに気付くようにすること。

(2)　幼児の自己表現は素朴な形で行われることが多いので，教師はそのような表現を受容し，幼児自身の表現しようとする意欲を受け止めて，幼児が生活の中で幼児らしい様々な表現を楽しむことができるようにすること。

(3)　生活経験や発達に応じ，自ら様々な表現を楽しみ，表現する意欲を十分に発揮させることができるように，遊具や用具などを整えたり，様々な素材や表現の仕方に親しんだり，他の幼児の表現に触れられるよう配慮したりし，表現する過程を大切にして自己表現を楽しめるように工夫すること。

第３章　教育課程に係る教育時間の終了後等に行う教育活動などの留意事項

1　地域の実態や保護者の要請により，教育課程に係る教育時間の終了後等に希望する者を対象に行う教育活動については，幼児の心身の負担に配慮するものとする。また，次の点にも留意するものとする。

(1)　教育課程に基づく活動を考慮し，幼児期にふさわしい無理のないものとなるようにすること。その際，教育課程に基づく活動を担当する教師と緊密な連携を図るようにすること。

(2)　家庭や地域での幼児の生活も考慮し，教育課程に係る教育時間の終了後等に行う教育活動の計画を作成するようにすること。その際，地域の人々と連携するなど，地域の様々な資源を活用しつつ，多様な体験ができるようにすること。

(3)　家庭との緊密な連携を図るようにすること。その際，情報交換の機会を設けたりするなど，保護者が，幼稚園と共に幼児を育てるという意識が高まるようにすること。

(4)　地域の実態や保護者の事情とともに幼児の生活のリズムを踏まえつつ，例えば実施日数や時間などについて，弾力的な運用に配慮すること。

(5)　適切な責任体制と指導体制を整備した上で行うようにすること。

2　幼稚園の運営に当たっては，子育ての支援のために保護者や地域の人々に機能や施設を開放して，園内体制の整備や関係機関との連携及び協力に配慮しつつ，幼児期の教育に関する相談に応じたり，情報を提供したり，幼児と保護者との登園を受け入れたり，保護者同士の交流の機会を提供したりするなど，幼稚園と家庭が一体となって幼児と関わる取組を進め，地域における幼児期の教育のセンターとしての役割を果たすよう努めるものとする。その際，心理や保健の専門家，地域の子育て経験者等と連携･協働しながら取り組むよう配慮するものとする。

資料2

保育所保育指針　2017年（平成29年）3月　厚生労働省告示

第1章　総則

この指針は、児童福祉施設の設備及び運営に関する基準（昭和23年厚生省令第63号。以下「設備運営基準」という。）第35条の規定に基づき、保育所における保育の内容に関する事項及びこれに関連する運営に関する事項を定めるものである。各保育所は、この指針において規定される保育の内容に係る基本原則に関する事項等を踏まえ、各保育所の実情に応じて創意工夫を図り、保育所の機能及び質の向上に努めなければならない。

1　保育所保育に関する基本原則

(1)　保育所の役割

ア　保育所は、児童福祉法（昭和22年法律第164号）第39条の規定に基づき、保育を必要とする子どもの保育を行い、その健全な心身の発達を図ることを目的とする児童福祉施設であり、入所する子どもの最善の利益を考慮し、その福祉を積極的に増進することに最もふさわしい生活の場でなければならない。

イ　保育所は、その目的を達成するために、保育に関する専門性を有する職員が、家庭との緊密な連携の下に、子どもの状況や発達過程を踏まえ、保育所における環境を通して、養護及び教育を一体的に行うことを特性としている。

ウ　保育所は、入所する子どもを保育するとともに、家庭や地域の様々な社会資源との連携を図りながら、入所する子どもの保護者に対する支援及び地域の子育て家庭に対する支援等を行う役割を担うものである。

エ　保育所における保育士は、児童福祉法第18条の4の規定を踏まえ、保育所の役割及び機能が適切に発揮されるように、倫理観に裏付けられた専門的知識、技術及び判断をもって、子どもを保育するとともに、子どもの保護者に対する保育に関する指導を行うものであり、その職責を遂行するための専門性の向上に絶えず努めなければならない。

(2)　保育の目標

ア　保育所は、子どもが生涯にわたる人間形成にとって極めて重要な時期に、その生活時間の大半を過ごす場である。このため、保育所の保育は、子どもが現在を最も良く生き、望ましい未来をつくり出す力の基礎を培うために、次の目標を目指して行わなければならない。

(ア)　十分に養護の行き届いた環境の下に、くつろいだ雰囲気の中で子どもの様々な欲求を満たし、生命の保持及び情緒の安定を図ること。

(イ)　健康、安全など生活に必要な基本的な習慣や態度を養い、心身の健康の基礎を培うこと。

(ウ)　人との関わりの中で、人に対する愛情と信頼感、そして人権を大切にする心を育てるとともに、自主、自立及び協調の態度を養い、道徳性の芽生えを培うこと。

(エ)　生命、自然及び社会の事象についての興味や関心を育て、それらに対する豊かな心情や思考力の芽生えを培うこと。

(オ)　生活の中で、言葉への興味や関心を育て、話したり、聞いたり、相手の話を理解しようとするなど、言葉の豊かさを養うこと。

(カ)　様々な体験を通して、豊かな感性や表現力を育み、創造性の芽生えを培うこと。

イ　保育所は、入所する子どもの保護者に対し、その意向を受け止め、子どもと保護者の安定した関係に配慮し、保育所の特性や保育士等の専門性を生かして、その援助に当たらなければならない。

(3)　保育の方法

保育の目標を達成するために、保育士等は、次の事項に留意して保育しなければならない。

ア　一人一人の子どもの状況や家庭及び地域社会での生活の実態を把握するとともに、子どもが安心感と信頼感をもって活動できるよう、子どもの主体としての思いや願いを受け止めること。

イ　子どもの生活のリズムを大切にし、健康、安全で情緒の安定した生活ができる環境や、自己を十分に発揮できる環境を整えること。

ウ　子どもの発達について理解し、一人一人の発達過程に応じて保育すること。その際、子どもの個人差に十分配慮すること。

エ　子ども相互の関係づくりや互いに尊重する心を大切にし、集団における活動を効果あるものにするよう援助すること。

オ　子どもが自発的・意欲的に関われるような環境を構成し、子どもの主体的な活動や子ども相互の関わりを大切にすること。特に、乳幼児期にふさわしい体験が得られるように、生活や遊びを通して総合的に保育すること。

カ　一人一人の保護者の状況やその意向を理解、受容し、それぞれの親子関係や家庭生活等に配慮しながら、様々な機会をとらえ、適切に援助すること。

(4)　保育の環境

保育の環境には、保育士等や子どもなどの人的環境、施設や遊具などの物的環境、更には自然や社会の事象などがある。保育所は、こうした人、物、場などの環境が相互に関連し合い、子どもの生活が豊かなものとなるよう、次の事項に留意しつつ、計画的に環境を構成し、工夫して保育しなければならない。

ア　子ども自らが環境に関わり、自発的に活動し、様々な経験を積んでいくことができるよう配慮すること。

イ　子どもの活動が豊かに展開されるよう、保育所の設備や環境を整え、保育所の保健的環境や安全の確保などに努めること。

ウ　保育室は、温かな親しみとくつろぎの場となるとともに、生き生きと活動できる場となるように配慮すること。

エ　子どもが人と関わる力を育てていくため、子ども自らが周囲の子どもや大人と関わっていくことができる環境を整えること。

(5)　保育所の社会的責任

ア　保育所は、子どもの人権に十分配慮するとともに、子ども一人一人の人格を尊重して保育を行わなければならない。

イ　保育所は、地域社会との交流や連携を図り、保護者や地域社会に、当該保育所が行う保育の内容を適切に説明するよう努めなければならない。

ウ　保育所は、入所する子ども等の個人情報を適切に取り扱うとともに、保護者の苦情などに対し、その解決を図るよう努めなければならない。

2　養護に関する基本的事項

(1)　養護の理念

保育における養護とは、子どもの生命の保持及び情緒の安定を図るために保育士等が行う援助や関わりであり、保育所における保育は、養護及び教育を一体的に行うことをその特性とするものである。保育所における保育全体を通じて、養護に関するねらい及び内容を踏まえた保育が展開されなければならない。

(2)　養護に関わるねらい及び内容

ア　生命の保持

(ア)　ねらい

①　一人一人の子どもが、快適に生活できるようにする。

②　一人一人の子どもが、健康で安全に過ごせるようにする。

③　一人一人の子どもの生理的欲求が、十分に満たされるようにする。

④　一人一人の子どもの健康増進が、積極的に図られるようにする。

(イ)　内容

①　一人一人の子どもの平常の健康状態や発育及び発達状態を的確に把握し、異常を感じる場合は、速やかに適切に対応する。

②　家庭との連携を密にし、嘱託医等との連携を図りながら、子どもの疾病や事故防止に関する認識を深め、保健的で安全な保育環境の維持及び向上に努める。

③　清潔で安全な環境を整え、適切な援助や応答的な関わりを通して子どもの生理的欲求を満たしていく。また、家庭と協力しながら、子どもの発達過程等に応じた適切な生活のリズムがつくられていくようにする。

④　子どもの発達過程等に応じて、適度な運動と休息を取ることができるようにする。また、食事、排泄(せつ)、衣類の着脱、身の回りを清潔にすることなどについて、子どもが意欲的に生活できるよう適切に援助する。

イ　情緒の安定

(ア)　ねらい

①　一人一人の子どもが、安定感をもって過ごせるようにする。

②　一人一人の子どもが、自分の気持ちを安心して表すことができるようにする。

③　一人一人の子どもが、周囲から主体として受け止められ、主体として育ち、自分を肯定する気持ちが育まれていくようにする。

④　一人一人の子どもがくつろいで共に過ごし、心身の疲れが癒されるようにする。

(イ)　内容

①　一人一人の子どもの置かれている状態や発達過程などを的確に把握し、子どもの欲求を適切に満たしながら、応答的な触れ合いや言葉がけを行う。

②　一人一人の子どもの気持ちを受容し、共感しながら、子どもとの継続的な信頼関係を築いていく。

③　保育士等との信頼関係を基盤に、一人一人の子どもが主体的に活動し、自発性や探索意欲などを高めるとともに、自分への自信をもつことができるよう成長の過程を見守り、適切に働きかける。

④　一人一人の子どもの生活のリズム、発達過程、保育時間などに応じて、活動内容のバランスや調和を図りながら、適切な食事や休息が取れるようにする。

3　保育の計画及び評価

(1)　全体的な計画の作成

ア　保育所は、1の(2)に示した保育の目標を達成するために、各保育所の保育の方針や目標に基づき、子どもの発達過程を踏まえて、保育の内容が組織的・計画的に構成され、保育所の生活の全体を通して、総合的に展開されるよう、全体的な計画を作成しなければならない。

イ　全体的な計画は、子どもや家庭の状況、地域の実態、保育時間などを考慮し、子どもの育ちに関する長期的見通しをもって適切に作成されなければならない。

ウ　全体的な計画は、保育所保育の全体像を包括的に示すものとし、これに基づく指導計画、保健計画、食育計画等を通じて、各保育所が創意工夫して保育できるよう、作成されなければならない。

(2)　指導計画の作成

ア　保育所は、全体的な計画に基づき、具体的な保育が適切に展開されるよう、子どもの生活や発達を見通した長期的な指導計画と、それに関連しながら、より具体的な子どもの日々の生活に即した短期的な指導計画を作成しなければならない。

イ　指導計画の作成に当たっては、第２章及びその他の関連する章に示された事項のほか、子ども一人一人の発達過程や状況を十分に踏まえるとともに、次の事項に留意しなければならない。

(ア)　３歳未満児については、一人一人の子どもの生育歴、心身の発達、活動の実態等に即して、個別的な計画を作成すること。

(イ)　３歳以上児については、個の成長と、子ども相互の関係や協同的な活動が促されるよう配慮すること。

(ウ)　異年齢で構成される組やグループでの保育においては、一人一人の子どもの生活や経験、発達過程などを把握し、適切な援助や環境構成ができるよう配慮すること。

ウ　指導計画においては、保育所の生活における子どもの発達過程を見通し、生活の連続性、季節の変化などを考慮し、子どもの実態に即した具体的なねらい及び内容を設定すること。また、具体的なねらいが達成されるよう、子どもの生活する姿や発想を大切にして適切な環境を構成し、子どもが主体的に活動できるようにすること。

エ　一日の生活のリズムや在園時間が異なる子どもが共に過ごすことを踏まえ、活動と休息、緊張感と解放感等の調和を図るよう配慮すること。

オ　午睡は生活のリズムを構成する重要な要素であり、安心して眠ることのできる安全な睡眠環境を確保するとともに、在園時間が異なることや、睡眠時間は子どもの発達の状況や個人によって差があることから、一律とならないよう配慮すること。

カ　長時間にわたる保育については、子どもの発達過程、生活のリズム及び心身の状態に十分配慮して、保育の内容や方法、職員の協力体制、家庭との連携などを指導計画に位置付けること。

キ　障害のある子どもの保育については、一人一人の子どもの発達過程や障害の状態を把握し、適切な環境の下で、障害のある子どもが他の子どもとの生活を通して共に成長できるよう、指導計画の中に位置付けること。また、子どもの状況に応じた保育を実施する観点から、家庭や関係機関と連携した支援のための計画を個別に作成するなど適切な対応を図ること。

(3)　指導計画の展開

指導計画に基づく保育の実施に当たっては、次の事項に留意しなければならない。

ア　施設長、保育士など、全職員による適切な役割分担と協力体制を整えること。

イ　子どもが行う具体的な活動は、生活の中で様々に変化することに留意して、子どもが望ましい方向に向かって自ら活動を展開できるよう必要な援助を行うこと。

ウ　子どもの主体的な活動を促すためには、保育士等が多様な関わりをもつことが重要であることを踏まえ、子どもの情緒の安定や発達に必要な豊かな体験が得られるよう援助すること。

エ　保育士等は、子どもの実態や子どもを取り巻く状況の変化などに即して保育の過程を記録するとともに、これらを踏まえ、指導計画に基づく保育の内容の見直しを行い、改善を図ること。

(4)　保育内容等の評価

ア　保育士等の自己評価

(ア)　保育士等は、保育の計画や保育の記録を通して、自らの保育実践を振り返り、自己評価することを通して、その専門性の向上や保育実践の改善に努めなければならない。

(イ)　保育士等による自己評価に当たっては、子どもの活動内容やその結果だけでなく、子どもの心の育ちや意欲、取り組む過程などにも十分配慮するよう留意すること。

(ウ)　保育士等は、自己評価における自らの保育実践の振り返りや職員相互の話し合い等を通じて、専門性の向上及び保育の質の向上のための課題を明確にするとともに、保育所全体の保育の内容に関する認識を深めること。

イ　保育所の自己評価

(ア)　保育所は、保育の質の向上を図るため、保育の計画の展開や保育士等の自己評価を踏まえ、当該保育所の保育の内容等について、自ら評価を行い、その結果を公表するよう努めなければならない。

(イ)　保育所が自己評価を行うに当たっては、地域の実情や保育所の実態に即して、適切に評価の観点や項目等を設定し、全職員による共通理解をもって取り組むよう留意すること。

(ウ)　設備運営基準第36条の趣旨を踏まえ、保育の内容等の評価に関し、保護者及び地域住民等の意見を聴くことが望ましいこと。

(5) 評価を踏まえた計画の改善

ア　保育所は、評価の結果を踏まえ、当該保育所の保育の内容等の改善を図ること。

イ　保育の計画に基づく保育、保育の内容の評価及びこれに基づく改善という一連の取組により、保育の質の向上が図られるよう、全職員が共通理解をもって取り組むことに留意すること。

4　幼児教育を行う施設として共有すべき事項

(1)　育みたい資質・能力

ア　保育所においては、生涯にわたる生きる力の基礎を培うため、1の(2)に示す保育の目標を踏まえ、次に掲げる資質・能力を一体的に育むよう努めるものとする。

(ア)　豊かな体験を通じて、感じたり、気付いたり、分かったり、できるようになったりする「知識及び技能の基礎」

(イ)　気付いたことや、できるようになったことなどを使い、考えたり、試したり、工夫したり、表現したりする「思考力、判断力、表現力等の基礎」

(ウ)　心情、意欲、態度が育つ中で、よりよい生活を営もうとする「学びに向かう力、人間性等」

イ　アに示す資質・能力は、第2章に示すねらい及び内容に基づく保育活動全体によって育むものである。

(2)　幼児期の終わりまでに育ってほしい姿

次に示す「幼児期の終わりまでに育ってほしい姿」は、第2章に示すねらい及び内容に基づく保育活動全体を通して資質・能力が育まれている子どもの小学校就学時の具体的な姿であり、保育士等が指導を行う際に考慮するものである。

ア　健康な心と体

保育所の生活の中で、充実感をもって自分のやりたいことに向かって心と体を十分に働かせ、見通しをもって行動し、自ら健康で安全な生活をつくり出すようになる。

イ　自立心

身近な環境に主体的に関わり様々な活動を楽しむ中で、しなければならないことを自覚し、自分の力で行うために考えたり、工夫したりしながら、諦めずにやり遂げることで達成感を味わい、自信をもって行動するようになる。

ウ　協同性

友達と関わる中で、互いの思いや考えなどを共有し、共通の目的の実現に向けて、考えたり、工夫したり、協力したりし、充実感をもってやり遂げるようになる。

エ　道徳性・規範意識の芽生え

友達と様々な体験を重ねる中で、してよいことや悪いことが分かり、自分の行動を振り返ったり、友達の気持ちに共感したりし、相手の立場に立って行動するようになる。また、きまりを守る必要性が分かり、自分の気持ちを調整し、友達と折り合いを付けながら、きまりをつくったり、守ったりするようになる。

オ　社会生活との関わり

家族を大切にしようとする気持ちをもつとともに、地域の身近な人と触れ合う中で、人との様々な関わり方に気付き、相手の気持ちを考えて関わり、自分が役に立つ喜びを感じ、地域に親しみをもつようになる。また、保育所内外の様々な環境に関わる中で、遊びや生活に必要な情報を取り入れ、情報に基づき判断したり、情報を伝え合ったり、活用したりするなど、情報を役立てながら活動するようになるとともに、公共の施設を大切に利用するなどして、社会とのつながりなどを意識するようになる。

カ　思考力の芽生え

身近な事象に積極的に関わる中で、物の性質や仕組みなどを感じ取ったり、気付いたりし、考えたり、予想したり、工夫したりするなど、多様な関わりを楽しむようになる。また、友達の様々な考えに触れる中で、自分と異なる考えがあることに気付き、自ら判断したり、考え直したりするなど、新しい考えを生み出す喜びを味わいながら、自分の考えをよりよいものにするようになる。

キ　自然との関わり・生命尊重

自然に触れて感動する体験を通して、自然の変化などを感じ取り、好奇心や探究心をもって考え言葉などで表現しながら、身近な事象への関心が高まるとともに、自然への愛情や畏敬の念をもつようになる。また、身近な動植物に心を動かされる中で、生命の不思議さや尊さに気付き、身近な動植物への接し方を考え、命あるものとしていたわり、大切にする気持ちをもって関わるようになる。

ク　数量や図形、標識や文字などへの関心・感覚

遊びや生活の中で、数量や図形、標識や文字などに親しむ体験を重ねたり、標識や文字の役割に気付いたりし、自らの必要感に基づきこれらを活用し、興味や関心、感覚をもつようになる。

ケ　言葉による伝え合い

保育士等や友達と心を通わせる中で、絵本や物語などに親しみながら、豊かな言葉や表現を身に付け、経験したことや考えたことなどを言葉で伝えたり、相手の話を注意して聞いたりし、言葉による伝え合いを楽しむようになる。

コ　豊かな感性と表現

心を動かす出来事などに触れ感性を働かせる中で、様々な素材の特徴や表現の仕方などに気付き、感じたことや考えたことを自分で表現したり、友達同士で表現する過程を楽しんだりし、表現する喜びを味わい、意欲をもつようになる。

第２章　保育の内容

この章に示す「ねらい」は、第１章の１の(2)に示された保育の目標をより具体化したものであり、子どもが保育所において、安定した生活を送り、充実した活動ができるように、保育を通じて育みたい資質・能力を、子どもの生活する姿から捉えたものである。また、「内容」は、「ねらい」を達成するために、子どもの生活やその状況に応じて保育士等が適切に行う事項と、保育士等が援助して子どもが環境に関わって経験する事項を示したものである。

保育における「養護」とは、子どもの生命の保持及び情緒の安定を図るために保育士等が行う援助や関わりであり、「教育」とは、子どもが健やかに成長し、その活動がより豊かに展開されるための発達の援助である。本章では、保育士等が、「ねらい」及び「内容」を具体的に把握するため、主に教育に関わる側面からの視点を示しているが、実際の保育においては、養護と教育が一体となって展開されることに留意する必要がある。

１　乳児保育に関わるねらい及び内容

(1)　基本的事項

ア　乳児期の発達については、視覚、聴覚などの感覚や、座る、はう、歩くなどの運動機能が著しく発達し、特定の大人との応答的な関わりを通じて、情緒的な絆（きずな）が形成されるといった特徴がある。これらの発達の特徴を踏まえて、乳児保育は、愛情豊かに、応答的に行われることが特に必要である。

イ　本項においては、この時期の発達の特徴を踏まえ、乳児保育の「ねらい」及び「内容」については、身体的発達に関する視点「健やかに伸び伸びと育つ」、社会的発達に関する視点「身近な人と気持ちが通じ合う」及び精神的発達に関する視点「身近なものと関わり感性が育つ」としてまとめ、示している。

ウ　本項の各視点において示す保育の内容は、第１章の２に示された養護における「生命の保持」及び「情緒の安定」に関わる保育の内容と、一体となって展開されるものであることに留意が必要である。

(2)　ねらい及び内容

ア　健やかに伸び伸びと育つ

健康な心と体を育て、自ら健康で安全な生活をつくり出す力の基盤を培う。

(ア)　ねらい

①　身体感覚が育ち、快適な環境に心地よさを感じる。

②　伸び伸びと体を動かし、はう、歩くなどの運動をしようとする。

③　食事、睡眠等の生活のリズムの感覚が芽生える。

(イ)　内容

①　保育士等の愛情豊かな受容の下で、生理的・心理的欲求を満たし、心地よく生活をする。

②　一人一人の発育に応じて、はう、立つ、歩くなど、十分に体を動かす。

③　個人差に応じて授乳を行い、離乳を進めていく中で、様々な食品に少しずつ慣れ、食べることを楽しむ。

④　一人一人の生活のリズムに応じて、安全な環境の下で十分に午睡をする。

⑤　おむつ交換や衣服の着脱などを通じて、清潔になることの心地よさを感じる。

(ウ)　内容の取扱い

上記の取扱いに当たっては、次の事項に留意する必要がある。

①　心と体の健康は、相互に密接な関連があるものであることを踏まえ、温かい触れ合いの中で、心と体の発達を促すこと。特に、寝返り、お座り、はいはい、つかまり立ち、伝い歩きなど、発育に応じて、遊びの中で体を動かす機会を十分に確保し、自ら体を動かそうとする意欲が育つようにすること。

②　健康な心と体を育てるためには望ましい食習慣の形成が重要であることを踏まえ、離乳食が完了期へと徐々に移行する中で、様々な食品に慣れるようにするとともに、和やかな雰囲気の中で食べる喜びや楽しさを味わい、進んで食べようとする気持ちが育つようにすること。なお、食物アレルギーのある子どもへの対応については、嘱託医等の指示や協力の下に適切に対応すること。

イ　身近な人と気持ちが通じ合う

受容的・応答的な関わりの下で、何かを伝えようとする意欲や身近な大人との信頼関係を育て、人と関わる力の基盤を培う。

(ア)　ねらい

①　安心できる関係の下で、身近な人と共に過ごす喜びを感じる。

②　体の動きや表情、発声等により、保育士等と気持ちを通わせようとする。

③　身近な人と親しみ、関わりを深め、愛情や信頼感が芽生える。

(イ)　内容

①　子どもからの働きかけを踏まえた、応答的な触れ合いや言葉がけによって、欲求が満たされ、安定感をもって過ごす。

②　体の動きや表情、発声、喃語（なん）等を優しく受け止めてもらい、保育士等とのやり取りを楽しむ。

③　生活や遊びの中で、自分の身近な人の存在に気付き、親しみの気持ちを表す。

④　保育士等による語りかけや歌いかけ、発声や喃語（なん）等への応答を通じて、言葉の理解や発語の

意欲が育つ。

⑤　温かく、受容的な関わりを通じて、自分を肯定する気持ちが芽生える。

(ウ)　内容の取扱い

上記の取扱いに当たっては、次の事項に留意する必要がある。

①　保育士等との信頼関係に支えられて生活を確立していくことが人と関わる基盤となることを考慮して、子どもの多様な感情を受け止め、温かく受容的・応答的に関わり、一人一人に応じた適切な援助を行うようにすること。

②　身近な人に親しみをもって接し、自分の感情などを表し、それに相手が応答する言葉を聞くことを通して、次第に言葉が獲得されていくことを考慮して、楽しい雰囲気の中での保育士等との関わり合いを大切にし、ゆっくりと優しく話しかけるなど、積極的に言葉のやり取りを楽しむことができるようにすること。

ウ　身近なものと関わり感性が育つ

身近な環境に興味や好奇心をもって関わり、感じたことや考えたことを表現する力の基盤を培う。

(ア)　ねらい

①　身の回りのものに親しみ、様々なものに興味や関心をもつ。

②　見る、触れる、探索するなど、身近な環境に自分から関わろうとする。

③　身体の諸感覚による認識が豊かになり、表情や手足、体の動き等で表現する。

(イ)　内容

①　身近な生活用具、玩具や絵本などが用意された中で、身の回りのものに対する興味や好奇心をもつ。

②　生活や遊びの中で様々なものに触れ、音、形、色、手触りなどに気付き、感覚の働きを豊かにする。

③　保育士等と一緒に様々な色彩や形のものや絵本などを見る。

④　玩具や身の回りのものを、つまむ、つかむ、たたく、引っ張るなど、手や指を使って遊ぶ。

⑤　保育士等のあやし遊びに機嫌よく応じたり、歌やリズムに合わせて手足や体を動かして楽しんだりする。

(ウ)　内容の取扱い

上記の取扱いに当たっては、次の事項に留意する必要がある。

①　玩具などは、音質、形、色、大きさなど子どもの発達状態に応じて適切なものを選び、その時々の子どもの興味や関心を踏まえるなど、遊びを通して感覚の発達が促されるものとなるように工夫すること。なお、安全な環境の下で、子どもが探索意欲を満たして自由に遊べるよう、身の回りのものについては、常に十分な点検を行うこと。

②　乳児期においては、表情、発声、体の動きなどで、感情を表現することが多いことから、これらの表現しようとする意欲を積極的に受け止めて、子どもが様々な活動を楽しむことを通して表現が豊かになるようにすること。

(3)　保育の実施に関わる配慮事項

ア　乳児は疾病への抵抗力が弱く、心身の機能の未熟さに伴う疾病の発生が多いことから、一人一人の発育及び発達状態や健康状態についての適切な判断に基づく保健的な対応を行うこと。

イ　一人一人の子どもの生育歴の違いに留意しつつ、欲求を適切に満たし、特定の保育士が応答的に関わるように努めること。

ウ　乳児保育に関わる職員間の連携や嘱託医との連携を図り、第３章に示す事項を踏まえ、適切に対応すること。栄養士及び看護師等が配置されている場合は、その専門性を生かした対応を図ること。

エ　保護者との信頼関係を築きながら保育を進めるとともに、保護者からの相談に応じ、保護者への支援に努めていくこと。

オ　担当の保育士が替わる場合には、子どものそれまでの生育歴や発達過程に留意し、職員間で協力して対応すること。

２　１歳以上３歳未満児の保育に関わるねらい及び内容

(1)　基本的事項

ア　この時期においては、歩き始めから、歩く、走る、跳ぶなどへと、基本的な運動機能が次第に発達し、排泄（せつ）の自立のための身体的機能も整うようになる。つまむ、めくるなどの指先の機能も発達し、食事、衣類の着脱なども、保育士等の援助の下で自分で行うようになる。発声も明瞭になり、語彙も増加し、自分の意思や欲求を言葉で表出できるようになる。このように自分でできることが増えてくる時期であることから、保育士等は、子どもの生活の安定を図りながら、自分でしようとする気持ちを尊重し、温かく見守るとともに、愛情豊かに、応答的に関わることが必要である。

イ　本項においては、この時期の発達の特徴を踏まえ、保育の「ねらい」及び「内容」について、心身の健康に関する領域「健康」、人との関わりに関する領域「人間関係」、身近な環境との関わりに関する領域「環境」、言葉の獲得に関する領域「言葉」及び感性と表現に関する領域「表現」としてまとめ、示している。

ウ　本項の各領域において示す保育の内容は、第１章の２に示された養護における「生命の保持」及び「情緒の安定」に関わる保育の内容と、一体となって展開されるものであることに留意が必要である。

(2) ねらい及び内容

ア 健康

健康な心と体を育て、自ら健康で安全な生活をつくり出す力を養う。

(ア) ねらい

① 明るく伸び伸びと生活し、自分から体を動かすことを楽しむ。

② 自分の体を十分に動かし、様々な動きをしようとする。

③ 健康、安全な生活に必要な習慣に気付き、自分でしてみようとする気持ちが育つ。

(イ) 内容

① 保育士等の愛情豊かな受容の下で、安定感をもって生活をする。

② 食事や午睡、遊びと休息など、保育所における生活のリズムが形成される。

③ 走る、跳ぶ、登る、押す、引っ張るなど全身を使う遊びを楽しむ。

④ 様々な食品や調理形態に慣れ、ゆったりとした雰囲気の中で食事や間食を楽しむ。

⑤ 身の回りを清潔に保つ心地よさを感じ、その習慣が少しずつ身に付く。

⑥ 保育士等の助けを借りながら、衣類の着脱を自分でしようとする。

⑦ 便器での排泄(せつ)に慣れ、自分で排泄(せつ)ができるようになる。

(ウ) 内容の取扱い

上記の取扱いに当たっては、次の事項に留意する必要がある。

① 心と体の健康は、相互に密接な関連があるものであることを踏まえ、子どもの気持ちに配慮した温かい触れ合いの中で、心と体の発達を促すこと。特に、一人一人の発育に応じて、体を動かす機会を十分に確保し、自ら体を動かそうとする意欲が育つようにすること。

② 健康な心と体を育てるためには望ましい食習慣の形成が重要であることを踏まえ、ゆったりとした雰囲気の中で食べる喜びや楽しさを味わい、進んで食べようとする気持ちが育つようにすること。なお、食物アレルギーのある子どもへの対応については、嘱託医等の指示や協力の下に適切に対応すること。

③ 排泄(せつ)の習慣については、一人一人の排尿間隔等を踏まえ、おむつが汚れていないときに便器に座らせるなどにより、少しずつ慣れさせるようにすること。

④ 食事、排泄(せつ)、睡眠、衣類の着脱、身の回りを清潔にすることなど、生活に必要な基本的な習慣については、一人一人の状態に応じ、落ち着いた雰囲気の中で行うようにし、子どもが自分でしようとする気持ちを尊重すること。また、基本的な生活習慣の形成に当たっては、家庭での生活経験に配慮し、家庭との適切な連携の下で行うようにすること。

イ 人間関係

他の人々と親しみ、支え合って生活するために、自立心を育て、人と関わる力を養う。

(ア) ねらい

① 保育所での生活を楽しみ、身近な人と関わる心地よさを感じる。

② 周囲の子ども等への興味や関心が高まり、関わりをもとうとする。

③ 保育所の生活の仕方に慣れ、きまりの大切さに気付く。

(イ) 内容

① 保育士等や周囲の子ども等との安定した関係の中で、共に過ごす心地よさを感じる。

② 保育士等の受容的・応答的な関わりの中で、欲求を適切に満たし、安定感をもって過ごす。

③ 身の回りに様々な人がいることに気付き、徐々に他の子どもと関わりをもって遊ぶ。

④ 保育士等の仲立ちにより、他の子どもとの関わり方を少しずつ身につける。

⑤ 保育所の生活の仕方に慣れ、きまりがあることや、その大切さに気付く。

⑥ 生活や遊びの中で、年長児や保育士等の真似をしたり、ごっこ遊びを楽しんだりする。

(ウ) 内容の取扱い

上記の取扱いに当たっては、次の事項に留意する必要がある。

① 保育士等との信頼関係に支えられて生活を確立するとともに、自分で何かをしようとする気持ちが旺盛になる時期であることに鑑み、そのような子どもの気持ちを尊重し、温かく見守るとともに、愛情豊かに、応答的に関わり、適切な援助を行うようにすること。

② 思い通りにいかない場合等の子どもの不安定な感情の表出については、保育士等が受容的に受け止めるとともに、そうした気持ちから立ち直る経験や感情をコントロールすることへの気付き等につなげていけるように援助すること。

③ この時期は自己と他者との違いの認識がまだ十分ではないことから、子どもの自我の育ちを見守るとともに、保育士等が仲立ちとなって、自分の気持ちを相手に伝えることや相手の気持ちに気付くことの大切さなど、友達の気持ちや友達との関わり方を丁寧に伝えていくこと。

ウ　環境

周囲の様々な環境に好奇心や探究心をもって関わり、それらを生活に取り入れていこうとする力を養う。

(ア)　ねらい

① 身近な環境に親しみ、触れ合う中で、様々なものに興味や関心をもつ。

② 様々なものに関わる中で、発見を楽しんだり、考えたりしようとする。

③ 見る、聞く、触るなどの経験を通して、感覚の働きを豊かにする。

(イ)　内容

① 安全で活動しやすい環境での探索活動等を通して、見る、聞く、触れる、嗅ぐ、味わうなどの感覚の働きを豊かにする。

② 玩具、絵本、遊具などに興味をもち、それらを使った遊びを楽しむ。

③ 身の回りの物に触れる中で、形、色、大きさ、量などの物の性質や仕組みに気付く。

④ 自分の物と人の物の区別や、場所的感覚など、環境を捉える感覚が育つ。

⑤ 身近な生き物に気付き、親しみをもつ。

⑥ 近隣の生活や季節の行事などに興味や関心をもつ。

(ウ)　内容の取扱い

上記の取扱いに当たっては、次の事項に留意する必要がある。

① 玩具などは、音質、形、色、大きさなど子どもの発達状態に応じて適切なものを選び、遊びを通して感覚の発達が促されるように工夫すること。

② 身近な生き物との関わりについては、子どもが命を感じ、生命の尊さに気付く経験へとつながるものであることから、そうした気付きを促すような関わりとなるようにすること。

③ 地域の生活や季節の行事などに触れる際には、社会とのつながりや地域社会の文化への気付きにつながるものとなることが望ましいこと。その際、保育所内外の行事や地域の人々との触れ合いなどを通して行うこと等も考慮すること。

エ　言葉

経験したことや考えたことなどを自分なりの言葉で表現し、相手の話す言葉を聞こうとする意欲や態度を育て、言葉に対する感覚や言葉で表現する力を養う。

(ア)　ねらい

① 言葉遊びや言葉で表現する楽しさを感じる。

② 人の言葉や話などを聞き、自分でも思ったことを伝えようとする。

③ 絵本や物語等に親しむとともに、言葉のやり取りを通じて身近な人と気持ちを通わせる。

(イ)　内容

① 保育士等の応答的な関わりや話しかけにより、自ら言葉を使おうとする。

② 生活に必要な簡単な言葉に気付き、聞き分ける。

③ 親しみをもって日常の挨拶に応じる。

④ 絵本や紙芝居を楽しみ、簡単な言葉を繰り返したり、模倣をしたりして遊ぶ。

⑤ 保育士等とごっこ遊びをする中で、言葉のやり取りを楽しむ。

⑥ 保育士等を仲立ちとして、生活や遊びの中で友達との言葉のやり取りを楽しむ。

⑦ 保育士等や友達の言葉や話に興味や関心をもって、聞いたり、話したりする。

(ウ)　内容の取扱い

上記の取扱いに当たっては、次の事項に留意する必要がある。

① 身近な人に親しみをもって接し、自分の感情などを伝え、それに相手が応答し、その言葉を聞くことを通して、次第に言葉が獲得されていくものであることを考慮して、楽しい雰囲気の中で保育士等との言葉のやり取りができるようにすること。

② 子どもが自分の思いを言葉で伝えるとともに、他の子どもの話などを聞くことを通して、次第に話を理解し、言葉による伝え合いができるようになるよう、気持ちや経験等の言語化を行うことを援助するなど、子ども同士の関わりの仲立ちを行うようにすること。

③ この時期は、片言から、二語文、ごっこ遊びでのやり取りができる程度へと、大きく言葉の習得が進む時期であることから、それぞれの子どもの発達の状況に応じて、遊びや関わりの工夫など、保育の内容を適切に展開することが必要であること。

オ　表現

感じたことや考えたことを自分なりに表現することを通して、豊かな感性や表現する力を養い、創造性を豊かにする。

(ア)　ねらい

① 身体の諸感覚の経験を豊かにし、様々な感覚を味わう。

② 感じたことや考えたことなどを自分なりに表現しようとする。

③ 生活や遊びの様々な体験を通して、イメージや感性が豊かになる。

(イ)　内容

① 水、砂、土、紙、粘土など様々な素材に触れて楽しむ。

② 音楽、リズムやそれに合わせた体の動きを楽

しむ。

③ 生活の中で様々な音、形、色、手触り、動き、味、香りなどに気付いたり、感じたりして楽しむ。

④ 歌を歌ったり、簡単な手遊びや全身を使う遊びを楽しんだりする。

⑤ 保育士等からの話や、生活や遊びの中での出来事を通して、イメージを豊かにする。

⑥ 生活や遊びの中で、興味のあることや経験したことなどを自分なりに表現する。

(ウ) 内容の取扱い

上記の取扱いに当たっては、次の事項に留意する必要がある。

① 子どもの表現は、遊びや生活の様々な場面で表出されているものであることから、それらを積極的に受け止め、様々な表現の仕方や感性を豊かにする経験となるようにすること。

② 子どもが試行錯誤しながら様々な表現を楽しむことや、自分の力でやり遂げる充実感などに気付くよう、温かく見守るとともに、適切に援助を行うようにすること。

③ 様々な感情の表現等を通じて、子どもが自分の感情や気持ちに気付くようになる時期であることに鑑み、受容的な関わりの中で自信をもって表現をすることや、諦めずに続けた後の達成感等を感じられるような経験が蓄積されるようにすること。

④ 身近な自然や身の回りの事物に関わる中で、発見や心が動く経験が得られるよう、諸感覚を働かせることを楽しむ遊びや素材を用意するなど保育の環境を整えること。

(3) 保育の実施に関わる配慮事項

ア 特に感染症にかかりやすい時期であるので、体の状態、機嫌、食欲などの日常の状態の観察を十分に行うとともに、適切な判断に基づく保健的な対応を心がけること。

イ 探索活動が十分できるように、事故防止に努めながら活動しやすい環境を整え、全身を使う遊びなど様々な遊びを取り入れること。

ウ 自我が形成され、子どもが自分の感情や気持ちに気付くようになる重要な時期であることに鑑み、情緒の安定を図りながら、子どもの自発的な活動を尊重するとともに促していくこと。

エ 担当の保育士が替わる場合には、子どものそれまでの経験や発達過程に留意し、職員間で協力して対応すること。

3 3歳以上児の保育に関するねらい及び内容

(1) 基本的事項

ア この時期においては、運動機能の発達により、基本的な動作が一通りできるようになるとともに、基本的な生活習慣もほぼ自立できるようになる。理解する語彙数が急激に増加し、知的興味や関心も高まってくる。仲間と遊び、仲間の中の一人という自覚が生じ、集団的な遊びや協同的な活動も見られるようになる。これらの発達の特徴を踏まえて、この時期の保育においては、個の成長と集団としての活動の充実が図られるようにしなければならない。

イ 本項においては、この時期の発達の特徴を踏まえ、保育の「ねらい」及び「内容」について、心身の健康に関する領域「健康」、人との関わりに関する領域「人間関係」、身近な環境との関わりに関する領域「環境」、言葉の獲得に関する領域「言葉」及び感性と表現に関する領域「表現」としてまとめ、示している。

ウ 本項の各領域において示す保育の内容は、第1章の2に示された養護における「生命の保持」及び「情緒の安定」に関わる保育の内容と、一体となって展開されるものであることに留意が必要である。

(2) ねらい及び内容

ア 健康

健康な心と体を育て、自ら健康で安全な生活をつくり出す力を養う。

(ア) ねらい

① 明るく伸び伸びと行動し、充実感を味わう。

② 自分の体を十分に動かし、進んで運動しようとする。

③ 健康、安全な生活に必要な習慣や態度を身に付け、見通しをもって行動する。

(イ) 内容

① 保育士等や友達と触れ合い、安定感をもって行動する。

② いろいろな遊びの中で十分に体を動かす。

③ 進んで戸外で遊ぶ。

④ 様々な活動に親しみ、楽しんで取り組む。

⑤ 保育士等や友達と食べることを楽しみ、食べ物への興味や関心をもつ。

⑥ 健康な生活のリズムを身に付ける。

⑦ 身の回りを清潔にし、衣服の着脱、食事、排泄(せつ)などの生活に必要な活動を自分でする。

⑧ 保育所における生活の仕方を知り、自分たちで生活の場を整えながら見通しをもって行動する。

⑨ 自分の健康に関心をもち、病気の予防などに必要な活動を進んで行う。

⑩ 危険な場所、危険な遊び方、災害時などの行動の仕方が分かり、安全に気を付けて行動する。

(ウ) 内容の取扱い

上記の取扱いに当たっては、次の事項に留意する必要がある。

① 心と体の健康は、相互に密接な関連があるも

のであることを踏まえ、子どもが保育士等や他の子どもとの温かい触れ合いの中で自己の存在感や充実感を味わうことなどを基盤として、しなやかな心と体の発達を促すこと。特に、十分に体を動かす気持ちよさを体験し、自ら体を動かそうとする意欲が育つようにすること。

② 様々な遊びの中で、子どもが興味や関心、能力に応じて全身を使って活動することにより、体を動かす楽しさを味わい、自分の体を大切にしようとする気持ちが育つようにすること。その際、多様な動きを経験する中で、体の動きを調整するようにすること。

③ 自然の中で伸び伸びと体を動かして遊ぶことにより、体の諸機能の発達が促されることに留意し、子どもの興味や関心が戸外にも向くようにすること。その際、子どもの動線に配慮した園庭や遊具の配置などを工夫すること。

④ 健康な心と体を育てるためには食育を通じた望ましい食習慣の形成が大切であることを踏まえ、子どもの食生活の実情に配慮し、和やかな雰囲気の中で保育士等や他の子どもと食べる喜びや楽しさを味わったり、様々な食べ物への興味や関心をもったりするなどし、食の大切さに気付き、進んで食べようとする気持ちが育つようにすること。

⑤ 基本的な生活習慣の形成に当たっては、家庭での生活経験に配慮し、子どもの自立心を育て、子どもが他の子どもと関わりながら主体的な活動を展開する中で、生活に必要な習慣を身に付け、次第に見通しをもって行動できるようにすること。

⑥ 安全に関する指導に当たっては、情緒の安定を図り、遊びを通して安全についての構えを身に付け、危険な場所や事物などが分かり、安全についての理解を深めるようにすること。また、交通安全の習慣を身に付けるようにするとともに、避難訓練などを通して、災害などの緊急時に適切な行動がとれるようにすること。

イ 人間関係

他の人々と親しみ、支え合って生活するために、自立心を育て、人と関わる力を養う。

(ア) ねらい

① 保育所の生活を楽しみ、自分の力で行動することの充実感を味わう。

② 身近な人と親しみ、関わりを深め、工夫したり、協力したりして一緒に活動する楽しさを味わい、愛情や信頼感をもつ。

③ 社会生活における望ましい習慣や態度を身に付ける。

(イ) 内容

① 保育士等や友達と共に過ごすことの喜びを味わう。

② 自分で考え、自分で行動する。

③ 自分でできることは自分でする。

④ いろいろな遊びを楽しみながら物事をやり遂げようとする気持ちをもつ。

⑤ 友達と積極的に関わりながら喜びや悲しみを共感し合う。

⑥ 自分の思ったことを相手に伝え、相手の思っていることに気付く。

⑦ 友達のよさに気付き、一緒に活動する楽しさを味わう。

⑧ 友達と楽しく活動する中で、共通の目的を見いだし、工夫したり、協力したりなどする。

⑨ よいことや悪いことがあることに気付き、考えながら行動する。

⑩ 友達との関わりを深め、思いやりをもつ。

⑪ 友達と楽しく生活する中できまりの大切さに気付き、守ろうとする。

⑫ 共同の遊具や用具を大切にし、皆で使う。

⑬ 高齢者をはじめ地域の人々などの自分の生活に関係の深いいろいろな人に親しみをもつ。

(ウ) 内容の取扱い

上記の取扱いに当たっては、次の事項に留意する必要がある。

① 保育士等との信頼関係に支えられて自分自身の生活を確立していくことが人と関わる基盤となることを考慮し、子どもが自ら周囲に働き掛けることにより多様な感情を体験し、試行錯誤しながら諦めずにやり遂げることの達成感や、前向きな見通しをもって自分の力で行うことの充実感を味わうことができるよう、子どもの行動を見守りながら適切な援助を行うようにすること。

② 一人一人を生かした集団を形成しながら人と関わる力を育てていくようにすること。その際、集団の生活の中で、子どもが自己を発揮し、保育士等や他の子どもに認められる体験をし、自分のよさや特徴に気付き、自信をもって行動できるようにすること。

③ 子どもが互いに関わりを深め、協同して遊ぶようになるため、自ら行動する力を育てるとともに、他の子どもと試行錯誤しながら活動を展開する楽しさや共通の目的が実現する喜びを味わうことができるようにすること。

④ 道徳性の芽生えを培うに当たっては、基本的な生活習慣の形成を図るとともに、子どもが他の子どもとの関わりの中で他人の存在に気付き、

相手を尊重する気持ちをもって行動できるようにし、また、自然や身近な動植物に親しむことなどを通して豊かな心情が育つようにすること。特に、人に対する信頼感や思いやりの気持ちは、葛藤やつまずきをも体験し、それらを乗り越えることにより次第に芽生えてくることに配慮すること。

⑤　集団の生活を通して、子どもが人との関わりを深め、規範意識の芽生えが培われることを考慮し、子どもが保育士等との信頼関係に支えられて自己を発揮する中で、互いに思いを主張し、折り合いを付ける体験をし、きまりの必要性などに気付き、自分の気持ちを調整する力が育つようにすること。

⑥　高齢者をはじめ地域の人々などの自分の生活に関係の深いいろいろな人と触れ合い、自分の感情や意志を表現しながら共に楽しみ、共感し合う体験を通して、これらの人々などに親しみをもち、人と関わることの楽しさや人の役に立つ喜びを味わうことができるようにすること。また、生活を通して親や祖父母などの家族の愛情に気付き、家族を大切にしようとする気持ちが育つようにすること。

ウ　環境

周囲の様々な環境に好奇心や探究心をもって関わり、それらを生活に取り入れていこうとする力を養う。

(ア)　ねらい

①　身近な環境に親しみ、自然と触れ合う中で様々な事象に興味や関心をもつ。

②　身近な環境に自分から関わり、発見を楽しんだり、考えたりし、それを生活に取り入れようとする。

③　身近な事象を見たり、考えたり、扱ったりする中で、物の性質や数量、文字などに対する感覚を豊かにする。

(イ)　内容

①　自然に触れて生活し、その大きさ、美しさ、不思議さなどに気付く。

②　生活の中で、様々な物に触れ、その性質や仕組みに興味や関心をもつ。

③　季節により自然や人間の生活に変化のあることに気付く。

④　自然などの身近な事象に関心をもち、取り入れて遊ぶ。

⑤　身近な動植物に親しみをもって接し、生命の尊さに気付き、いたわったり、大切にしたりする。

⑥　日常生活の中で、我が国や地域社会における様々な文化や伝統に親しむ。

⑦　身近な物を大切にする。

⑧　身近な物や遊具に興味をもって関わり、自分なりに比べたり、関連付けたりしながら考えたり、試したりして工夫して遊ぶ。

⑨　日常生活の中で数量や図形などに関心をもつ。

⑩　日常生活の中で簡単な標識や文字などに関心をもつ。

⑪　生活に関係の深い情報や施設などに興味や関心をもつ。

⑫　保育所内外の行事において国旗に親しむ。

(ウ)　内容の取扱い

上記の取扱いに当たっては、次の事項に留意する必要がある。

①　子どもが、遊びの中で周囲の環境と関わり、次第に周囲の世界に好奇心を抱き、その意味や操作の仕方に関心をもち、物事の法則性に気付き、自分なりに考えることができるようになる過程を大切にすること。また、他の子どもの考えなどに触れて新しい考えを生み出す喜びや楽しさを味わい、自分の考えをよりよいものにしようとする気持ちが育つようにすること。

②　幼児期において自然のもつ意味は大きく、自然の大きさ、美しさ、不思議さなどに直接触れる体験を通して、子どもの心が安らぎ、豊かな感情、好奇心、思考力、表現力の基礎が培われることを踏まえ、子どもが自然との関わりを深めることができるよう工夫すること。

③　身近な事象や動植物に対する感動を伝え合い、共感し合うことなどを通して自分から関わろうとする意欲を育てるとともに、様々な関わり方を通してそれらに対する親しみや畏敬の念、生命を大切にする気持ち、公共心、探究心などが養われるようにすること。

④　文化や伝統に親しむ際には、正月や節句など我が国の伝統的な行事、国歌、唱歌、わらべうたや我が国の伝統的な遊びに親しんだり、異なる文化に触れる活動に親しんだりすることを通じて、社会とのつながりの意識や国際理解の意識の芽生えなどが養われるようにすること。

⑤　数量や文字などに関しては、日常生活の中で子ども自身の必要感に基づく体験を大切にし、数量や文字などに関する興味や関心、感覚が養われるようにすること。

エ　言葉

経験したことや考えたことなどを自分なりの言葉で表現し、相手の話す言葉を聞こうとする意欲や態度を育て、言葉に対する感覚や言葉で表現する力を養う。

(ア)　ねらい

①　自分の気持ちを言葉で表現する楽しさを味わう。

② 人の言葉や話などをよく聞き、自分の経験したことや考えたことを話し、伝え合う喜びを味わう。

③ 日常生活に必要な言葉が分かるようになるとともに、絵本や物語などに親しみ、言葉に対する感覚を豊かにし、保育士等や友達と心を通わせる。

(イ) 内容

① 保育士等や友達の言葉や話に興味や関心をもち、親しみをもって聞いたり、話したりする。

② したり、見たり、聞いたり、感じたり、考えたりなどしたことを自分なりに言葉で表現する。

③ したいこと、してほしいことを言葉で表現したり、分からないことを尋ねたりする。

④ 人の話を注意して聞き、相手に分かるように話す。

⑤ 生活の中で必要な言葉が分かり、使う。

⑥ 親しみをもって日常の挨拶をする。

⑦ 生活の中で言葉の楽しさや美しさに気付く。

⑧ いろいろな体験を通じてイメージや言葉を豊かにする。

⑨ 絵本や物語などに親しみ、興味をもって聞き、想像をする楽しさを味わう。

⑩ 日常生活の中で、文字などで伝える楽しさを味わう。

(ウ) 内容の取扱い

上記の取扱いに当たっては、次の事項に留意する必要がある。

① 言葉は、身近な人に親しみをもって接し、自分の感情や意志などを伝え、それに相手が応答し、その言葉を聞くことを通して次第に獲得されていくものであることを考慮して、子どもが保育士等や他の子どもと関わることにより心を動かされるような体験をし、言葉を交わす喜びを味わえるようにすること。

② 子どもが自分の思いを言葉で伝えるとともに、保育士等や他の子どもなどの話を興味をもって注意して聞くことを通して次第に話を理解するようになっていき、言葉による伝え合いができるようにすること。

③ 絵本や物語などで、その内容と自分の経験とを結び付けたり、想像を巡らせたりするなど、楽しみを十分に味わうことによって、次第に豊かなイメージをもち、言葉に対する感覚が養われるようにすること。

④ 子どもが生活の中で、言葉の響きやリズム、新しい言葉や表現などに触れ、これらを使う楽しさを味わえるようにすること。その際、絵本や物語に親しんだり、言葉遊びなどをしたりすることを通して、言葉が豊かになるようにすること。

⑤ 子どもが日常生活の中で、文字などを使いながら思ったことや考えたことを伝える喜びや楽しさを味わい、文字に対する興味や関心をもつようにすること。

オ 表現

感じたことや考えたことを自分なりに表現することを通して、豊かな感性や表現する力を養い、創造性を豊かにする。

(ア) ねらい

① いろいろなものの美しさなどに対する豊かな感性をもつ。

② 感じたことや考えたことを自分なりに表現して楽しむ。

③ 生活の中でイメージを豊かにし、様々な表現を楽しむ。

(イ) 内容

① 生活の中で様々な音、形、色、手触り、動きなどに気付いたり、感じたりするなどして楽しむ。

② 生活の中で美しいものや心を動かす出来事に触れ、イメージを豊かにする。

③ 様々な出来事の中で、感動したことを伝え合う楽しさを味わう。

④ 感じたこと、考えたことなどを音や動きなどで表現したり、自由にかいたり、つくったりなどする。

⑤ いろいろな素材に親しみ、工夫して遊ぶ。

⑥ 音楽に親しみ、歌を歌ったり、簡単なリズム楽器を使ったりなどする楽しさを味わう。

⑦ かいたり、つくったりすることを楽しみ、遊びに使ったり、飾ったりなどする。

⑧ 自分のイメージを動きや言葉などで表現したり、演じて遊んだりするなどの楽しさを味わう。

(ウ) 内容の取扱い

上記の取扱いに当たっては、次の事項に留意する必要がある。

① 豊かな感性は、身近な環境と十分に関わる中で美しいもの、優れたもの、心を動かす出来事などに出会い、そこから得た感動を他の子どもや保育士等と共有し、様々に表現することなどを通して養われるようにすること。その際、風の音や雨の音、身近にある草や花の形や色など自然の中にある音、形、色などに気付くようにすること。

② 子どもの自己表現は素朴な形で行われることが多いので、保育士等はそのような表現を受容し、子ども自身の表現しようとする意欲を受け

止めて、子どもが生活の中で子どもらしい様々な表現を楽しむことができるようにすること。

③　生活経験や発達に応じ、自ら様々な表現を楽しみ、表現する意欲を十分に発揮させることができるように、遊具や用具などを整えたり、様々な素材や表現の仕方に親しんだり、他の子どもの表現に触れられるよう配慮したりし、表現する過程を大切にして自己表現を楽しめるように工夫すること。

(3)　保育の実施に関わる配慮事項

ア　第1章の4の(2)に示す「幼児期の終わりまでに育ってほしい姿」が、ねらい及び内容に基づく活動全体を通して資質・能力が育まれている子どもの小学校就学時の具体的な姿であることを踏まえ、指導を行う際には適宜考慮すること。

イ　子どもの発達や成長の援助をねらいとした活動の時間については、意識的に保育の計画等において位置付けて、実施することが重要であること。なお、そのような活動の時間については、保護者の就労状況等に応じて子どもが保育所で過ごす時間がそれぞれ異なることに留意して設定すること。

ウ　特に必要な場合には、各領域に示すねらいの趣旨に基づいて、具体的な内容を工夫し、それを加えても差し支えないが、その場合には、それが第1章の1に示す保育所保育に関する基本原則を逸脱しないよう慎重に配慮する必要があること。

4　保育の実施に関して留意すべき事項

(1)　保育全般に関わる配慮事項

ア　子どもの心身の発達及び活動の実態などの個人差を踏まえるとともに、一人一人の子どもの気持ちを受け止め、援助すること。

イ　子どもの健康は、生理的・身体的な育ちとともに、自主性や社会性、豊かな感性の育ちとがあいまってもたらされることに留意すること。

ウ　子どもが自ら周囲に働きかけ、試行錯誤しつつ自分の力で行う活動を見守りながら、適切に援助すること。

エ　子どもの入所時の保育に当たっては、できるだけ個別的に対応し、子どもが安定感を得て、次第に保育所の生活になじんでいくようにするとともに、既に入所している子どもに不安や動揺を与えないようにすること。

オ　子どもの国籍や文化の違いを認め、互いに尊重する心を育てるようにすること。

カ　子どもの性差や個人差にも留意しつつ、性別などによる固定的な意識を植え付けることがないようにすること。

(2)　小学校との連携

ア　保育所においては、保育所保育が、小学校以降の生活や学習の基盤の育成につながることに配慮し、幼児期にふさわしい生活を通じて、創造的な思考や主体的な生活態度などの基礎を培うようにすること。

イ　保育所保育において育まれた資質・能力を踏まえ、小学校教育が円滑に行われるよう、小学校教師との意見交換や合同の研究の機会などを設け、第1章の4の(2)に示す「幼児期の終わりまでに育って欲しい姿」を共有するなど連携を図り、保育所保育と小学校教育との円滑な接続を図るよう努めること。

ウ　子どもに関する情報共有に関して、保育所に入所している子どもの就学に際し、市町村の支援の下に、子どもの育ちを支えるための資料が保育所から小学校へ送付されるようにすること。

(3)　家庭及び地域社会との連携

子どもの生活の連続性を踏まえ、家庭及び地域社会と連携して保育が展開されるよう配慮すること。その際、家庭や地域の機関及び団体の協力を得て、地域の自然、高齢者や異年齢の子ども等を含む人材、行事、施設等の地域の資源を積極的に活用し、豊かな生活体験をはじめ保育内容の充実が図られるよう配慮すること。

第3章　健康及び安全

保育所保育において、子どもの健康及び安全の確保は、子どもの生命の保持と健やかな生活の基本であり、一人一人の子どもの健康の保持及び増進並びに安全の確保とともに、保育所全体における健康及び安全の確保に努めることが重要となる。

また、子どもが、自らの体や健康に関心をもち、心身の機能を高めていくことが大切である。このため、第1章及び第2章等の関連する事項に留意し、次に示す事項を踏まえ、保育を行うこととする。

1　子どもの健康支援

(1)　子どもの健康状態並びに発育及び発達状態の把握

ア　子どもの心身の状態に応じて保育するために、子どもの健康状態並びに発育及び発達状態について、定期的・継続的に、また、必要に応じて随時、把握すること。

イ　保護者からの情報とともに、登所時及び保育中を通じて子どもの状態を観察し、何らかの疾病が疑われる状態や傷害が認められた場合には、保護者に連絡するとともに、嘱託医と相談するなど適切な対応を図ること。看護師等が配置されている場合には、その専門性を生かした対応を図ること。

ウ　子どもの心身の状態等を観察し、不適切な養育の兆候が見られる場合には、市町村や関係機関と連携し、児童福祉法第25条に基づき、適切な対応を図ること。また、虐待が疑われる場合には、速やかに市町村又は児童相談所に通告し、適切な対応を図ること。

(2)　健康増進

ア　子どもの健康に関する保健計画を全体的な計画に基づいて作成し、全職員がそのねらいや内容を踏まえ、一人一人の子どもの健康の保持及び増進に努めていくこと。

イ　子どもの心身の健康状態や疾病等の把握のために、嘱託医等により定期的に健康診断を行い、その結果を記録し、保育に活用するとともに、保護者が子どもの状態を理解し、日常生活に活用できるようにすること。

(3)　疾病等への対応

ア　保育中に体調不良や傷害が発生した場合には、その子どもの状態等に応じて、保護者に連絡するとともに、適宜、嘱託医や子どものかかりつけ医等と相談し、適切な処置を行うこと。看護師等が配置されている場合には、その専門性を生かした対応を図ること。

イ　感染症やその他の疾病の発生予防に努め、その発生や疑いがある場合には、必要に応じて嘱託医、市町村、保健所等に連絡し、その指示に従うとともに、保護者や全職員に連絡し、予防等について協力を求めること。また、感染症に関する保育所の対応方法等について、あらかじめ関係機関の協力を得ておくこと。看護師等が配置されている場合には、その専門性を生かした対応を図ること。

ウ　アレルギー疾患を有する子どもの保育については、保護者と連携し、医師の診断及び指示に基づき、適切な対応を行うこと。また、食物アレルギーに関して、関係機関と連携して、当該保育所の体制構築など、安全な環境の整備を行うこと。看護師や栄養士等が配置されている場合には、その専門性を生かした対応を図ること。

エ　子どもの疾病等の事態に備え、医務室等の環境を整え、救急用の薬品、材料等を適切な管理の下に常備し、全職員が対応できるようにしておくこと。

2　食育の推進

(1)　保育所の特性を生かした食育

ア　保育所における食育は、健康な生活の基本としての「食を営む力」の育成に向け、その基礎を培うことを目標とすること。

イ　子どもが生活と遊びの中で、意欲をもって食に関わる体験を積み重ね、食べることを楽しみ、食事を楽しみ合う子どもに成長していくことを期待するものであること。

ウ　乳幼児期にふさわしい食生活が展開され、適切な援助が行われるよう、食事の提供を含む食育計画を全体的な計画に基づいて作成し、その評価及び改善に努めること。栄養士が配置されている場合は、専門性を生かした対応を図ること。

(2)　食育の環境の整備等

ア　子どもが自らの感覚や体験を通して、自然の恵みとしての食材や食の循環・環境への意識、調理する人への感謝の気持ちが育つように、子どもと調理員等との関わりや、調理室など食に関わる保育環境に配慮すること。

イ　保護者や地域の多様な関係者との連携及び協働の下で、食に関する取組が進められること。また、市町村の支援の下に、地域の関係機関等との日常的な連携を図り、必要な協力が得られるよう努めること。

ウ　体調不良、食物アレルギー、障害のある子どもなど、一人一人の子どもの心身の状態等に応じ、嘱託医、かかりつけ医等の指示や協力の下に適切に対応すること。栄養士が配置されている場合は、専門性を生かした対応を図ること。

3　環境及び衛生管理並びに安全管理

(1)　環境及び衛生管理

ア　施設の温度、湿度、換気、採光、音などの環境を常に適切な状態に保持するとともに、施設内外の設備及び用具等の衛生管理に努めること。

イ　施設内外の適切な環境の維持に努めるとともに、子ども及び全職員が清潔を保つようにすること。また、職員は衛生知識の向上に努めること。

(2)　事故防止及び安全対策

ア　保育中の事故防止のために、子どもの心身の状態等を踏まえつつ、施設内外の安全点検に努め、安全対策のために全職員の共通理解や体制づくりを図るとともに、家庭や地域の関係機関の協力の下に安全指導を行うこと。

イ　事故防止の取組を行う際には、特に、睡眠中、プール活動・水遊び中、食事中等の場面では重大事故が発生しやすいことを踏まえ、子どもの主体的な活動を大切にしつつ、施設内外の環境の配慮や指導の工夫を行うなど、必要な対策を講じること。

ウ　保育中の事故の発生に備え、施設内外の危険箇所の点検や訓練を実施するとともに、外部からの不審者等の侵入防止のための措置や訓練など不測の事態に備えて必要な対応を行うこと。また、子どもの精神保健面における対応に留意すること。

4　災害への備え

(1)　施設・設備等の安全確保

ア　防火設備、避難経路等の安全性が確保されるよう、定期的にこれらの安全点検を行うこと。

イ　備品、遊具等の配置、保管を適切に行い、日頃から、安全環境の整備に努めること。

(2)　災害発生時の対応体制及び避難への備え

ア　火災や地震などの災害の発生に備え、緊急時の対応の具体的内容及び手順、職員の役割分担、避難訓練計画等に関するマニュアルを作成すること。

イ　定期的に避難訓練を実施するなど、必要な対応を図ること。

ウ　災害の発生時に、保護者等への連絡及び子どもの引渡しを円滑に行うため、日頃から保護者との密接な連携に努め、連絡体制や引渡し方法等について確認をしておくこと。

(3) 地域の関係機関等との連携

ア 市町村の支援の下に、地域の関係機関との日常的な連携を図り、必要な協力が得られるよう努めること。

イ 避難訓練については、地域の関係機関や保護者との連携の下に行うなど工夫すること。

第4章 子育て支援

保育所における保護者に対する子育て支援は、全ての子どもの健やかな育ちを実現することができるよう、第1章及び第2章等の関連する事項を踏まえ、子どもの育ちを家庭と連携して支援していくとともに、保護者及び地域が有する子育てを自ら実践する力の向上に資するよう、次の事項に留意するものとする。

1 保育所における子育て支援に関する基本的事項

(1) 保育所の特性を生かした子育て支援

ア 保護者に対する子育て支援を行う際には、各地域や家庭の実態等を踏まえるとともに、保護者の気持ちを受け止め、相互の信頼関係を基本に、保護者の自己決定を尊重すること。

イ 保育及び子育てに関する知識や技術など、保育士等の専門性や、子どもが常に存在する環境など、保育所の特性を生かし、保護者が子どもの成長に気付き子育ての喜びを感じられるように努めること。

(2) 子育て支援に関して留意すべき事項

ア 保護者に対する子育て支援における地域の関係機関等との連携及び協働を図り、保育所全体の体制構築に努めること。

イ 子どもの利益に反しない限りにおいて、保護者や子どものプライバシーを保護し、知り得た事柄の秘密を保持すること。

2 保育所を利用している保護者に対する子育て支援

(1) 保護者との相互理解

ア 日常の保育に関連した様々な機会を活用し子どもの日々の様子の伝達や収集、保育所保育の意図の説明などを通じて、保護者との相互理解を図るよう努めること。

イ 保育の活動に対する保護者の積極的な参加は、保護者の子育てを自ら実践する力の向上に寄与することから、これを促すこと。

(2) 保護者の状況に配慮した個別の支援

ア 保護者の就労と子育ての両立等を支援するため、保護者の多様化した保育の需要に応じ、病児保育事業など多様な事業を実施する場合には、保護者の状況に配慮するとともに、子どもの福祉が尊重されるよう努め、子どもの生活の連続性を考慮すること。

イ 子どもに障害や発達上の課題が見られる場合には、市町村や関係機関と連携及び協力を図りつつ、保護者に対する個別の支援を行うよう努めること。

ウ 外国籍家庭など、特別な配慮を必要とする家庭の場合には、状況等に応じて個別の支援を行うよう努めること。

(3) 不適切な養育等が疑われる家庭への支援

ア 保護者に育児不安等が見られる場合には、保護者の希望に応じて個別の支援を行うよう努めること。

イ 保護者に不適切な養育等が疑われる場合には、市町村や関係機関と連携し、要保護児童対策地域協議会で検討するなど適切な対応を図ること。また、虐待が疑われる場合には、速やかに市町村又は児童相談所に通告し、適切な対応を図ること。

3 地域の保護者等に対する子育て支援

(1) 地域に開かれた子育て支援

ア 保育所は、児童福祉法第48条の4の規定に基づき、その行う保育に支障がない限りにおいて、地域の実情や当該保育所の体制等を踏まえ、地域の保護者等に対して、保育所保育の専門性を生かした子育て支援を積極的に行うよう努めること。

イ 地域の子どもに対する一時預かり事業などの活動を行う際には、一人一人の子どもの心身の状態などを考慮するとともに、日常の保育との関連に配慮するなど、柔軟に活動を展開できるようにすること。

(2) 地域の関係機関等との連携

ア 市町村の支援を得て、地域の関係機関等との積極的な連携及び協働を図るとともに、子育て支援に関する地域の人材と積極的に連携を図るよう努めること。

イ 地域の要保護児童への対応など、地域の子どもを巡る諸課題に対し、要保護児童対策地域協議会など関係機関等と連携及び協力して取り組むよう努めること。

第5章 職員の資質向上

第1章から前章までに示された事項を踏まえ、保育所は、質の高い保育を展開するため、絶えず、一人一人の職員についての資質向上及び職員全体の専門性の向上を図るよう努めなければならない。

1 職員の資質向上に関する基本的事項

(1) 保育所職員に求められる専門性

子どもの最善の利益を考慮し、人権に配慮した保育を行うためには、職員一人一人の倫理観、人間性並びに保育所職員としての職務及び責任の理解と自覚が基盤となる。

各職員は、自己評価に基づく課題等を踏まえ、保育所内外の研修等を通じて、保育士・看護師・調理員・栄養士等、それぞれの職務内容に応じた専門性を高めるため、必要な知識及び技術の修得、維持及び向上に努めなければならない。

(2) 保育の質の向上に向けた組織的な取組

保育所においては、保育の内容等に関する自己評価等を通じて把握した、保育の質の向上に向けた課題に組織的に対応するため、保育内容の改善や保育士等の役割分担の見直し等に取り組むとともに、それぞれの職位や職務内容等に応じて、各職員が必要な知識及び技能を身につけられるよう努めなければならない。

2　施設長の責務

(1)　施設長の責務と専門性の向上

施設長は、保育所の役割や社会的責任を遂行するために、法令等を遵守し、保育所を取り巻く社会情勢等を踏まえ、施設長としての専門性等の向上に努め、当該保育所における保育の質及び職員の専門性向上のために必要な環境の確保に努めなければならない。

(2)　職員の研修機会の確保等

施設長は、保育所の全体的な計画や、各職員の研修の必要性等を踏まえて、体系的・計画的な研修機会を確保するとともに、職員の勤務体制の工夫等により、職員が計画的に研修等に参加し、その専門性の向上が図られるよう努めなければならない。

3　職員の研修等

(1)　職場における研修

職員が日々の保育実践を通じて、必要な知識及び技術の修得、維持及び向上を図るとともに、保育の課題等への共通理解や協働性を高め、保育所全体としての保育の質の向上を図っていくためには、日常的に職員同士が主体的に学び合う姿勢と環境が重要であり、職場内での研修の充実が図られなければならない。

(2)　外部研修の活用

各保育所における保育の課題への的確な対応や、保育士等の専門性の向上を図るためには、職場内での研修に加え、関係機関等による研修の活用が有効であることから、必要に応じて、こうした外部研修への参加機会が確保されるよう努めなければならない。

4　研修の実施体制等

(1)　体系的な研修計画の作成

保育所においては、当該保育所における保育の課題や各職員のキャリアパス等も見据えて、初任者から管理職員までの職位や職務内容等を踏まえた体系的な研修計画を作成しなければならない。

(2)　組織内での研修成果の活用

外部研修に参加する職員は、自らの専門性の向上を図るとともに、保育所における保育の課題を理解し、その解決を実践できる力を身に付けることが重要である。また、研修で得た知識及び技能を他の職員と共有することにより、保育所全体としての保育実践の質及び専門性の向上につなげていくことが求められる。

(3)　研修の実施に関する留意事項

施設長等は保育所全体としての保育実践の質及び専門性の向上のために、研修の受講は特定の職員に偏ることなく行われるよう、配慮する必要がある。また、研修を修了した職員については、その職務内容等において、当該研修の成果等が適切に勘案されることが望ましい。

資料3

幼保連携型認定こども園教育・保育要領

2017年（平成29年）3月　内閣府、文部科学省、厚生労働省告示

第1章　総則

第1　幼保連携型認定こども園における教育及び保育の基本及び目標等

1　幼保連携型認定こども園における教育及び保育の基本

乳幼児期の教育及び保育は、子どもの健全な心身の発達を図りつつ生涯にわたる人格形成の基礎を培う重要なものであり、幼保連携型認定こども園における教育及び保育は、就学前の子どもに関する教育、保育等の総合的な提供の推進に関する法律（平成18年法律第77号。以下「認定こども園法」という。）第2条第7項に規定する目的及び第9条に掲げる目標を達成するため、乳幼児期全体を通して、その特性及び保護者や地域の実態を踏まえ、環境を通して行うものであることを基本とし、家庭や地域での生活を含めた園児の生活全体が豊かなものとなるように努めなければならない。

このため保育教諭等は、園児との信頼関係を十分に築き、園児が自ら安心して身近な環境に主体的に関わり、環境との関わり方や意味に気付き、これらを取り込もうとして、試行錯誤したり、考えたりするようになる幼児期の教育における見方・考え方を生かし、その活動が豊かに展開されるよう環境を整え、園児と共によりよい教育及び保育の環境を創造するように努めるものとする。これらを踏まえ、次に示す事項を重視して教育及び保育を行わなければならない。

(1)　乳幼児期は周囲への依存を基盤にしつつ自立に向かうものであることを考慮して、周囲との信頼関係に支えられた生活の中で、園児一人一人が安心感と信頼感をもっていろいろな活動に取り組む体験を十分に積み重ねられるようにすること。

(2)　乳幼児期においては生命の保持が図られ安定した情緒の下で自己を十分に発揮することにより発達に必要な体験を得ていくものであることを考慮して、園児の主体的な活動を促し、乳幼児期にふさわしい生活が展開されるようにすること。

(3)　乳幼児期における自発的な活動としての遊びは、心身の調和のとれた発達の基礎を培う重要な学習であることを考慮して、遊びを通しての指導を中心として第2章に示すねらいが総合的に達成されるようにすること。

(4)　乳幼児期における発達は、心身の諸側面が相互に関連し合い、多様な経過をたどって成し遂げられていくものであること、また、園児の生活経験がそれぞれ異なることなどを考慮して、園児一人一人の特性や発達の過程に応じ、発達の課題に即した指導を行うようにすること。

その際、保育教諭等は、園児の主体的な活動が確保されるよう、園児一人一人の行動の理解と予想に基づき、計画的に環境を構成しなければならない。この場合において、保育教諭等は、園児と人やものとの関わりが重要であることを踏まえ、教材を工夫し、物的・空間的環境を構成しなければならない。また、園児一人一人の活動の場面に応じて、様々な役割を果たし、その活動を豊かにしなければならない。

なお、幼保連携型認定こども園における教育及び保育は、園児が入園してから修了するまでの在園期間全体を通して行われるものであり、この章の第3に示す幼保連携型認定こども園として特に配慮すべき事項を十分に踏まえて行うものとする。

2　幼保連携型認定こども園における教育及び保育の目標

幼保連携型認定こども園は、家庭との連携を図りながら、この章の第1の1に示す幼保連携型認定こども園における教育及び保育の基本に基づいて一体的に展開される幼保連携型認定こども園における生活を通して、生きる力の基礎を育成するよう認定こども園法第9条に規定する幼保連携型認定こども園の教育及び保育の目標の達成に努めなければならない。幼保連携型認定こども園は、このことにより、義務教育及びその後の教育の基礎を培うとともに、子どもの最善の利益を考慮しつつ、その生活を保障し、保護者と共に園児を心身ともに健やかに育成するものとする。

なお、認定こども園法第9条に規定する幼保連携型認定こども園の教育及び保育の目標については、発達や学びの連続性及び生活の連続性の観点から、小学校就学の始期に達するまでの時期を通じ、その達成に向けて努力すべき目当てとなるものであることから、満3歳未満の園児の保育にも当てはまることに留意するものとする。

3　幼保連携型認定こども園の教育及び保育において育みたい資質・能力及び「幼児期の終わりまでに育ってほしい姿」

(1)　幼保連携型認定こども園においては、生きる力の基礎を育むため、この章の1に示す幼保連携型認定こども園の教育及び保育の基本を踏まえ、次に掲げる資質・能力を一体的に育むよう努めるものとする。

ア　豊かな体験を通じて、感じたり、気付いたり、分かったり、できるようになったりする「知識及び技能の基礎」

イ　気付いたことや、できるようになったことなどを使い、考えたり、試したり、工夫したり、表現したりする「思考力、判断力、表現力等の基礎」

ウ　心情、意欲、態度が育つ中で、よりよい生活を営

もうとする「学びに向かう力、人間性等」

(2) (1)に示す資質・能力は、第２章に示すねらい及び内容に基づく活動全体によって育むものである。

(3) 次に示す「幼児期の終わりまでに育ってほしい姿」は、第２章に示すねらい及び内容に基づく活動全体を通して資質・能力が育まれている園児の幼保連携型認定こども園修了時の具体的な姿であり、保育教諭等が指導を行う際に考慮するものである。

ア 健康な心と体

幼保連携型認定こども園における生活の中で、充実感をもって自分のやりたいことに向かって心と体を十分に働かせ、見通しをもって行動し、自ら健康で安全な生活をつくり出すようになる。

イ 自立心

身近な環境に主体的に関わり様々な活動を楽しむ中で、しなければならないことを自覚し、自分の力で行うために考えたり、工夫したりしながら、諦めずにやり遂げることで達成感を味わい、自信をもって行動するようになる。

ウ 協同性

友達と関わる中で、互いの思いや考えなどを共有し、共通の目的の実現に向けて、考えたり、工夫したり、協力したりし、充実感をもってやり遂げるようになる。

エ 道徳性・規範意識の芽生え

友達と様々な体験を重ねる中で、してよいことや悪いことが分かり、自分の行動を振り返ったり、友達の気持ちに共感したりし、相手の立場に立って行動するようになる。また、きまりを守る必要性が分かり、自分の気持ちを調整し、友達と折り合いを付けながら、きまりをつくったり、守ったりするようになる。

オ 社会生活との関わり

家族を大切にしようとする気持ちをもつとともに、地域の身近な人と触れ合う中で、人との様々な関わり方に気付き、相手の気持ちを考えて関わり、自分が役に立つ喜びを感じ、地域に親しみをもつようになる。また、幼保連携型認定こども園内外の様々な環境に関わる中で、遊びや生活に必要な情報を取り入れ、情報に基づき判断したり、情報を伝え合ったり、活用したりするなど、情報を役立てながら活動するようになるとともに、公共の施設を大切に利用するなどして、社会とのつながりなどを意識するようになる。

カ 思考力の芽生え

身近な事象に積極的に関わる中で、物の性質や仕組みなどを感じ取ったり、気付いたりし、考えたり、予想したり、工夫したりするなど、多様な関わりを楽しむようになる。また、友達の様々な考えに触れる中で、自分と異なる考えがあることに気付き、自ら判断したり、考え直したりするなど、新しい考えを生み出す喜びを味わいながら、自分の考えをよりよいものにするようになる。

キ 自然との関わり・生命尊重

自然に触れて感動する体験を通して、自然の変化などを感じ取り、好奇心や探究心をもって考え言葉などで表現しながら、身近な事象への関心が高まるとともに、自然への愛情や畏敬の念をもつようになる。また、身近な動植物に心を動かされる中で、生命の不思議さや尊さに気付き、身近な動植物への接し方を考え、命あるものとしていたわり、大切にする気持ちをもって関わるようになる。

ク 数量や図形、標識や文字などへの関心・感覚

遊びや生活の中で、数量や図形、標識や文字などに親しむ体験を重ねたり、標識や文字の役割に気付いたりし、自らの必要感に基づきこれらを活用し、興味や関心、感覚をもつようになる。

ケ 言葉による伝え合い

保育教諭等や友達と心を通わせる中で、絵本や物語などに親しみながら、豊かな言葉や表現を身に付け、経験したことや考えたことなどを言葉で伝えたり、相手の話を注意して聞いたりし、言葉による伝え合いを楽しむようになる。

コ 豊かな感性と表現

心を動かす出来事などに触れ感性を働かせる中で、様々な素材の特徴や表現の仕方などに気付き、感じたことや考えたことを自分で表現したり、友達同士で表現する過程を楽しんだりし、表現する喜びを味わい、意欲をもつようになる。

第２ 教育及び保育の内容並びに子育ての支援等に関する全体的な計画等

1 教育及び保育の内容並びに子育ての支援等に関する全体的な計画の作成等

(1) 教育及び保育の内容並びに子育ての支援等に関する全体的な計画の役割

各幼保連携型認定こども園においては、教育基本法（平成18年法律第120号）、児童福祉法（昭和22年法律第164号）及び認定こども園法その他の法令並びにこの幼保連携型認定こども園教育・保育要領の示すところに従い、教育と保育を一体的に提供するため、創意工夫を生かし、園児の心身の発達と幼保連携型認定こども園、家庭及び地域の実態に即応した適切な教育及び保育の内容並びに子育ての支援等に関する全体的な計画を作成するものとする。

教育及び保育の内容並びに子育ての支援等に関する全体的な計画とは、教育と保育を一体的に捉え、園児の入園から修了までの在園期間の全体にわたり、幼保

連携型認定こども園の目標に向かってどのような過程をたどって教育及び保育を進めていくかを明らかにするものであり、子育ての支援と有機的に連携し、園児の園生活全体を捉え、作成する計画である。

各幼保連携型認定こども園においては、「幼児期の終わりまでに育ってほしい姿」を踏まえ教育及び保育の内容並びに子育ての支援等に関する全体的な計画を作成すること、その実施状況を評価して改善を図っていくこと、また実施に必要な人的又は物的な体制を確保するとともにその改善を図っていくことなどを通して、教育及び保育の内容並びに子育ての支援等に関する全体的な計画に基づき組織的かつ計画的に各幼保連携型認定こども園の教育及び保育活動の質の向上を図っていくこと(以下「カリキュラム・マネジメント」という。)に努めるものとする。

(2) 各幼保連携型認定こども園の教育及び保育の目標と教育及び保育の内容並びに子育ての支援等に関する全体的な計画の作成

教育及び保育の内容並びに子育ての支援等に関する全体的な計画の作成に当たっては、幼保連携型認定こども園の教育及び保育において育みたい資質・能力を踏まえつつ、各幼保連携型認定こども園の教育及び保育の目標を明確にするとともに、教育及び保育の内容並びに子育ての支援等に関する全体的な計画の作成についての基本的な方針が家庭や地域とも共有されるよう努めるものとする。

(3) 教育及び保育の内容並びに子育ての支援等に関する全体的な計画の作成上の基本的事項

ア　幼保連携型認定こども園における生活の全体を通して第2章に示すねらいが総合的に達成されるよう、教育課程に係る教育期間や園児の生活経験や発達の過程などを考慮して具体的なねらいと内容を組織するものとする。この場合においては、特に、自我が芽生え、他者の存在を意識し、自己を抑制しようとする気持ちが生まれるなどの乳幼児期の発達の特性を踏まえ、入園から修了に至るまでの長期的な視野をもって充実した生活が展開できるように配慮するものとする。

イ　幼保連携型認定こども園の満3歳以上の園児の教育課程に係る教育週数は、特別の事情のある場合を除き、39週を下ってはならない。

ウ　幼保連携型認定こども園の1日の教育課程に係る教育時間は、4時間を標準とする。ただし、園児の心身の発達の程度や季節などに適切に配慮するものとする。

エ　幼保連携型認定こども園の保育を必要とする子どもに該当する園児に対する教育及び保育の時間(満3歳以上の保育を必要とする子どもに該当する園児については、この章の第2の1の(3)ウに規定する教育時間を含む。)は、1日につき8時間を原則とし、園長がこれを定める。ただし、その地方における園児の保護者の労働時間その他家庭の状況等を考慮するものとする。

(4) 教育及び保育の内容並びに子育ての支援等に関する全体的な計画の実施上の留意事項

各幼保連携型認定こども園においては、園長の方針の下に、園務分掌に基づき保育教諭等職員が適切に役割を分担しつつ、相互に連携しながら、教育及び保育の内容並びに子育ての支援等に関する全体的な計画や指導の改善を図るものとする。また、各幼保連携型認定こども園が行う教育及び保育等に係る評価については、教育及び保育の内容並びに子育ての支援等に関する全体的な計画の作成、実施、改善が教育及び保育活動や園運営の中核となることを踏まえ、カリキュラム・マネジメントと関連付けながら実施するよう留意するものとする。

(5) 小学校教育との接続に当たっての留意事項

ア　幼保連携型認定こども園においては、その教育及び保育が、小学校以降の生活や学習の基盤の育成につながることに配慮し、乳幼児期にふさわしい生活を通して、創造的な思考や主体的な生活態度などの基礎を培うようにするものとする。

イ　幼保連携型認定こども園の教育及び保育において育まれた資質・能力を踏まえ、小学校教育が円滑に行われるよう、小学校の教師との意見交換や合同の研究の機会などを設け、「幼児期の終わりまでに育ってほしい姿」を共有するなど連携を図り、幼保連携型認定こども園における教育及び保育と小学校教育との円滑な接続を図るよう努めるものとする。

2　指導計画の作成と園児の理解に基づいた評価

(1) 指導計画の考え方

幼保連携型認定こども園における教育及び保育は、園児が自ら意欲をもって環境と関わることによりつくり出される具体的な活動を通して、その目標の達成を図るものである。

幼保連携型認定こども園においてはこのことを踏まえ、乳幼児期にふさわしい生活が展開され、適切な指導が行われるよう、調和のとれた組織的、発展的な指導計画を作成し、園児の活動に沿った柔軟な指導を行わなければならない。

(2) 指導計画の作成上の基本的事項

ア　指導計画は、園児の発達に即して園児一人一人が乳幼児期にふさわしい生活を展開し、必要な体験を得られるようにするために、具体的に作成するものとする。

イ　指導計画の作成に当たっては、次に示すところにより、具体的なねらい及び内容を明確に設定し、適切な環境を構成することなどにより活動が選択・展開されるようにするものとする。

(ア) 具体的なねらい及び内容は、幼保連携型認定こども園の生活における園児の発達の過程を見通し、園児の生活の連続性、季節の変化などを考慮して、園児の興味や関心、発達の実情などに応じて設定すること。

(イ) 環境は、具体的なねらいを達成するために適切なものとなるように構成し、園児が自らその環境に関わることにより様々な活動を展開しつつ必要な体験を得られるようにすること。その際、園児の生活する姿や発想を大切にし、常にその環境が適切なものとなるようにすること。

(ウ) 園児の行う具体的な活動は、生活の流れの中で様々に変化するものであることに留意し、園児が望ましい方向に向かって自ら活動を展開していくことができるよう必要な援助をすること。

その際、園児の実態及び園児を取り巻く状況の変化などに即して指導の過程についての評価を適切に行い、常に指導計画の改善を図るものとする。

(3) 指導計画の作成上の留意事項

指導計画の作成に当たっては、次の事項に留意するものとする。

ア 園児の生活は、入園当初の一人一人の遊びや保育教諭等との触れ合いを通して幼保連携型認定こども園の生活に親しみ、安定していく時期から、他の園児との関わりの中で園児の主体的な活動が深まり、園児が互いに必要な存在であることを認識するようになる。その後、園児同士や学級全体で目的をもって協同して幼保連携型認定こども園の生活を展開し、深めていく時期などに至るまでの過程を様々に経ながら広げられていくものである。これらを考慮し、活動がそれぞれの時期にふさわしく展開されるようにすること。

また、園児の入園当初の教育及び保育に当たっては、既に在園している園児に不安や動揺を与えないようにしつつ、可能な限り個別的に対応し、園児が安定感を得て、次第に幼保連携型認定こども園の生活になじんでいくよう配慮すること。

イ 長期的に発達を見通した年、学期、月などにわたる長期の指導計画やこれとの関連を保ちながらより具体的な園児の生活に即した週、日などの短期の指導計画を作成し、適切な指導が行われるようにすること。特に、週、日などの短期の指導計画については、園児の生活のリズムに配慮し、園児の意識や興味の連続性のある活動が相互に関連して幼保連携型認定こども園の生活の自然な流れの中に組み込まれるようにすること。

ウ 園児が様々な人やものとの関わりを通して、多様な体験をし、心身の調和のとれた発達を促すようにしていくこと。その際、園児の発達に即して主体的・対話的で深い学びが実現するようにするとともに、心を動かされる体験が次の活動を生み出すことを考慮し、一つ一つの体験が相互に結び付き、幼保連携型認定こども園の生活が充実するようにすること。

エ 言語に関する能力の発達と思考力等の発達が関連していることを踏まえ、幼保連携型認定こども園における生活全体を通して、園児の発達を踏まえた言語環境を整え、言語活動の充実を図ること。

オ 園児が次の活動への期待や意欲をもつことができるよう、園児の実態を踏まえながら、保育教諭等や他の園児と共に遊びや生活の中で見通しをもったり、振り返ったりするよう工夫すること。

カ 行事の指導に当たっては、幼保連携型認定こども園の生活の自然な流れの中で生活に変化や潤いを与え、園児が主体的に楽しく活動できるようにすること。なお、それぞれの行事については教育及び保育における価値を十分検討し、適切なものを精選し、園児の負担にならないようにすること。

キ 乳幼児期は直接的な体験が重要であることを踏まえ、視聴覚教材やコンピュータなど情報機器を活用する際には、幼保連携型認定こども園の生活では得難い体験を補完するなど、園児の体験との関連を考慮すること。

ク 園児の主体的な活動を促すためには、保育教諭等が多様な関わりをもつことが重要であることを踏まえ、保育教諭等は、理解者、共同作業者など様々な役割を果たし、園児の情緒の安定や発達に必要な豊かな体験が得られるよう、活動の場面に応じて、園児の人権や園児一人一人の個人差等に配慮した適切な指導を行うようにすること。

ケ 園児の行う活動は、個人、グループ、学級全体などで多様に展開されるものであることを踏まえ、幼保連携型認定こども園全体の職員による協力体制を作りながら、園児一人一人が興味や欲求を十分に満足させるよう適切な援助を行うようにすること。

コ 園児の生活は、家庭を基盤として地域社会を通じて次第に広がりをもつものであることに留意し、家庭との連携を十分に図るなど、幼保連携型認定こども園における生活が家庭や地域社会と連続性を保ちつつ展開されるようにするものとする。その際、地域の自然、高齢者や異年齢の子どもなどを含む人材、行事や公共施設などの地域の資源を積極的に活用し、園児が豊かな生活体験を得られるように工夫するものとする。また、家庭との連携に当たっては、保護者との情報交換の機会を設けたり、保護者と園児との活動の機会を設けたりなどすることを通じて、保護者の乳幼児期の教育及び保育に関する理解が深まるよう配慮するものとする。

サ　地域や幼保連携型認定こども園の実態等により、幼保連携型認定こども園間に加え、幼稚園、保育所等の保育施設、小学校、中学校、高等学校及び特別支援学校などとの間の連携や交流を図るものとする。特に、小学校教育との円滑な接続のため、幼保連携型認定こども園の園児と小学校の児童との交流の機会を積極的に設けるようにするものとする。また、障害のある園児児童生徒との交流及び共同学習の機会を設け、共に尊重し合いながら協働して生活していく態度を育むよう努めるものとする。

(4) 園児の理解に基づいた評価の実施

園児一人一人の発達の理解に基づいた評価の実施に当たっては、次の事項に配慮するものとする。

ア　指導の過程を振り返りながら園児の理解を進め、園児一人一人のよさや可能性などを把握し、指導の改善に生かすようにすること。その際、他の園児との比較や一定の基準に対する達成度についての評定によって捉えるものではないことに留意すること。

イ　評価の妥当性や信頼性が高められるよう創意工夫を行い、組織的かつ計画的な取組を推進するとともに、次年度又は小学校等にその内容が適切に引き継がれるようにすること。

3　特別な配慮を必要とする園児への指導

(1) 障害のある園児などへの指導

障害のある園児などへの指導に当たっては、集団の中で生活することを通して全体的な発達を促していくことに配慮し、適切な環境の下で、障害のある園児が他の園児との生活を通して共に成長できるよう、特別支援学校などの助言又は援助を活用しつつ、個々の園児の障害の状態などに応じた指導内容や指導方法の工夫を組織的かつ計画的に行うものとする。また、家庭、地域及び医療や福祉、保健等の業務を行う関係機関との連携を図り、長期的な視点で園児への教育及び保育的支援を行うために、個別の教育及び保育支援計画を作成し活用することに努めるとともに、個々の園児の実態を的確に把握し、個別の指導計画を作成し活用することに努めるものとする。

(2) 海外から帰国した園児や生活に必要な日本語の習得に困難のある園児の幼保連携型認定こども園の生活への適応

海外から帰国した園児や生活に必要な日本語の習得に困難のある園児については、安心して自己を発揮できるよう配慮するなど個々の園児の実態に応じ、指導内容や指導方法の工夫を組織的かつ計画的に行うものとする。

第3　幼保連携型認定こども園として特に配慮すべき事項

幼保連携型認定こども園における教育及び保育を行うに当たっては、次の事項について特に配慮しなければならない。

1　当該幼保連携型認定こども園に入園した年齢により集団生活の経験年数が異なる園児がいることに配慮する等、0歳から小学校就学前までの一貫した教育及び保育を園児の発達や学びの連続性を考慮して展開していくこと。特に満3歳以上については入園する園児が多いことや同一学年の園児で編制される学級の中で生活することなどを踏まえ、家庭や他の保育施設等との連携や引継ぎを円滑に行うとともに、環境の工夫をすること。

2　園児の一日の生活の連続性及びリズムの多様性に配慮するとともに、保護者の生活形態を反映した園児の在園時間の長短、入園時期や登園日数の違いを踏まえ、園児一人一人の状況に応じ、教育及び保育の内容やその展開について工夫をすること。特に入園及び年度当初においては、家庭との連携の下、園児一人一人の生活の仕方やリズムに十分に配慮して一日の自然な生活の流れをつくり出していくようにすること。

3　環境を通して行う教育及び保育の活動の充実を図るため、幼保連携型認定こども園における教育及び保育の環境の構成に当たっては、乳幼児期の特性及び保護者や地域の実態を踏まえ、次の事項に留意すること。

(1) 0歳から小学校就学前までの様々な年齢の園児の発達の特性を踏まえ、満3歳未満の園児については特に健康、安全や発達の確保を十分に図るとともに、満3歳以上の園児については同一学年の園児で編制される学級による集団活動の中で遊びを中心とする園児の主体的な活動を通して発達や学びを促す経験が得られるよう工夫をすること。特に、満3歳以上の園児同士が共に育ち、学び合いながら、豊かな体験を積み重ねることができるよう工夫をすること。

(2) 在園時間が異なる多様な園児がいることを踏まえ、園児の生活が安定するよう、家庭や地域、幼保連携型認定こども園における生活の連続性を確保するとともに、一日の生活のリズムを整えるよう工夫をすること。特に満3歳未満の園児については睡眠時間等の個人差に配慮するとともに、満3歳以上の園児については集中して遊ぶ場と家庭的な雰囲気の中でくつろぐ場との適切な調和等の工夫をすること。

(3) 家庭や地域において異年齢の子どもと関わる機会が減少していることを踏まえ、満3歳以上の園児については、学級による集団活動とともに、満3歳未満の園児を含む異年齢の園児による活動を、園児の発達の状況にも配慮しつつ適切に組み合わせて設定するなどの工夫をすること。

(4) 満3歳以上の園児については、特に長期的な休業中、園児が過ごす家庭や園などの生活の場が異なることを踏まえ、それぞれの多様な生活経験が長期的な休業などの終了後等の園生活に生かされるよう工夫をすること。

4　指導計画を作成する際には、この章に示す指導計画の作成上の留意事項を踏まえるとともに、次の事項にも特に配慮すること。

(1) 園児の発達の個人差、入園した年齢の違いなどによる集団生活の経験年数の差、家庭環境等を踏まえ、園児一人一人の発達の特性や課題に十分留意すること。特に満3歳未満の園児については、大人への依存度が極めて高い等の特性があることから、個別的な対応を図ること。また、園児の集団生活への円滑な接続について、家庭等との連携及び協力を図る等十分留意すること。

(2) 園児の発達の連続性を考慮した教育及び保育を展開する際には、次の事項に留意すること。

ア 満3歳未満の園児については、園児一人一人の生育歴、心身の発達、活動の実態等に即して、個別的な計画を作成すること。

イ 満3歳以上の園児については、個の成長と、園児相互の関係や協同的な活動が促されるよう考慮すること。

ウ 異年齢で構成されるグループ等での指導に当たっては、園児一人一人の生活や経験、発達の過程などを把握し、適切な指導や環境の構成ができるよう考慮すること。

(3) 一日の生活のリズムや在園時間が異なる園児が共に過ごすことを踏まえ、活動と休息、緊張感と解放感等の調和を図るとともに、園児に不安や動揺を与えないようにする等の配慮を行うこと。その際、担当の保育教諭等が替わる場合には、園児の様子等引継ぎを行い、十分な連携を図ること。

(4) 午睡は生活のリズムを構成する重要な要素であり、安心して眠ることのできる安全な午睡環境を確保するとともに、在園時間が異なることや、睡眠時間は園児の発達の状況や個人によって差があることから、一律とならないよう配慮すること。

(5) 長時間にわたる教育及び保育については、園児の発達の過程、生活のリズム及び心身の状態に十分配慮して、保育の内容や方法、職員の協力体制、家庭との連携などを指導計画に位置付けること。

5 生命の保持や情緒の安定を図るなど養護の行き届いた環境の下、幼保連携型認定こども園における教育及び保育を展開すること。

(1) 園児一人一人が、快適にかつ健康で安全に過ごせるようにするとともに、その生理的欲求が十分に満たされ、健康増進が積極的に図られるようにするため、次の事項に留意すること。

ア 園児一人一人の平常の健康状態や発育及び発達の状態を的確に把握し、異常を感じる場合は、速やかに適切に対応すること。

イ 家庭との連携を密にし、学校医等との連携を図りながら、園児の疾病や事故防止に関する認識を深め、保健的で安全な環境の維持及び向上に努めること。

ウ 清潔で安全な環境を整え、適切な援助や応答的な関わりを通して、園児の生理的欲求を満たしていくこと。また、家庭と協力しながら、園児の発達の過程等に応じた適切な生活のリズムがつくられていくようにすること。

エ 園児の発達の過程等に応じて、適度な運動と休息をとることができるようにすること。また、食事、排泄(せつ)、睡眠、衣類の着脱、身の回りを清潔にすることなどについて、園児が意欲的に生活できるよう適切に援助すること。

(2) 園児一人一人が安定感をもって過ごし、自分の気持ちを安心して表すことができるようにするとともに、周囲から主体として受け止められ主体として育ち、自分を肯定する気持ちが育まれていくようにし、くつろいで共に過ごし、心身の疲れが癒やされるようにするため、次の事項に留意すること。

ア 園児一人一人の置かれている状態や発達の過程などを的確に把握し、園児の欲求を適切に満たしながら、応答的な触れ合いや言葉掛けを行うこと。

イ 園児一人一人の気持ちを受容し、共感しながら、園児との継続的な信頼関係を築いていくこと。

ウ 保育教諭等との信頼関係を基盤に、園児一人一人が主体的に活動し、自発性や探索意欲などを高めるとともに、自分への自信をもつことができるよう成長の過程を見守り、適切に働き掛けること。

エ 園児一人一人の生活のリズム、発達の過程、在園時間などに応じて、活動内容のバランスや調和を図りながら、適切な食事や休息がとれるようにすること。

6 園児の健康及び安全は、園児の生命の保持と健やかな生活の基本であり、幼保連携型認定こども園の生活全体を通して健康や安全に関する管理や指導、食育の推進等に十分留意すること。

7 保護者に対する子育ての支援に当たっては、この章に示す幼保連携型認定こども園における教育及び保育の基本及び目標を踏まえ、子どもに対する学校としての教育及び児童福祉施設としての保育並びに保護者に対する子育ての支援について相互に有機的な連携が図られるようにすること。また、幼保連携型認定こども園の目的の達成に資するため、保護者が子どもの成長に気付き子育ての喜びが感じられるよう、幼保連携型認定こども園の特性を生かした子育ての支援に努めること。

第2章　ねらい及び内容並びに配慮事項

この章に示すねらいは、幼保連携型認定こども園の教育及び保育において育みたい資質・能力を園児の生活する姿から捉えたものであり、内容は、ねらいを達成するために指導する事項である。各視点や領域は、この時期の発達の特徴を踏まえ、教育及び保育のねらい及び内容を乳幼児の発達の側面から、乳児は三つの視点として、幼児は五つの領域としてまとめ、示したものである。内容の取扱いは、園児の発達を踏まえた指導を行うに当たって留意すべき事項である。

各視点や領域に示すねらいは、幼保連携型認定こども園における生活の全体を通じ、園児が様々な体験を積み重ねる中で相互に関連をもちながら次第に達成に向かうものであること、内容は、園児が環境に関わって展開する具体的な活動を通して総合的に指導されるものであることに留意しなければならない。

また、「幼児期の終わりまでに育ってほしい姿」が、ねらい及び内容に基づく活動全体を通して資質・能力が育まれている園児の幼保連携型認定こども園修了時の具体的な姿であることを踏まえ、指導を行う際に考慮するものとする。

なお、特に必要な場合には、各視点や領域に示すねらいの趣旨に基づいて適切な、具体的な内容を工夫し、それを加えても差し支えないが、その場合には、それが第1章の第1に示す幼保連携型認定こども園の教育及び保育の基本及び目標を逸脱しないよう慎重に配慮する必要がある。

第1　乳児期の園児の保育に関するねらい及び内容

基本的事項

1　乳児期の発達については、視覚、聴覚などの感覚や、座る、はう、歩くなどの運動機能が著しく発達し、特定の大人との応答的な関わりを通じて、情緒的な絆(きずな)が形成されるといった特徴がある。これらの発達の特徴を踏まえて、乳児期の園児の保育は、愛情豊かに、応答的に行われることが特に必要である。

2　本項においては、この時期の発達の特徴を踏まえ、乳児期の園児の保育のねらい及び内容については、身体的発達に関する視点「健やかに伸び伸びと育つ」、社会的発達に関する視点「身近な人と気持ちが通じ合う」及び精神的発達に関する視点「身近なものと関わり感性が育つ」としてまとめ、示している。

ねらい及び内容

健やかに伸び伸びと育つ

〔健康な心と体を育て、自ら健康で安全な生活をつくり出す力の基盤を培う。〕

1　ねらい

(1)　身体感覚が育ち、快適な環境に心地よさを感じる。

(2)　伸び伸びと体を動かし、はう、歩くなどの運動をしようとする。

(3)　食事、睡眠等の生活のリズムの感覚が芽生える。

2　内容

(1)　保育教諭等の愛情豊かな受容の下で、生理的・心理的欲求を満たし、心地よく生活をする。

(2)　一人一人の発育に応じて、はう、立つ、歩くなど、十分に体を動かす。

(3)　個人差に応じて授乳を行い、離乳を進めていく中で、様々な食品に少しずつ慣れ、食べることを楽しむ。

(4)　一人一人の生活のリズムに応じて、安全な環境の下で十分に午睡をする。

(5)　おむつ交換や衣服の着脱などを通じて、清潔になることの心地よさを感じる。

3　内容の取扱い

上記の取扱いに当たっては、次の事項に留意する必要がある。

(1)　心と体の健康は、相互に密接な関連があるものであることを踏まえ、温かい触れ合いの中で、心と体の発達を促すこと。特に、寝返り、お座り、はいはい、つかまり立ち、伝い歩きなど、発育に応じて、遊びの中で体を動かす機会を十分に確保し、自ら体を動かそうとする意欲が育つようにすること。

(2)　健康な心と体を育てるためには望ましい食習慣の形成が重要であることを踏まえ、離乳食が完了期へと徐々に移行する中で、様々な食品に慣れるようにするとともに、和やかな雰囲気の中で食べる喜びや楽しさを味わい、進んで食べようとする気持ちが育つようにすること。なお、食物アレルギーのある園児への対応については、学校医等の指示や協力の下に適切に対応すること。

身近な人と気持ちが通じ合う

〔受容的・応答的な関わりの下で、何かを伝えようとする意欲や身近な大人との信頼関係を育て、人と関わる力の基盤を培う。〕

1　ねらい

(1)　安心できる関係の下で、身近な人と共に過ごす喜びを感じる。

(2)　体の動きや表情、発声等により、保育教諭等と気持ちを通わせようとする。

(3)　身近な人と親しみ、関わりを深め、愛情や信頼感が芽生える。

2　内容

(1)　園児からの働き掛けを踏まえた、応答的な触れ合いや言葉掛けによって、欲求が満たされ、安定感をもって過ごす。

(2)　体の動きや表情、発声、喃(なん)語等を優しく受け止めてもらい、保育教諭等とのやり取りを楽しむ。

(3)　生活や遊びの中で、自分の身近な人の存在に気付き、親しみの気持ちを表す。

(4)　保育教諭等による語り掛けや歌い掛け、発声や喃(なん)語等への応答を通じて、言葉の理解や発語の意欲が育つ。

(5) 温かく、受容的な関わりを通じて、自分を肯定する気持ちが芽生える。

3 内容の取扱い

上記の取扱いに当たっては、次の事項に留意する必要がある。

(1) 保育教諭等との信頼関係に支えられて生活を確立していくことが人と関わる基盤となることを考慮して、園児の多様な感情を受け止め、温かく受容的・応答的に関わり、一人一人に応じた適切な援助を行うようにすること。

(2) 身近な人に親しみをもって接し、自分の感情などを表し、それに相手が応答する言葉を聞くことを通して、次第に言葉が獲得されていくことを考慮して、楽しい雰囲気の中での保育教諭等との関わり合いを大切にし、ゆっくりと優しく話し掛けるなど、積極的に言葉のやり取りを楽しむことができるようにすること。

身近なものと関わり感性が育つ

〔身近な環境に興味や好奇心をもって関わり、感じたことや考えたことを表現する力の基盤を培う。〕

1 ねらい

(1) 身の回りのものに親しみ、様々なものに興味や関心をもつ。

(2) 見る、触れる、探索するなど、身近な環境に自分から関わろうとする。

(3) 身体の諸感覚による認識が豊かになり、表情や手足、体の動き等で表現する。

2 内容

(1) 身近な生活用具、玩具や絵本などが用意された中で、身の回りのものに対する興味や好奇心をもつ。

(2) 生活や遊びの中で様々なものに触れ、音、形、色、手触りなどに気付き、感覚の働きを豊かにする。

(3) 保育教諭等と一緒に様々な色彩や形のものや絵本などを見る。

(4) 玩具や身の回りのものを、つまむ、つかむ、たたく、引っ張るなど、手や指を使って遊ぶ。

(5) 保育教諭等のあやし遊びに機嫌よく応じたり、歌やリズムに合わせて手足や体を動かして楽しんだりする。

3 内容の取扱い

上記の取扱いに当たっては、次の事項に留意する必要がある。

(1) 玩具などは、音質、形、色、大きさなど園児の発達状態に応じて適切なものを選び、その時々の園児の興味や関心を踏まえるなど、遊びを通して感覚の発達が促されるものとなるように工夫すること。なお、安全な環境の下で、園児が探索意欲を満たして自由に遊べるよう、身の回りのものについては常に十分な点検を行うこと。

(2) 乳児期においては、表情、発声、体の動きなどで、感情を表現することが多いことから、これらの表現しようとする意欲を積極的に受け止めて、園児が様々な活動を楽しむことを通して表現が豊かになるようにすること。

第2 満1歳以上満3歳未満の園児の保育に関するねらい及び内容

基本的事項

1 この時期においては、歩き始めから、歩く、走る、跳ぶなどへと、基本的な運動機能が次第に発達し、排泄(せつ)の自立のための身体的機能も整うようになる。つまむ、めくるなどの指先の機能も発達し、食事、衣類の着脱なども、保育教諭等の援助の下で自分で行うようになる。発声も明瞭になり、語彙も増加し、自分の意思や欲求を言葉で表出できるようになる。このように自分でできることが増えてくる時期であることから、保育教諭等は、園児の生活の安定を図りながら、自分でしようとする気持ちを尊重し、温かく見守るとともに、愛情豊かに、応答的に関わることが必要である。

2 本項においては、この時期の発達の特徴を踏まえ、保育のねらい及び内容について、心身の健康に関する領域「健康」、人との関わりに関する領域「人間関係」、身近な環境との関わりに関する領域「環境」、言葉の獲得に関する領域「言葉」及び感性と表現に関する領域「表現」としてまとめ、示している。

ねらい及び内容

健康

〔健康な心と体を育て、自ら健康で安全な生活をつくり出す力を養う。〕

1 ねらい

(1) 明るく伸び伸びと生活し、自分から体を動かすことを楽しむ。

(2) 自分の体を十分に動かし、様々な動きをしようとする。

(3) 健康、安全な生活に必要な習慣に気付き、自分でしてみようとする気持ちが育つ。

2 内容

(1) 保育教諭等の愛情豊かな受容の下で、安定感をもって生活をする。

(2) 食事や午睡、遊びと休息など、幼保連携型認定こども園における生活のリズムが形成される。

(3) 走る、跳ぶ、登る、押す、引っ張るなど全身を使う遊びを楽しむ。

(4) 様々な食品や調理形態に慣れ、ゆったりとした雰囲気の中で食事や間食を楽しむ。

(5) 身の回りを清潔に保つ心地よさを感じ、その習慣が少しずつ身に付く。

(6) 保育教諭等の助けを借りながら、衣類の着脱を自分でしようとする。

(7) 便器での排泄（せつ）に慣れ、自分で排泄（せつ）ができるようになる。

3 内容の取扱い

上記の取扱いに当たっては、次の事項に留意する必要がある。

(1) 心と体の健康は、相互に密接な関連があるものであることを踏まえ、園児の気持ちに配慮した温かい触れ合いの中で、心と体の発達を促すこと。特に、一人一人の発育に応じて、体を動かす機会を十分に確保し、自ら体を動かそうとする意欲が育つようにすること。

(2) 健康な心と体を育てるためには望ましい食習慣の形成が重要であることを踏まえ、ゆったりとした雰囲気の中で食べる喜びや楽しさを味わい、進んで食べようとする気持ちが育つようにすること。なお、食物アレルギーのある園児への対応については、学校医等の指示や協力の下に適切に対応すること。

(3) 排泄（せつ）の習慣については、一人一人の排尿間隔等を踏まえ、おむつが汚れていないときに便器に座らせるなどにより、少しずつ慣れさせるようにすること。

(4) 食事、排泄（せつ）、睡眠、衣類の着脱、身の回りを清潔にすることなど、生活に必要な基本的な習慣については、一人一人の状態に応じ、落ち着いた雰囲気の中で行うようにし、園児が自分でしようとする気持ちを尊重すること。また、基本的な生活習慣の形成に当たっては、家庭での生活経験に配慮し、家庭との適切な連携の下で行うようにすること。

人間関係

〔他の人々と親しみ、支え合って生活するために、自立心を育て、人と関わる力を養う。〕

1 ねらい

(1) 幼保連携型認定こども園での生活を楽しみ、身近な人と関わる心地よさを感じる。

(2) 周囲の園児等への興味・関心が高まり、関わりをもとうとする。

(3) 幼保連携型認定こども園の生活の仕方に慣れ、きまりの大切さに気付く。

2 内容

(1) 保育教諭等や周囲の園児等との安定した関係の中で、共に過ごす心地よさを感じる。

(2) 保育教諭等の受容的・応答的な関わりの中で、欲求を適切に満たし、安定感をもって過ごす。

(3) 身の回りに様々な人がいることに気付き、徐々に他の園児と関わりをもって遊ぶ。

(4) 保育教諭等の仲立ちにより、他の園児との関わり方を少しずつ身につける。

(5) 幼保連携型認定こども園の生活の仕方に慣れ、きまりがあることや、その大切さに気付く。

(6) 生活や遊びの中で、年長児や保育教諭等の真似をしたり、ごっこ遊びを楽しんだりする。

3 内容の取扱い

上記の取扱いに当たっては、次の事項に留意する必要がある。

(1) 保育教諭等との信頼関係に支えられて生活を確立するとともに、自分で何かをしようとする気持ちが旺盛になる時期であることに鑑み、そのような園児の気持ちを尊重し、温かく見守るとともに、愛情豊かに、応答的に関わり、適切な援助を行うようにすること。

(2) 思い通りにいかない場合等の園児の不安定な感情の表出については、保育教諭等が受容的に受け止めるとともに、そうした気持ちから立ち直る経験や感情をコントロールすることへの気付き等につなげていけるように援助すること。

(3) この時期は自己と他者との違いの認識がまだ十分ではないことから、園児の自我の育ちを見守るとともに、保育教諭等が仲立ちとなって、自分の気持ちを相手に伝えることや相手の気持ちに気付くことの大切さなど、友達の気持ちや友達との関わり方を丁寧に伝えていくこと。

環境

〔周囲の様々な環境に好奇心や探究心をもって関わり、それらを生活に取り入れていこうとする力を養う。〕

1 ねらい

(1) 身近な環境に親しみ、触れ合う中で、様々なものに興味や関心をもつ。

(2) 様々なものに関わる中で、発見を楽しんだり、考えたりしようとする。

(3) 見る、聞く、触るなどの経験を通して、感覚の働きを豊かにする。

2 内容

(1) 安全で活動しやすい環境での探索活動等を通して、見る、聞く、触れる、嗅ぐ、味わうなどの感覚の働きを豊かにする。

(2) 玩具、絵本、遊具などに興味をもち、それらを使った遊びを楽しむ。

(3) 身の回りの物に触れる中で、形、色、大きさ、量などの物の性質や仕組みに気付く。

(4) 自分の物と人の物の区別や、場所的感覚など、環境を捉える感覚が育つ。

(5) 身近な生き物に気付き、親しみをもつ。

(6) 近隣の生活や季節の行事などに興味や関心をもつ。

3 内容の取扱い

上記の取扱いに当たっては、次の事項に留意する必要がある。

(1) 玩具などは、音質、形、色、大きさなど園児の発達状態に応じて適切なものを選び、遊びを通して感覚の発達が促されるように工夫すること。

(2) 身近な生き物との関わりについては、園児が命を感じ、生命の尊さに気付く経験へとつながるものであることから、そうした気付きを促すような関わりとなるようにすること。

(3) 地域の生活や季節の行事などに触れる際には、社会とのつながりや地域社会の文化への気付きにつながるものとなることが望ましいこと。その際、幼保連携型認定こども園内外の行事や地域の人々との触れ合いなどを通して行うこと等も考慮すること。

言葉

〔経験したことや考えたことなどを自分なりの言葉で表現し、相手の話す言葉を聞こうとする意欲や態度を育て、言葉に対する感覚や言葉で表現する力を養う。〕

1 ねらい

(1) 言葉遊びや言葉で表現する楽しさを感じる。

(2) 人の言葉や話などを聞き、自分でも思ったことを伝えようとする。

(3) 絵本や物語等に親しむとともに、言葉のやり取りを通じて身近な人と気持ちを通わせる。

2 内容

(1) 保育教諭等の応答的な関わりや話し掛けにより、自ら言葉を使おうとする。

(2) 生活に必要な簡単な言葉に気付き、聞き分ける。

(3) 親しみをもって日常の挨拶に応じる。

(4) 絵本や紙芝居を楽しみ、簡単な言葉を繰り返したり、模倣をしたりして遊ぶ。

(5) 保育教諭等とごっこ遊びをする中で、言葉のやり取りを楽しむ。

(6) 保育教諭等を仲立ちとして、生活や遊びの中で友達との言葉のやり取りを楽しむ。

(7) 保育教諭等や友達の言葉や話に興味や関心をもって、聞いたり、話したりする。

3 内容の取扱い

上記の取扱いに当たっては、次の事項に留意する必要がある。

(1) 身近な人に親しみをもって接し、自分の感情などを伝え、それに相手が応答し、その言葉を聞くことを通して、次第に言葉が獲得されていくものであることを考慮して、楽しい雰囲気の中で保育教諭等との言葉のやり取りができるようにすること。

(2) 園児が自分の思いを言葉で伝えるとともに、他の園児の話などを聞くことを通して、次第に話を理解し、言葉による伝え合いができるようになるよう、気持ちや経験等の言語化を行うことを援助するなど、園児同士の関わりの仲立ちを行うようにすること。

(3) この時期は、片言から、二語文、ごっこ遊びでのやり取りができる程度へと、大きく言葉の習得が進む時期であることから、それぞれの園児の発達の状況に応じて、遊びや関わりの工夫など、保育の内容を適切に展開することが必要であること。

表現

〔感じたことや考えたことを自分なりに表現することを通して、豊かな感性や表現する力を養い、創造性を豊かにする。〕

1 ねらい

(1) 身体の諸感覚の経験を豊かにし、様々な感覚を味わう。

(2) 感じたことや考えたことなどを自分なりに表現しようとする。

(3) 生活や遊びの様々な体験を通して、イメージや感性が豊かになる。

2 内容

(1) 水、砂、土、紙、粘土など様々な素材に触れて楽しむ。

(2) 音楽、リズムやそれに合わせた体の動きを楽しむ。

(3) 生活の中で様々な音、形、色、手触り、動き、味、香りなどに気付いたり、感じたりして楽しむ。

(4) 歌を歌ったり、簡単な手遊びや全身を使う遊びを楽しんだりする。

(5) 保育教諭等からの話や、生活や遊びの中での出来事を通して、イメージを豊かにする。

(6) 生活や遊びの中で、興味のあることや経験したことなどを自分なりに表現する。

3 内容の取扱い

上記の取扱いに当たっては、次の事項に留意する必要がある。

(1) 園児の表現は、遊びや生活の様々な場面で表出されているものであることから、それらを積極的に受け止め、様々な表現の仕方や感性を豊かにする経験となるようにすること。

(2) 園児が試行錯誤しながら様々な表現を楽しむことや、自分の力でやり遂げる充実感などに気付くよう、温かく見守るとともに、適切に援助を行うようにすること。

(3) 様々な感情の表現等を通じて、園児が自分の感情や気持ちに気付くようになる時期であることに鑑み、受容的な関わりの中で自信をもって表現をすることや、諦めずに続けた後の達成感等を感じられるような経験が蓄積されるようにすること。

(4) 身近な自然や身の回りの事物に関わる中で、発見や心が動く経験が得られるよう、諸感覚を働かせることを楽しむ遊びや素材を用意するなど保育の環境を整えること。

第３　満３歳以上の園児の教育及び保育に関するねらい及び内容

基本的事項

1　この時期においては、運動機能の発達により、基本的な動作が一通りできるようになるとともに、基本的な生活習慣もほぼ自立できるようになる。理解する語彙数が急激に増加し、知的興味や関心も高まってくる。仲間と遊び、仲間の中の一人という自覚が生じ、集団的な遊びや協同的な活動も見られるようになる。これらの発達の特徴を踏まえて、この時期の教育及び保育においては、個の成長と集団としての活動の充実が図られるようにしなければならない。

2　本項においては、この時期の発達の特徴を踏まえ、教育及び保育のねらい及び内容について、心身の健康に関する領域「健康」、人との関わりに関する領域「人間関係」、身近な環境との関わりに関する領域「環境」、言葉の獲得に関する領域「言葉」及び感性と表現に関する領域「表現」としてまとめ、示している。

ねらい及び内容

健康

〔健康な心と体を育て、自ら健康で安全な生活をつくり出す力を養う。〕

1　ねらい

(1)　明るく伸び伸びと行動し、充実感を味わう。
(2)　自分の体を十分に動かし、進んで運動しようとする。
(3)　健康、安全な生活に必要な習慣や態度を身に付け、見通しをもって行動する。

2　内容

(1)　保育教諭等や友達と触れ合い、安定感をもって行動する。
(2)　いろいろな遊びの中で十分に体を動かす。
(3)　進んで戸外で遊ぶ。
(4)　様々な活動に親しみ、楽しんで取り組む。
(5)　保育教諭等や友達と食べることを楽しみ、食べ物への興味や関心をもつ。
(6)　健康な生活のリズムを身に付ける。
(7)　身の回りを清潔にし、衣服の着脱、食事、排泄(せつ)などの生活に必要な活動を自分でする。
(8)　幼保連携型認定こども園における生活の仕方を知り、自分たちで生活の場を整えながら見通しをもって行動する。
(9)　自分の健康に関心をもち、病気の予防などに必要な活動を進んで行う。
(10)　危険な場所、危険な遊び方、災害時などの行動の仕方が分かり、安全に気を付けて行動する。

3　内容の取扱い

上記の取扱いに当たっては、次の事項に留意する必要がある。

(1)　心と体の健康は、相互に密接な関連があるものであることを踏まえ、園児が保育教諭等や他の園児との温かい触れ合いの中で自己の存在感や充実感を味わうことなどを基盤として、しなやかな心と体の発達を促すこと。特に、十分に体を動かす気持ちよさを体験し、自ら体を動かそうとする意欲が育つようにすること。
(2)　様々な遊びの中で、園児が興味や関心、能力に応じて全身を使って活動することにより、体を動かす楽しさを味わい、自分の体を大切にしようとする気持ちが育つようにすること。その際、多様な動きを経験する中で、体の動きを調整するようにすること。
(3)　自然の中で伸び伸びと体を動かして遊ぶことにより、体の諸機能の発達が促されることに留意し、園児の興味や関心が戸外にも向くようにすること。その際、園児の動線に配慮した園庭や遊具の配置などを工夫すること。
(4)　健康な心と体を育てるためには食育を通じた望ましい食習慣の形成が大切であることを踏まえ、園児の食生活の実情に配慮し、和やかな雰囲気の中で保育教諭等や他の園児と食べる喜びや楽しさを味わったり、様々な食べ物への興味や関心をもったりするなどし、食の大切さに気付き、進んで食べようとする気持ちが育つようにすること。
(5)　基本的な生活習慣の形成に当たっては、家庭での生活経験に配慮し、園児の自立心を育て、園児が他の園児と関わりながら主体的な活動を展開する中で、生活に必要な習慣を身に付け、次第に見通しをもって行動できるようにすること。
(6)　安全に関する指導に当たっては、情緒の安定を図り、遊びを通して安全についての構えを身に付け、危険な場所や事物などが分かり、安全についての理解を深めるようにすること。また、交通安全の習慣を身に付けるようにするとともに、避難訓練などを通して、災害などの緊急時に適切な行動がとれるようにすること。

人間関係

〔他の人々と親しみ、支え合って生活するために、自立心を育て、人と関わる力を養う。〕

1　ねらい

(1)　幼保連携型認定こども園の生活を楽しみ、自分の力で行動することの充実感を味わう。
(2)　身近な人と親しみ、関わりを深め、工夫したり、協力したりして一緒に活動する楽しさを味わい、愛情や信頼感をもつ。
(3)　社会生活における望ましい習慣や態度を身に付ける。

2　内容

(1)　保育教諭等や友達と共に過ごすことの喜びを味わう。
(2)　自分で考え、自分で行動する。
(3)　自分でできることは自分でする。

(4)　いろいろな遊びを楽しみながら物事をやり遂げようとする気持ちをもつ。
(5)　友達と積極的に関わりながら喜びや悲しみを共感し合う。
(6)　自分の思ったことを相手に伝え、相手の思っていることに気付く。
(7)　友達のよさに気付き、一緒に活動する楽しさを味わう。
(8)　友達と楽しく活動する中で、共通の目的を見いだし、工夫したり、協力したりなどする。
(9)　よいことや悪いことがあることに気付き、考えながら行動する。
(10)　友達との関わりを深め、思いやりをもつ。
(11)　友達と楽しく生活する中できまりの大切さに気付き、守ろうとする。
(12)　共同の遊具や用具を大切にし、皆で使う。
(13)　高齢者をはじめ地域の人々などの自分の生活に関係の深いいろいろな人に親しみをもつ。

3　内容の取扱い

上記の取扱いに当たっては、次の事項に留意する必要がある。

(1)　保育教諭等との信頼関係に支えられて自分自身の生活を確立していくことが人と関わる基盤となることを考慮し、園児が自ら周囲に働き掛けることにより多様な感情を体験し、試行錯誤しながら諦めずにやり遂げることの達成感や、前向きな見通しをもって自分の力で行うことの充実感を味わうことができるよう、園児の行動を見守りながら適切な援助を行うようにすること。
(2)　一人一人を生かした集団を形成しながら人と関わる力を育てていくようにすること。その際、集団の生活の中で、園児が自己を発揮し、保育教諭等や他の園児に認められる体験をし、自分のよさや特徴に気付き、自信をもって行動できるようにすること。
(3)　園児が互いに関わりを深め、協同して遊ぶようになるため、自ら行動する力を育てるようにするとともに、他の園児と試行錯誤しながら活動を展開する楽しさや共通の目的が実現する喜びを味わうことができるようにすること。
(4)　道徳性の芽生えを培うに当たっては、基本的な生活習慣の形成を図るとともに、園児が他の園児との関わりの中で他人の存在に気付き、相手を尊重する気持ちをもって行動できるようにし、また、自然や身近な動植物に親しむことなどを通して豊かな心情が育つようにすること。特に、人に対する信頼感や思いやりの気持ちは、葛藤やつまずきをも体験し、それらを乗り越えることにより次第に芽生えてくることに配慮すること。
(5)　集団の生活を通して、園児が人との関わりを深め、規範意識の芽生えが培われることを考慮し、園児が保育教諭等との信頼関係に支えられて自己を発揮する中で、互いに思いを主張し、折り合いを付ける体験をし、きまりの必要性などに気付き、自分の気持ちを調整する力が育つようにすること。
(6)　高齢者をはじめ地域の人々などの自分の生活に関係の深いいろいろな人と触れ合い、自分の感情や意志を表現しながら共に楽しみ、共感し合う体験を通して、これらの人々などに親しみをもち、人と関わることの楽しさや人の役に立つ喜びを味わうことができるようにすること。また、生活を通して親や祖父母などの家族の愛情に気付き、家族を大切にしようとする気持ちが育つようにすること。

環境

〔周囲の様々な環境に好奇心や探究心をもって関わり、それらを生活に取り入れていこうとする力を養う。〕

1　ねらい

(1)　身近な環境に親しみ、自然と触れ合う中で様々な事象に興味や関心をもつ。
(2)　身近な環境に自分から関わり、発見を楽しんだり、考えたりし、それを生活に取り入れようとする。
(3)　身近な事象を見たり、考えたり、扱ったりする中で、物の性質や数量、文字などに対する感覚を豊かにする。

2　内容

(1)　自然に触れて生活し、その大きさ、美しさ、不思議さなどに気付く。
(2)　生活の中で、様々な物に触れ、その性質や仕組みに興味や関心をもつ。
(3)　季節により自然や人間の生活に変化のあることに気付く。
(4)　自然などの身近な事象に関心をもち、取り入れて遊ぶ。
(5)　身近な動植物に親しみをもって接し、生命の尊さに気付き、いたわったり、大切にしたりする。
(6)　日常生活の中で、我が国や地域社会における様々な文化や伝統に親しむ。
(7)　身近な物を大切にする。
(8)　身近な物や遊具に興味をもって関わり、自分なりに比べたり、関連付けたりしながら考えたり、試したりして工夫して遊ぶ。
(9)　日常生活の中で数量や図形などに関心をもつ。
(10)　日常生活の中で簡単な標識や文字などに関心をもつ。
(11)　生活に関係の深い情報や施設などに興味や関心をもつ。
(12)　幼保連携型認定こども園内外の行事において国旗に親しむ。

3　内容の取扱い

上記の取扱いに当たっては、次の事項に留意する必要がある。

(1)　園児が、遊びの中で周囲の環境と関わり、次第に周囲の世界に好奇心を抱き、その意味や操作の仕方に関心をもち、物事の法則性に気付き、自分なりに考えることができるようになる過程を大切にすること。また、他の園児の考えなどに触れて新しい考えを生み出す喜びや楽しさを味わい、自分の考えをよりよいものにしようとする気持ちが育つようにすること。

(2) 幼児期において自然のもつ意味は大きく、自然の大きさ、美しさ、不思議さなどに直接触れる体験を通して、園児の心が安らぎ、豊かな感情、好奇心、思考力、表現力の基礎が培われることを踏まえ、園児が自然との関わりを深めることができるよう工夫すること。

(3) 身近な事象や動植物に対する感動を伝え合い、共感し合うことなどを通して自分から関わろうとする意欲を育てるとともに、様々な関わり方を通してそれらに対する親しみや畏敬の念、生命を大切にする気持ち、公共心、探究心などが養われるようにすること。

(4) 文化や伝統に親しむ際には、正月や節句など我が国の伝統的な行事、国歌、唱歌、わらべうたや我が国の伝統的な遊びに親しんだり、異なる文化に触れる活動に親しんだりすることを通じて、社会とのつながりの意識や国際理解の意識の芽生えなどが養われるようにすること。

(5) 数量や文字などに関しては、日常生活の中で園児自身の必要感に基づく体験を大切にし、数量や文字などに関する興味や関心、感覚が養われるようにすること。

言葉

〔経験したことや考えたことなどを自分なりの言葉で表現し、相手の話す言葉を聞こうとする意欲や態度を育て、言葉に対する感覚や言葉で表現する力を養う。〕

1 ねらい

(1) 自分の気持ちを言葉で表現する楽しさを味わう。

(2) 人の言葉や話などをよく聞き、自分の経験したことや考えたことを話し、伝え合う喜びを味わう。

(3) 日常生活に必要な言葉が分かるようになるとともに、絵本や物語などに親しみ、言葉に対する感覚を豊かにし、保育教諭等や友達と心を通わせる。

2 内容

(1) 保育教諭等や友達の言葉や話に興味や関心をもち、親しみをもって聞いたり、話したりする。

(2) したり、見たり、聞いたり、感じたり、考えたりなどしたことを自分なりに言葉で表現する。

(3) したいこと、してほしいことを言葉で表現したり、分からないことを尋ねたりする。

(4) 人の話を注意して聞き、相手に分かるように話す。

(5) 生活の中で必要な言葉が分かり、使う。

(6) 親しみをもって日常の挨拶をする。

(7) 生活の中で言葉の楽しさや美しさに気付く。

(8) いろいろな体験を通じてイメージや言葉を豊かにする。

(9) 絵本や物語などに親しみ、興味をもって聞き、想像をする楽しさを味わう。

(10) 日常生活の中で、文字などで伝える楽しさを味わう。

3 内容の取扱い

上記の取扱いに当たっては、次の事項に留意する必要がある。

(1) 言葉は、身近な人に親しみをもって接し、自分の感情や意志などを伝え、それに相手が応答し、その言葉を聞くことを通して次第に獲得されていくものであることを考慮して、園児が保育教諭等や他の園児と関わることにより心を動かされるような体験をし、言葉を交わす喜びを味わえるようにすること。

(2) 園児が自分の思いを言葉で伝えるとともに、保育教諭等や他の園児などの話を興味をもって注意して聞くことを通して次第に話を理解するようになっていき、言葉による伝え合いができるようにすること。

(3) 絵本や物語などで、その内容と自分の経験とを結び付けたり、想像を巡らせたりするなど、楽しみを十分に味わうことによって、次第に豊かなイメージをもち、言葉に対する感覚が養われるようにすること。

(4) 園児が生活の中で、言葉の響きやリズム、新しい言葉や表現などに触れ、これらを使う楽しさを味わえるようにすること。その際、絵本や物語に親しんだり、言葉遊びなどをしたりすることを通して、言葉が豊かになるようにすること。

(5) 園児が日常生活の中で、文字などを使いながら思ったことや考えたことを伝える喜びや楽しさを味わい、文字に対する興味や関心をもつようにすること。

表現

〔感じたことや考えたことを自分なりに表現することを通して、豊かな感性や表現する力を養い、創造性を豊かにする。〕

1 ねらい

(1) いろいろなものの美しさなどに対する豊かな感性をもつ。

(2) 感じたことや考えたことを自分なりに表現して楽しむ。

(3) 生活の中でイメージを豊かにし、様々な表現を楽しむ。

2 内容

(1) 生活の中で様々な音、形、色、手触り、動きなどに気付いたり、感じたりするなどして楽しむ。

(2) 生活の中で美しいものや心を動かす出来事に触れ、イメージを豊かにする。

(3) 様々な出来事の中で、感動したことを伝え合う楽しさを味わう。

(4) 感じたこと、考えたことなどを音や動きなどで表現したり、自由にかいたり、つくったりなどする。

(5) いろいろな素材に親しみ、工夫して遊ぶ。
(6) 音楽に親しみ、歌を歌ったり、簡単なリズム楽器を使ったりなどする楽しさを味わう。
(7) かいたり、つくったりすることを楽しみ、遊びに使ったり、飾ったりなどする。
(8) 自分のイメージを動きや言葉などで表現したり、演じて遊んだりするなどの楽しさを味わう。

3 内容の取扱い

上記の取扱いに当たっては、次の事項に留意する必要がある。

(1) 豊かな感性は、身近な環境と十分に関わる中で美しいもの、優れたもの、心を動かす出来事などに出会い、そこから得た感動を他の園児や保育教諭等と共有し、様々に表現することなどを通して養われるようにすること。その際、風の音や雨の音、身近にある草や花の形や色など自然の中にある音、形、色などに気付くようにすること。
(2) 幼児期の自己表現は素朴な形で行われることが多いので、保育教諭等はそのような表現を受容し、園児自身の表現しようとする意欲を受け止めて、園児が生活の中で園児らしい様々な表現を楽しむことができるようにすること。
(3) 生活経験や発達に応じ、自ら様々な表現を楽しみ、表現する意欲を十分に発揮させることができるように、遊具や用具などを整えたり、様々な素材や表現の仕方に親しんだり、他の園児の表現に触れられるよう配慮したりし、表現する過程を大切にして自己表現を楽しめるように工夫すること。

第4 教育及び保育の実施に関する配慮事項

1 満3歳未満の園児の保育の実施については、以下の事項に配慮するものとする。

(1) 乳児は疾病への抵抗力が弱く、心身の機能の未熟さに伴う疾病の発生が多いことから、一人一人の発育及び発達状態や健康状態についての適切な判断に基づく保健的な対応を行うこと。また、一人一人の園児の生育歴の違いに留意しつつ、欲求を適切に満たし、特定の保育教諭等が応答的に関わるように努めること。更に、乳児期の園児の保育に関わる職員間の連携や学校医との連携を図り、第3章に示す事項を踏まえ、適切に対応すること。栄養士及び看護師等が配置されている場合は、その専門性を生かした対応を図ること。乳児期の園児の保育においては特に、保護者との信頼関係を築きながら保育を進めるとともに、保護者からの相談に応じ支援に努めていくこと。なお、担当の保育教諭等が替わる場合には、園児のそれまでの生育歴や発達の過程に留意し、職員間で協力して対応すること。
(2) 満1歳以上満3歳未満の園児は、特に感染症にかかりやすい時期であるので、体の状態、機嫌、食欲などの日常の状態の観察を十分に行うとともに、適切な判断に基づく保健的な対応を心掛けること。また、探索活動が十分できるように、事故防止に努めながら活動しやすい環境を整え、全身を使う遊びなど様々な遊びを取り入れること。更に、自我が形成され、園児が自分の感情や気持ちに気付くようになる重要な時期であることに鑑み、情緒の安定を図りながら、園児の自発的な活動を尊重するとともに促していくこと。なお、担当の保育教諭等が替わる場合には、園児のそれまでの経験や発達の過程に留意し、職員間で協力して対応すること。

2 幼保連携型認定こども園における教育及び保育の全般において以下の事項に配慮するものとする。

(1) 園児の心身の発達及び活動の実態などの個人差を踏まえるとともに、一人一人の園児の気持ちを受け止め、援助すること。
(2) 園児の健康は、生理的・身体的な育ちとともに、自主性や社会性、豊かな感性の育ちとがあいまってもたらされることに留意すること。
(3) 園児が自ら周囲に働き掛け、試行錯誤しつつ自分の力で行う活動を見守りながら、適切に援助すること。
(4) 園児の入園時の教育及び保育に当たっては、できるだけ個別的に対応し、園児が安定感を得て、次第に幼保連携型認定こども園の生活になじんでいくようにするとともに、既に入園している園児に不安や動揺を与えないようにすること。
(5) 園児の国籍や文化の違いを認め、互いに尊重する心を育てるようにすること。
(6) 園児の性差や個人差にも留意しつつ、性別などによる固定的な意識を植え付けることがないようにすること。

第3章 健康及び安全

幼保連携型認定こども園における園児の健康及び安全は、園児の生命の保持と健やかな生活の基本となるものであり、第1章及び第2章の関連する事項と併せ、次に示す事項について適切に対応するものとする。その際、養護教諭や看護師、栄養教諭や栄養士等が配置されている場合には、学校医等と共に、これらの者がそれぞれの専門性を生かしながら、全職員が相互に連携し、組織的かつ適切な対応を行うことができるような体制整備や研修を行うことが必要である。

第1 健康支援

1 健康状態や発育及び発達の状態の把握

(1) 園児の心身の状態に応じた教育及び保育を行うために、園児の健康状態や発育及び発達の状態について、定期的・継続的に、また、必要に応じて随時、把握すること。

⑵ 保護者からの情報とともに、登園時及び在園時に園児の状態を観察し、何らかの疾病が疑われる状態や傷害が認められた場合には、保護者に連絡するとともに、学校医と相談するなど適切な対応を図ること。

⑶ 園児の心身の状態等を観察し、不適切な養育の兆候が見られる場合には、市町村（特別区を含む。以下同じ。）や関係機関と連携し、児童福祉法第25条に基づき、適切な対応を図ること。また、虐待が疑われる場合には、速やかに市町村又は児童相談所に通告し、適切な対応を図ること。

2 健康増進

⑴ 認定こども園法第27条において準用する学校保健安全法（昭和33年法律第56号）第5条の学校保健計画を作成する際は、教育及び保育の内容並びに子育ての支援等に関する全体的な計画に位置づくものとし、全ての職員がそのねらいや内容を踏まえ、園児一人一人の健康の保持及び増進に努めていくこと。

⑵ 認定こども園法第27条において準用する学校保健安全法第13条第1項の健康診断を行ったときは、認定こども園法第27条において準用する学校保健安全法第14条の措置を行い、教育及び保育に活用するとともに、保護者が園児の状態を理解し、日常生活に活用できるようにすること。

3 疾病等への対応

⑴ 在園時に体調不良や傷害が発生した場合には、その園児の状態等に応じて、保護者に連絡するとともに、適宜、学校医やかかりつけ医等と相談し、適切な処置を行うこと。

⑵ 感染症やその他の疾病の発生予防に努め、その発生や疑いがある場合には必要に応じて学校医、市町村、保健所等に連絡し、その指示に従うとともに、保護者や全ての職員に連絡し、予防等について協力を求めること。また、感染症に関する幼保連携型認定こども園の対応方法等について、あらかじめ関係機関の協力を得ておくこと。

⑶ アレルギー疾患を有する園児に関しては、保護者と連携し、医師の診断及び指示に基づき、適切な対応を行うこと。また、食物アレルギーに関して、関係機関と連携して、当該幼保連携型認定こども園の体制構築など、安全な環境の整備を行うこと。

⑷ 園児の疾病等の事態に備え、保健室の環境を整え、救急用の薬品、材料等を適切な管理の下に常備し、全ての職員が対応できるようにしておくこと。

第2 食育の推進

1 幼保連携型認定こども園における食育は、健康な生活の基本としての食を営む力の育成に向け、その基礎を培うことを目標とすること。

2 園児が生活と遊びの中で、意欲をもって食に関わる体験を積み重ね、食べることを楽しみ、食事を楽しみ合う園児に成長していくことを期待するものであること。

3 乳幼児期にふさわしい食生活が展開され、適切な援助が行われるよう、教育及び保育の内容並びに子育ての支援等に関する全体的な計画に基づき、食事の提供を含む食育の計画を作成し、指導計画に位置付けるとともに、その評価及び改善に努めること。

4 園児が自らの感覚や体験を通して、自然の恵みとしての食材や食の循環・環境への意識、調理する人への感謝の気持ちが育つように、園児と調理員等との関わりや、調理室など食に関する環境に配慮すること。

5 保護者や地域の多様な関係者との連携及び協働の下で、食に関する取組が進められること。また、市町村の支援の下に、地域の関係機関等との日常的な連携を図り、必要な協力が得られるよう努めること。

6 体調不良、食物アレルギー、障害のある園児など、園児一人一人の心身の状態等に応じ、学校医、かかりつけ医等の指示や協力の下に適切に対応すること。

第3 環境及び衛生管理並びに安全管理

1 環境及び衛生管理

⑴ 認定こども園法第27条において準用する学校保健安全法第6条の学校環境衛生基準に基づき幼保連携型認定こども園の適切な環境の維持に努めるとともに、施設内外の設備、用具等の衛生管理に努めること。

⑵ 認定こども園法第27条において準用する学校保健安全法第6条の学校環境衛生基準に基づき幼保連携型認定こども園の施設内外の適切な環境の維持に努めるとともに、園児及び全職員が清潔を保つようにすること。また、職員は衛生知識の向上に努めること。

2 事故防止及び安全対策

⑴ 在園時の事故防止のために、園児の心身の状態等を踏まえつつ、認定こども園法第27条において準用する学校保健安全法第27条の学校安全計画の策定等を通じ、全職員の共通理解や体制づくりを図るとともに、家庭や地域の関係機関の協力の下に安全指導を行うこと。

⑵ 事故防止の取組を行う際には、特に、睡眠中、プール活動・水遊び中、食事中等の場面では重大事故が発生しやすいことを踏まえ、園児の主体的な活動を大切にしつつ、施設内外の環境の配慮や指導の工夫を行うなど、必要な対策を講じること。

⑶ 認定こども園法第27条において準用する学校保健安全法第29条の危険等発生時対処要領に基づき、事故の発生に備えるとともに施設内外の危険箇所の点検や訓練を実施すること。また、外部からの不審者等の侵入防止のための措置や訓練など不測の事態に備え必要な対応を行うこと。更に、園児の精神保健面における

対応に留意すること。

第4　災害への備え

1　施設・設備等の安全確保

(1)　認定こども園法第27条において準用する学校保健安全法第29条の危険等発生時対処要領に基づき、災害等の発生に備えるとともに、防火設備、避難経路等の安全性が確保されるよう、定期的にこれらの安全点検を行うこと。

(2)　備品、遊具等の配置、保管を適切に行い、日頃から、安全環境の整備に努めること。

2　災害発生時の対応体制及び避難への備え

(1)　火災や地震などの災害の発生に備え、認定こども園法第27条において準用する学校保健安全法第29条の危険等発生時対処要領を作成する際には、緊急時の対応の具体的内容及び手順、職員の役割分担、避難訓練計画等の事項を盛り込むこと。

(2)　定期的に避難訓練を実施するなど、必要な対応を図ること。

(3)　災害の発生時に、保護者等への連絡及び子どもの引渡しを円滑に行うため、日頃から保護者との密接な連携に努め、連絡体制や引渡し方法等について確認をしておくこと。

3　地域の関係機関等との連携

(1)　市町村の支援の下に、地域の関係機関との日常的な連携を図り、必要な協力が得られるよう努めること。

(2)　避難訓練については、地域の関係機関や保護者との連携の下に行うなど工夫すること。

第4章　子育ての支援

幼保連携型認定こども園における保護者に対する子育ての支援は、子どもの利益を最優先して行うものとし、第1章及び第2章等の関連する事項を踏まえ、子どもの育ちを家庭と連携して支援していくとともに、保護者及び地域が有する子育てを自ら実践する力の向上に資するよう、次の事項に留意するものとする。

第1　子育ての支援全般に関わる事項

1　保護者に対する子育ての支援を行う際には、各地域や家庭の実態等を踏まえるとともに、保護者の気持ちを受け止め、相互の信頼関係を基本に、保護者の自己決定を尊重すること。

2　教育及び保育並びに子育ての支援に関する知識や技術など、保育教諭等の専門性や、園児が常に存在する環境など、幼保連携型認定こども園の特性を生かし、保護者が子どもの成長に気付き子育ての喜びを感じられるように努めること。

3　保護者に対する子育ての支援における地域の関係機関等との連携及び協働を図り、園全体の体制構築に努めること。

4　子どもの利益に反しない限りにおいて、保護者や子どものプライバシーを保護し、知り得た事柄の秘密を保持すること。

第2　幼保連携型認定こども園の園児の保護者に対する子育ての支援

1　日常の様々な機会を活用し、園児の日々の様子の伝達や収集、教育及び保育の意図の説明などを通じて、保護者との相互理解を図るよう努めること。

2　教育及び保育の活動に対する保護者の積極的な参加は、保護者の子育てを自ら実践する力の向上に寄与するだけでなく、地域社会における家庭や住民の子育てを自ら実践する力の向上及び子育ての経験の継承につながるきっかけとなる。これらのことから、保護者の参加を促すとともに、参加しやすいよう工夫すること。

3　保護者の生活形態が異なることを踏まえ、全ての保護者の相互理解が深まるように配慮すること。その際、保護者同士が子育てに対する新たな考えに出会い気付き合えるよう工夫すること。

4　保護者の就労と子育ての両立等を支援するため、保護者の多様化した教育及び保育の需要に応じて病児保育事業など多様な事業を実施する場合には、保護者の状況に配慮するとともに、園児の福祉が尊重されるよう努め、園児の生活の連続性を考慮すること。

5　地域の実態や保護者の要請により、教育を行う標準的な時間の終了後等に希望する園児を対象に一時預かり事業などとして行う活動については、保育教諭間及び家庭との連携を密にし、園児の心身の負担に配慮すること。その際、地域の実態や保護者の事情とともに園児の生活のリズムを踏まえつつ、必要に応じて、弾力的な運用を行うこと。

6　園児に障害や発達上の課題が見られる場合には、市町村や関係機関と連携及び協力を図りつつ、保護者に対する個別の支援を行うよう努めること。

7　外国籍家庭など、特別な配慮を必要とする家庭の場合には、状況等に応じて個別の支援を行うよう努めること。

8　保護者に育児不安等が見られる場合には、保護者の希望に応じて個別の支援を行うよう努めること。

9　保護者に不適切な養育等が疑われる場合には、市町村や関係機関と連携し、要保護児童対策地域協議会で検討するなど適切な対応を図ること。また、虐待が疑われる場合には、速やかに市町村又は児童相談所に通告し、適切な対応を図ること。

第3　地域における子育て家庭の保護者等に対する支援

1　幼保連携型認定こども園において、認定こども園法第2条第12項に規定する子育て支援事業を実施する際には、当該幼保連携型認定こども園がもつ地域性や専門性などを十分に考慮して当該地域において必要と認められるものを適切に実施すること。また、地域の子どもに対する一時預かり事業などの活動を行う際には、一人一人の子どもの心身の状態などを考慮するとともに、教育及び保育との関連に配慮するなど、柔軟に活動を展開できるようにすること。

2　市町村の支援を得て、地域の関係機関等との積極的な連携及び協働を図るとともに、子育ての支援に関する地域の人材の積極的な活用を図るよう努めること。また、地域の要保護児童への対応など、地域の子どもを巡る諸課題に対し、要保護児童対策地域協議会など関係機関等と連携及び協力して取り組むよう努めること。

3　幼保連携型認定こども園は、地域の子どもが健やかに育成される環境を提供し、保護者に対する総合的な子育ての支援を推進するため、地域における乳幼児期の教育及び保育の中心的な役割を果たすよう努めること。

●執筆者（執筆順）●

河邉　貴子	（かわべ・たかこ）	聖心女子大学教授	第１章
後藤　光葉	（ごとう・みつは）	西鎌倉幼稚園園長	第２章
堀　　科	（ほり・しな）	東京家政大学准教授	第３章、第５章
石渡登志江	（いしわた・としえ）	元・西新宿子ども園園長	第４章
矢尾千比呂	（やお・ちひろ）	ハルムこどもえん施設長	第６章
永田　陽子	（ながた・ようこ）	元・大和郷幼稚園園長	第７章
岸　　千夏	（きし・ちなつ）	盛岡大学短期大学部	第８章
田代　幸代	（たしろ・ゆきよ）	共立女子大学教授	第９章

※本書は、2008年12月に発行された『教育課程・保育課程論』（河邉貴子編著／東京書籍発行）を全面的に書き改めたものです。

※巻末資料の「幼稚園教育要領」「保育所保育指針」「幼保連携型認定こども園教育・保育要領」につきましては、文部科学省、厚生労働省、内閣府のホームページより転載いたしました。

■編著者紹介■

河邉　貴子（かわべ・たかこ）

1957年，東京生まれ。聖心女子大学教授。博士（教育学）。
東京学芸大学大学院教育学研究科修士課程修了。
幼児教育学。
著書『遊びを中心とした保育――保育記録から読み解く「援助」と「展開」』（萌文書林），『保育・教育実習――フィールドで学ぼう』（同文書院），『幼児期における運動発達と運動遊びの指導』（共編著：ミネルヴァ書房），『改訂新版　河辺家のホスピス絵日記』（聖公会出版）など。

新3法令対応
幼児教育・保育カリキュラム論

2019年4月10日　第1刷発行
2024年7月29日　第2刷発行

編　著　者　河邉貴子
発　行　者　渡辺能理夫
発　行　所　東京書籍株式会社
東京都北区堀船2-17-1　〒114-8524
03-5390-7531（営業）／03-5390-7455（編集）
出版情報＝https://www.tokyo-shoseki.co.jp
印刷・製本　株式会社リーブルテック

表紙写真＝中野圭祐
ブックデザイン＆本文DTP＝越海辰夫

ISBN978-4-487-81218-9 C3037　　NDC376.11